法の理論36

特集《ネオ・プラグマティズムと法》

長谷川晃
酒匂一郎
河見　誠
編 集

執筆者
岡本裕一朗
大河内泰樹
高橋洋城
毛利康俊
菅原寧格
河見　誠
小林憲太郎
飯島　暢
山中倫太郎
大野達司
松生光正
安達光治
西村清貴
山田　秀
高橋広次

成文堂

「法の理論36」発行にあたって

本号の特集は、「ネオ・プラグマティズムと法」と題して、ピッツバーグ大学の哲学教授ロバート・ブランダムの規範的プラグマティズム哲学とその法理論への示唆をテーマとして取り上げた。ブランダムの哲学はわが国の法哲学界ではまだなじみがないと思われるが、彼の主著である“Making It Explicit”（1994）のうちの推論主義的意味論に関する概説書“Articulating Reasons”（2000）の翻訳書『推論主義序説』（丹治信春監修、春秋社、二〇一六年）も出版され、わが国の哲学界では次第に注目されるようになっており、またドイツ法哲学界ではその法理論への示唆を取り上げる研究者も現れている。ブランダムの規範的プラグマティズム哲学の特徴は、カントやヘーゲルなどのドイツ観念論哲学と現代のプラグマティズム的な言語哲学を思想史的に一つの哲学的伝統として捉え、その伝統の上に規範的語用論と推論的意味論とを統合する独自の言語哲学体系を構築しようとしている点にみられる。その法理論への示唆を検討するというのが本号特集の趣旨である。

本号では、ブランダム哲学に造詣の深い二人の哲学者と、ドイツ法哲学界におけるブランダム受容の動向に詳しい二人の法哲学者にご寄稿いただいた。岡本論文は、道徳理論における新自然主義的転回ともみられる動向とブランダムの規範主義を比較した上で、規範性を道徳や法のレベルではなく概念使用という語用論のレベルで捉えるブランダムの規範主義の意義と隘路を指摘している。大河内論文は、ヴィトゲンシュタインの「規則に従うこと」をめぐる議論に関するブランダムの見解とそれに対するJ・マクダウェルの批判、マクダウェルの規則「解釈」に関する見解とブランダムの他者言語理解における「解釈」に関する見解との異同、そして合理性についてのブランダムの歴史的モデルの可能性について検討している。高橋論文は、ドイツの法哲学者R・クリステンセンの法理論におけるブランダムのとくに規範的語用論の影響を明かにしようとする。そして、毛利論文は、ブランダムの推論主義的意味論の概要を紹介して、その法的思考への示唆に光を当てている。いずれもわが国の法哲学・法理論に新たな議論をもたらすものと思われる。

また、本号でも前号の特集（「例外状況と法」）論文へのコメントとリプライ、個別論文、そして書評とリプライをお寄せいただいた。これらも今後さらに議論の展開につながることを期待したい。但し、一部、リプライを掲載することができなかったこと、また今回も発刊が大幅に遅れてしまったことを、編集者の不手際として、お詫び申し上げる。

最後に、悲しいご報告をしなければならない。本誌代表編集者の竹下賢先生（関西大学名誉教授）がご病気のため去る一月一八日に急逝された。竹下先生は、わが国におけるとくにドイツ法哲学研究を一貫して嚮導してこられ、二〇〇一年一一月から二〇〇五年一一月まで日本法哲学会理事長を務められるなど日本法哲学界に多大な貢献をなされた。また、本誌二五号（二〇〇六年刊）から一一年間、編集者を務めてこられた。そしてとりわけ、先生はその寛厚なお人柄により多くの人々に愛され慕われた。残された編集者一同、この場を借りて、先生の学恩に篤く感謝申し上げるとともに、深い哀悼の意を表し、心よりご冥福をお祈りしたい。

二〇一八年三月

編集者一同

目次

論　文

特集《ネオ・プラグマティズムと法》

I　自然主義と規範主義のはざま

――規範的プラグマティズムの「規範性」について――

岡本裕一朗

二〇世紀後半以降、認知諸科学が飛躍的に発展することによって、哲学思想の分野でも自然主義が注目すべきトレンドとなっている。かつて道徳的な問題として議論されたものが、最近になると進化論や生物学、心理学や脳科学の観点からアプローチされるようになってきた。二〇世紀に流行した「言語論的転回」に代わって、二一世紀は「自然主義的転回」の時代が到来したかのようだ。

こうしたパラダイムシフトは、おそらく法的次元の議論にも、決定的な影響を与えるのではないだろうか。たとえば、今日まで法的主体を考えるとき、自由に意思決定できる「責任帰属者」を前提してきたように思われる。ところが、脳科学の進展によって、行為の神経科学的な原因が究明され、たとえば犯罪行為に対して、脳状態の異常が指摘されるようになってきた[1]。ある研究では、「殺人は脳の病である」とさえ主張される[2]。この傾向が続けば、今まで想定してきた法的主体の概念も、重大な変更を余儀なくされるのではないだろうか。

もちろん、脳科学を含め、認知諸科学の発展は始まったばかりであって、今のところ従来の諸概念を変更すべきかどうか、意見が一致しているわけではない。それでも、現代における自然主義の隆盛は、もはや無視できない現象となっている。とすれば、いかなる立場をとるにしても、自然主義にどうかかわるかは、現代の人文・社会科学において緊急の課題と言わなくてはならない。

本稿では、世紀を跨ぐような形で思索を精力的に展開しているロバート・ブランダムの「規範性」に関する議論を考察することによって、「自然主義」の問題への糸口を見つけたいと思う[3]。ブランダムは、リチャード・ローティ亡き後、「ネオプラグマティズム」の代表的な哲学者としてメッセージを積極的に発信しているが、そのとき基本的な構図となっているのが「自然主義VS規範主義」という対立である。「自然主義」を批判して、「規範主義」を顕彰するのが彼のプラグマティズムであり、「規範的プラグマティズム」を標榜している。とすれば、「自然主義」に対するブランダムの批判的な議論を検討することで、おそらく「自然主義」の問題点（あるいはその意義）も見えてくるのではないだろうか[4]。

本稿の全体的な構成を示しておけば、第一に自然主義とプラグマティズムの関係を取り上げることにする。自然主義をどう理解するかは多様であるが、プラグマティズムにとって自然主義的傾向は共通している。それを確認した後、第二に「自然主義」に対するブランダムの態度を、人間の「サピエンス」に着目して明らかにしたい。そのとき、「推論主義」が取り上げられることになる。こうした人間のあり方を理解した後、第三に「反自然主義」として、ブランダムの「規範主義」に光を当てる。規範主義といっても一義的ではないので、彼特有の「規範主義」の意味を確認しておきたい。一般に「規範」が論じられるのは、道徳や法的な次元が多いが、ブランダムの場合、それについては「沈黙」している。そこで、第四として「規範性」と「道徳性」の関係が問われなくてはならない。こうした考察によって、最後に、ブランダムの「規範主義」がヘーゲル的な観念論と結びつくことが示唆されることになるだろう。

一　自然主義とプラグマティズム

ブランダムにおいて、「自然主義」と「規範主義」がどう考えられているのかを理解するために、次の文章から出発することにしよう。『理由の分節化』の中で、彼は自分の立場を「合理主義的プラグマティズム」と呼びながら、その意味について次のように規定している。

本書で提示される合理主義的プラグマティズム（……）は、経験主義を退けるだけでなく、自然主義（……）にも対立している。というのも、それは特有の概念的規範に支配される論弁的生物を、概念非使用である彼らの祖先やいとこから区別する特徴を強調するからである。(5)

ここで明らかなように、ブランダムのプラグマティズムは、経験主義や自然主義を退け、概念的な規範主義に立っている。それは、概念を使用しない動物から、「論弁的」生物である人間への連続性を、きっぱりと否定することである。ここで「論弁的」と訳した言葉（discursive）は、邦訳書では「言語的」となっているが、意味としては「概念を使って、理由を与えたり、求めたりすること」としておこう。(6)

しかしながら、「論弁的」という表現は別にして、少しでもプラグマティズムに馴染みのある人にとって、引用された文章は、奇妙な印象を与えるのではないだろうか。なぜなら、パースやジェイムズによってプラグマティズムが始められて以来、その原理は経験主義や自然主義にある、と見なされてきたからである。もともと「プラグマティズム」という名称自体が、「実践」や「実際的」といった経験的な意味を帯びているし、自然科学の実験的な方法を示唆するようにも思われる。たとえば、パースが定式化した「プラグマティズムの格率」を見ると、その点がはっきりするのではないだろうか。

ある対象の概念を明確にとらえようとするならば、その対象が、どんな効果を、しかも行動に関係があるかもしれないと考えられる効果をおよぼすと考えられるか、ということをよく考察してみよ。そうすれば、こうした効果についての概念は、その対象についての概念と一致する。(7)

パースやジェイムズ、そしてデューイといった古典的なプラグマティストたちは、必ずしも共通の学説をもっていたわけではないが、総じて経験を重視し、ダーウィンの進化論をはじめとして、自然主義的見解を抱いていたのは間違いない。たとえば、リチャード・バーンスタインは『プラグマティズム的転回』の中で、次のように書いている。

プラグマティズムの思想家たちはすべて、ダーウィンの進化論的仮説によって影響されていた。(……)これらの思想家たちは、それぞれ科学主義、還元的自然主義、機械論的決定論に強く反対したとはいえ、断固とした自然主義者であって、人間存在とその他の自然との連続性を強調している。(8)

あるいは、やや批判的な視点からではあるが、「古典的プラグマティズム」の特徴について、次のようにも述べている。

> アメリカの古典的なプラグマティストたちによる経験への訴えは、しばしば機械仕掛けの神のような働きをしている。それは、複雑に絡み合ったあらゆる種類の哲学的問題を解決（ないし解消）すると想定されているのだ。(9)

こうした「経験」の重視や「自然主義」は、デューイの『経験と自然』を見れば、そのタイトルだけで了解されるはずだ。その著作を始めるにあたって、彼は次のように書いている。

> 本書のタイトル「経験と自然」は、ここに提示される哲学が、経験的自然主義、または自然的経験主義、または「経験」を通常の意味にとって自然的人文主義と名づけられることを意味することが意図されている。(10)

もちろん、「経験主義」や「自然主義」といったところで、デューイがどんな意味を込めていたかは明確ではない。それでも、プラグマティズムを構想するとき、彼が「経験主義」や「自然主義」を求めていたことは確かであろう。

注目すべきは、こうした「自然主義」の要請は、デューイ以後のプラグマティズムにとっても、放棄されなかったことである。たとえば、「経験主義の二つのドグマ」を書いて、「現代の経験主義」（いわゆる論理実証主義）を批判したクワインも、後に「自然化された認識論」を発表して、自然主義へと舵を切っている。彼は次のように述べている。

認識論、ないしは何かそれに類したものは、心理学の一章として、それゆえ自然科学の一章として、まさに納まるべきところに納まっている。それは自然現象の、つまり物理的な人間主観の研究である。(11)

さらに、ブランダムの師に当たるリチャード・ローティでさえも、一般的には歴史を強調する文化主義者と見られているが、初期のころ「消去的唯物論」を擁護したのはよく知られている。(12)

経験的探究によって、感覚（思想ではなく）は一定の脳過程と同一であることが発見されるだろう、と主張することは賢明であろう。(13)

この視点は、主著である『哲学と自然の鏡』の中でも、はっきりと表明されている。ローティはその書で、「対蹠人（Antipodeans）」という概念を提示したが、彼らは「自分たちが心をもっていることを知らない」とされている。ローティは、彼らの会話を次のように描いている。やや長くなるが、基本的なイメージが分かるので引用しておこう。

子どもが灼熱したストーブに近づくと母親は声を荒げて「この子は自分のC繊維を刺激するだろう！」と叫ぶのである。巧妙につくられた錯覚を引き起こす視覚的対象を見せられると、人々は「面白い！　これはニューロン束G-14を震わせるが、横から見ると赤い長方形では全くないことが分かる」と言うのである。生理学に関する彼らの知識たるや、誰が口にしたものであろうとその言語における文法にかなったすべての文に、容易に同定可能な神経状態をたちどころに結びつけることができるほどのものであった。（……）その状態はたとえば、「私は突然S-296の状態に襲われ、牛乳ビンを家の外に出した」という形で報告するのである。また、ときには、「それは象のように見えた。だが、この大陸には象はいないことにはたと気づいた。それで、それはマストドンに違いないとわかった」と彼らは言うかもしれない。しかし彼らはまたときには、状況は全く同じでありながら、「F‐11と同時にG‐412の状態になった。しかしそれからS‐147になった。そういうわけで、それはマストドンに違いないとわかった」と言うかもしれないのである。[14]

まさに、クワインの「自然化された認識論」を地でいくような思考実験だが、さらにローティは、その書物の最後ちかくで次のように明言している。

自然主義との連関がはっきりとわかるように言い直せば、私の考えでは、「形而上学」が科学によっては知りえない知識を与える試みを意味している限り、形而上学を根絶することは緊急の課題であると考えた点で、実証主義者は断固正しかったと言える。（……）あらゆる会話、思考、理論、詩、作曲、それに哲学は、まったくの自然主義的用語だけによって、完全に予測可能であることが判明するであろう。[15]

このように見れば、経験主義や自然主義をどう考えるにしろ、ブランダムに先立つプラグマティズムが、総じて経験主義や自然主義を拒否しなかったことは、まちがいなく確認できる。[16]そして、この点をブランダムが知らなかったはずはなく、むしろ十分すぎるほど自覚していたと思われる。それにもかかわらず、彼があえて反経験主義、反自然主義を標榜するのはなぜだろうか。

二　自然主義と推論主義

ブランダムがなぜ自然主義を退けるのかを考える手がかりとして、同時代の自然主義的見解を取り上げてみよう。ここで対比として見ておきたいのは、ダニエル・デネットの議論である。というのは、デネットが『スウィート・ドリームズ』の最初の章で、「自然主義的転回」について次のように力説しているからだ。

意識を自然主義的、機械論的に説明することは、単に可能であるだけではなく、それは急速に現実のものになっていると確信している。それは、生物学では二〇世紀の全体を通して、認知科学では二〇世紀の後半に経験した膨大な努力を要するというだけのことである。(17)

こうした自然主義的転回を推し進めるために、かつてデネットは「民俗心理学（フォーク・サイコロジー）」という言葉を提起したことがあったが、注意したいのは、その意図を説明するとき、彼がサーモスタットについて言及している点である。

私がこの民俗心理学という用語を提起したのは、私たちの周囲の人々を――さらに動物やロボットや簡素なサーモスタットでさえも――、自らが行為する世界についての情報（信念）と達成せんとする目標（欲求）をそなえた行為主体（agent）として、つまり、その信念と欲求の下でもっとも理にかなった一連の行為を選択する行為主体として、解釈することができるという私たちの誰もがもっている才能を表す用語として、である。(18)

ここで注目したいのは、デネットが、人間だけでなく、動物やロボット、さらにはサーモスタットにさえも、「理にかなった（reasonable）」「行為主体（agent）」という表現を与えていることである。デネットは認知科学の成果を評価しつつ、サーモスタットと動物とロボットと人間を連続的に位置づけようとしている。

具体的に見てみよう。たとえば、デネットは『さまざまな種類の心』において、自己再生する巨大分子から、生物の進化を連続的にたどって、人間の意識や心を位置づけているが、興味深いのは、「サーモスタット」の例が何度か登場していることだ。「志向的なシステム」という言葉を導入しなら、彼は次のように述べている。

志向的なシステムとは、定義上、志向的なスタンスからその動きを予測したり説明したりすることができるすべてのものであり、かつ、それらにかぎられる。自己再生する巨大分子からサーモスタット、アメーバ、植物、ネズミ、コウモリ、人間、そしてチェスをするコンピュータまで、すべて志向的なシステムである。（……）志向的なスタンスの要点は、ある存在者の行為を理解するために、それを主体（agent）としてとらえることである。そのため、私たちはそれが賢い主体であると想定しなくてはならない(19)。

驚くべきことは、デネットがサーモスタットでさえも、「志向的なシステム」という概念によって理解することである。「志向的（intentional）」というのは、哲学的には「〜について」という対象との関係性を示す言葉であり、その点で「表象システム」とも呼ばれている。こうして、デネットは、サーモスタットについて次のように語ることになる。

サーモスタットについて、サーモスタットのバイメタルのバネの現在の形状は、現在の室温の表象であり、かつ、サーモスタットの調節つまみは、望ましい室温の表象であると言うことができる。しかしもちろん、これらのものが本来の意味では表象であるということを否定することも同程度に可能である。それでも、バネもつまみも室温についての情報を具現しているのであり、まさにそのように具体的な形を持つからこそ、単純な志向的なシステムの性能に寄与していると言えるのである。(20)

あえて注意するまでもないが、サーモスタットに「志向的なスタンス」を認め、「表象」について語ったからといって、それを人間と全く同じだと考えているわけではない。それでも、サーモスタットだけでなく、アメーバから植物、動物、さらにはコンピュータにいたるまで、「志向的なスタンス」を認め、人間との断絶ではなく、むしろそれらを連続的に理解しようとする観点は、きわめて啓発的だと思われる。

ところが、こうしたデネット流の自然主義的理解を、ブランダムは「(進化的、歴史的、そして個体発生的な意味で)同化させるような理論」として明確に拒否するのだ。あるいは、非連続性を強調することが、彼の「規範的プラグマティズム」の特質だと言ってよい。ブランダムは、セラーズやヘーゲルを援用しながら、自分の立場を「推論主義」と規定し、その意図を次のように説明している。

セラーズの傑作『経験論と心の哲学』から(または、ヘーゲル『精神現象学』の「感覚的確信」のセクションから)われわれが学びうるうちでもっとも重要な教訓の一つは、そのような［人間の］非推論的な報告でさえ、推論的に分節化されているのでなければならないという、推論主義的な要請である。その要請がないと、われわれは非推論的報告者と、それと同様に刺激に対して差異弁別的に応答する信頼可能な傾向を持った、サーモスタットや光学セルのような自動機械との違いを判別できない。温度が六〇度に降下した時、炉に点火するサーモスタットや、赤いものを前にして「それは赤い」としゃべるように訓練されたオウムと、これらの状況に関する本当の非推論的報告者との間の重要な違いとは、何であろうか。[21]

ここでブランダムが問題にしているのは、サーモスタットやオウムと、人間との根本的な違いである。サーモスタットは一定の温度になれば「赤く」なるので、その反応を見れば、私たちはその温度を知ることができる。また、訓練されたオウムが「それは赤い」と言うのを聞けば、赤いものを見ているのだろうと予想がつく。それでは、赤いボールを見ている観察者が「これは赤い」と言う場合、サーモスタットやオウムとどこが違うのだろうか。こうブランダムは問う。この観察者が眼前のものを見て報告しているだけであれば、「非推論的報告を行なっている」にすぎないように思われる。とすれば、オウムやサーモスタットなどの「差異弁別的応答」と、何ら違いはないのだろうか。

この状況に対して、ブランダムが強調するのが推論主義であり、人間における「概念」の使用である。サーモスタットやオウムは「単なる応答にかかわる分類」を行なっているだけであって、「概念的であると言える分類」ではない。それに対して、人間の報告者は「温度や寒いといった概念を持っている」のでなくてはならない。しかしながら、そもそも「概念を持っている」とは何を意味するのだろうか。ブランダムはその意味を、次のように説明している。

応答が概念的な内容をもつということは、それが主張を行ない、理由を与え求める推論的なゲームにおいて役割を持つということである。そのような概念を把握ないし理解することは、それが関わっている推論に関する実践的な能力を持つことである。すなわち、概念の適用可能性から何が導かれ、またそれが何から導かれるかを見分けることができるという、（一種のいかにしてかの知識（know-how）として）実践的な意味において知っているということである。[22]

たとえば、概念を使用しないオウムが、「これは赤い」と言ったところで、「これは緑だ」と両立不可能なものとはされないし、「これは緋色だ」から導かれるわけでもない。さらには、「これには色がついている」を含意するものでもないのである。こうして、ブランダムはオウムの応答に対して、次のように断言する。

オウムにとって、反復可能な応答は、推論や正当化といった、さらなる判断を生み出すものとして実践的に適切にとらえられるものではないかぎりにおいて、まったく概念的なものでも認知的なものでもないのである。(23)

一見したところ、サーモスタットやオウムも人間も、たしかに目の前の赤いものが他のものとは異なる、といった弁別的な応答をしている。けれども、サーモスタットやオウムの応答と、人間の報告者の応答には、決定的な違いがある。サーモスタットやオウムとは違って、人間は概念を使用し、推論的なゲームを行なっている。その点で、サーモスタットやオウムと人間とを連続的に位置づけることができないわけである。これが自然主義を拒否するブランダムの基本的な態度である。では、自然主義に反する、こうした推論主義はどこへ導くのだろうか。

三　ブランダムの「規範性」

もう一度、出発点に戻ってみよう。経験主義や自然主義を排斥するとき、ブランダムは次のように語っていた。

本書で提示される合理主義的プラグマティズム（……）は、経験主義を退けるだけでなく、自然主義（……）にも対立している。というのも、それは特有の概念的規範に支配される論弁的（discursive）生物を、概念非使用である彼らの祖先やいとこから区別する特徴を強調するからである。[24]

ここで想定されているのは、概念を使用する「論弁的生物」としての人間と、それ以外の生物との決定的な相違である。生物の進化を考えるとき、現在の人間をそれ以前（祖先やいとこ）からの連続的な変化と捉えるか、断絶的な変化と理解するかでは、根本的な違いがある。自然主義を退けるブランダムが断絶説を取るのは、言うまでもないだろう。人間は他の動物にはないユニークな存在であって、人間を理解するにはその特別な能力を把握しなくてはならないわけである。逆に言えば、進化論的自然主義は人間を理解するためには、有効ではないのだ。

では、人間のユニークな特性はどこにあるのだろうか。それを彼は、「概念的な規範に支配される」と表現するが、問題はその意味であろう。ブランダムは主著である『明示化』を始めるにあたって、「われわれ」人間の特性がどこにあるかを問い、「センティエンス（感覚能力）」と「サピエンス（知性能力）」を区別して、人間を「サピエントな存在」＝「理性的（reasonable）存在」と見なしている。この区別はまた、『理由の分節化』において、次のように述べられる。

こうした考えは、われわれを単なる感覚するもの（sentients）ではなく、知あるもの（sapients）として特徴づける理性性（合理性 rationality）というものが、理由を与えたり評価したり産出したり消費したりする、社会的で、暗黙的に規範的なゲームにおけるプレーヤーであるということと同一視できる、というものである。[25]

周知のように、「理性的」という人間の規定は、「合理主義」の伝統な理解と一致している。その点はブランダムも自覚している。しかし、注目しておきたいのは、そこから彼がセラーズの「理由の空間」という概念を媒介として、「規範」概念を導出することだ。

われわれは理由に拘束された存在であり、よりよき理由という特有の力に服している。この力は、一種の規範的な力であり、合理的な「すべき」である。合理的であることは、これらの規範に拘束され、規範に制限されることであり、理由の権威に従うことである。この意味で、「われわれ」と言うのは、自分たち自身とお互いを、理由の空間のうちに位置づけることである。つまり、自分たちの態度や行為に対して、理由を与えたり求めたりすることによって、理由の空間のうちに位置づけることなのだ。(26)

このように、ブランダムが「われわれ」人間に特有だと考えるのは、「サピエンス」をもつことであるが、それは「規範性」概念と密接に結びついているのだ。

われわれに特有であるのは、規範的な意味を把握したり理解したりできることだ。この意味で「われわれ」の一人であるとは、規範的態度の主体であることであり、行動の適切さや不適切さを認めることができることであり、ある行為を正しいとか正しくないとか取り扱えることなのである。(27)

ブランダムの「規範性」を理解するために、いくつか引用を重ねてきたので、誤解はないと思うが、あえて注意しておけば、ブランダムの「規範性」は、あくまでも「概念的規範性」である。これは、「論理学」を理解するとき、心理的な「事実に関する学問」と見なす考えに対して、むしろ「こう考えるべきだ」という意味で「規範的な学問」と呼ぶのと類比的である。たとえば、自然主義と対比する文脈で、ブランダムは「概念的規範性」を次のように表現している。

概念的規範は、理由を求めるといった、また、主張と推論の性質を評価するといった社会的言語実践によって利用される。（……）社会的な相互作用の産物は、自然科学によって研究されるものではない。しかし、だからといってそれらを怪しげな超自然的なものとして扱わなければならないというわけではない。ふるまいや状態、表現に対して適切に概念的内容を与えることにおいて、それらの実践は（……）文化的領域を定めている。いったん概念使用が登場すれば、自然の本性（natures）をもつものと、歴史（histories）をもつ者との間の区別がひらかれる。(28)

こうした規範性を考えるブランダムの構想について、二点ほど付記しておきたい。一つは、彼が強調している規範が、あくまでも「実践における暗黙的な規範」であって、道徳規則のような「ルールにおける明示的規範」とは区別されることだ。これは、「暗黙的なものから明示的なものへ」という彼のプラグマティズムから、予想できることである。そのため、『明示化』の結論部において、ブランダムは次のように明言している。

われわれはいつでもすでに、理由を与え、求めるゲームのうちにいる。われわれは規範的空間に住む。われわれが問いを作ったり、互いに解釈したり、概念を適用するさいの適切さを評価するのは、まさにこうした暗黙的な規範的実践のなかからである。(29)

もう一つは、「規範性」が常に社会的実践として考えられていることだ。規範といっても、主体に対して超越的な対象として与えられるのではなく、主体相互の実践的な関係の中で構成されるのだ。この点で、ブランダムはヘーゲル哲学と結びつくことになる。彼は自らの「規範」概念を、ヘーゲルの「相互承認」と関連づけながら、次のように述べている。

ヘーゲルのもっとも基本的な考えの一つは、関与しているとか、責任があるといった規範的地位は、――したがって、知識と行為は――社会的な達成として理解されねばならない、ということだ。規範的地位は、ある種の社会的地位である。（……）ヘーゲルにとっては、あらゆる超越論的構成は、社会的な制度構成である。あるものを、関与を引き受け、その行為に責任を取りうるものとして見なしたり、取り扱ったりするという実践的な態度を、（……）ヘーゲルは「承認」と呼ぶのである。複数の自己をヘーゲルが社会的に理解するさい、その理解を構造づけている核となる考えは、複数の自己が相互承認によって総合化される、ということである。(30)

こうした人間相互の社会的実践から「規範性」を考えるとすれば、ブランダムの「規範的プラグマティズム」は道徳性に関して何を語ることができるのだろうか。というのも、一般に「規範」概念が問題になるのは、たいてい道徳や法といった場面だからである。「規範性」を原理とする哲学であれば、当然ながら道徳性や倫理との関連も問われなくてはならないだろう。

四　規範性と道徳性

ところが、こうした期待は見事に打ち砕かれることになる。ブランダムは、主著である『明示化』について、次のように述べている。

『明示化』は、公式的には道徳的コミットメントという話題には沈黙している。「道徳性」や「倫理」という言葉は、（「経験」のように）この大きな著作では出現することさえしない。それを問題にしないことは、規範性を主導的なテーマの一つと見なしている著作では、奇妙に見えるかもしれない。もちろん、それは軽率のためではない。そうしたアプローチをとったのは、ちゃんとした考えがあってのことである。それは、規範性の理論家たちが、概して道徳的規範性に照準を合わせてきたという事実によって、概念的規範性の理解が阻まれてきた、ということである。(31)

ブランダムの自覚的な戦略は、「規範性」を問題にするとき、今までのように「道徳的規範性」に照準を合わせないことである。そうした限定は「規範性」に対して、おそらく視野狭窄に陥ることになるだろう。むしろ、問題とすべきは、「概念的規範性」であって、これによってはじめて、「規範性」の意味が理解できる、とブランダムは考えている。

このようなブランダムの定位は、おそらく「規範性」概念をきわめて包括的なものにするのではないだろうか。一般に「規範」は「事実」と対比され、道徳的ないし法的議論の対象とされてきた。それに対して、ブランダムの「規範性」は、道徳性についてだけでなく、事実に関しても語ることができる。そのため、ブランダムは「規範的事実」という概念さえ使っている。「『明示化』の基本的な主張は、論弁的実践の決定的特徴を明らかにするとき典拠となる規範的事実が（……）社会的に制度構成されたものとして理解すべきだ、ということである。(32)」

とはいえ、ブランダムのような「規範性」の理解は、概念の明確な区別を、むしろ曖昧にしてしまうのではないだろうか。この方向から、ハーバマスはブランダムの議論を批判的に検討している。『真理と正当化』の中で、彼はブランダム論を展開しているが、その辺りの事情を次のように述べている。

すべてのコミュニケーション的実践は――表出的、美的、倫理的、道徳的ないし法的議論のように、事実の言明にはかかわらないような実践でさえも――主張という基礎にもとづいて分析されねばならないと考えられている。（……）ブランダム自身は、私たちの世界の地平において、事実と規範、出来事と行為などを区別するとき、私たちが援用しているボキャブラリーを利用している。しかし彼は、私たちが概念を使うさいに行なっていることを、より広い意味での行為として理解する。カントとは違って、ブランダムは理論理性と実践理性を合理的な行為という共通の分母に還元する。この見解に従えば、判断や信念は、行為の意図と同じように規範によって導かれることになる。(33)

ハーバマスによれば、通常、判断や信念については、その内容の「真理性」が問題となり、行為や社会制度については、その「規範性」が問題になる。カント的な表現を使えば、理論理性と実践理性では、判定の基準が異なるわけである。ところが、ブランダムは、「規範性」によって一元的に理解しようとする。これは概念の混乱ではないか、というのがハーバマスの批判であろう。

では、ブランダムのように、「事実」と「規範」を対立させるのではなく、「概念的規範性」に定位することで、いったい何が明らかになるのだろうか。そもそも、「概念的規範性」はどうして成り立つと考えられるのか。それは、ブランダムが次のような視点をもっているからである。

推論的に分節化されたものとして概念を考えるならば、思想と世界（思想によって捉えられた世界）とが等しく概念的に分節化されたもの、より好ましい場合には同一的に分節化されたものとしてイメージできるだろう。事実はまさしく、真なる主張である。(34)

つまり、ブランダムの考えでは、世界は言語から独立に存在するわけではなく、概念によって分節化されている。彼が「規範主義」を唱えるとき想定しているのは、人間相互の言語的実践の間で暗黙的に働く「合理性」であって、道徳や法の領域に限定されるわけではないのである。そのため、こうしたブランダムの立場を、ハーバマスは「概念実在論」と呼んでいるが、むしろブランダム自身が認めるように、「観念論」ないし「合理主義」と呼ぶ方が適切かもしれない。

しかし、こうなってしまうと、おそらく「観念論」特有の問題に突き当たらざるをえないだろう。ブランダムの「観念論」に対して、ハーバマスは次のように批判することになる。

> 世界を構成している事実は、本質的には真なる文によって言明されうるものであるので、世界それ自身もそうした種類のものである——すなわち、概念的な本性をもっている。この理由のために、世界の客観性は、私たちが感覚に作用されることを通して経験する偶発性によっては、証明されることはないのである。(35)

ハーバマスによれば、ブランダムがプラグマティストであるかぎり、世界の客観性を認め、経験における様々な偶発性から学んでいかなくてはならない。ところが、概念実在論の立場では、世界はすでに言語によって構成され、概念的に分節化されている。そのため、プラグマティズムの基本である「経験からの学習」が不可能になってしまうのではないか。こうハーバマスは問いつめている。

ブランダムは、経験主義や自然主義を排して、「概念的規範性」をその思想の中核に据えている。こうしたブランダムの概念的規範主義は了解できるとしても、それによって「世界の客観性」はどうなるのだろうか。さらに、「規範性」を考えるとき、「概念的規範性」に定位することで、「道徳的規範性」をどう理解したらいいのか、あらためて問題にせざるをえないように思われる。それは、「観念論」が示唆するように、ヘーゲルと同じ思想に行きつくのだろうか。ヘーゲルは『法哲学』においてこう言っていた。

　理性的なものは現実的であり、現実的なものは理性的である。（……）存在するものを概念的に把握するのが哲学の課題である。なぜなら、存在するものは理性だからである。[36]

＊本稿執筆にあたって、引用した文献に邦訳のある場合は参照させていただいたが、前後の都合上、変更したものもある。また、引用するさい、途中の文を岡本が省略する場合は（……）で示している。

（1）基本的な問題としては、ガザニガの次の著作を参照。Michael S. Gazzaniga, *The Ethical Brain* (Dana Press, 2005)［邦訳：梶山あゆみ訳『脳のなかの倫理』紀伊國屋書店、二〇〇六年］

（2）たとえば、福島章『殺人という病』（金剛出版、二〇〇三年）

（3）認知諸科学や自然主義との関連でブランダムが論及したものとしては、次の諸論文が参考になる。Robert B. Brandom, "Artificial Intelligence and Analytic Pragmatism", in: *Between Saying & Doing, Towards an Analytic Pragmatism* (Oxford U.P., 2008). "How Analytic Philosophy Has Failed Cognitive Science", in: *Reason in Philosophy, Animating Ideas* (Belknap Harvard 2009)

（4）あらかじめ注意しておけば、本稿ではあくまでもブランダムの「規範性」概念を明らかにすることが目的であり、「自然主義」との論争やその評価をめぐっては議論しない。その問題については、本稿の後に論じられなくてはならない。

（5）Robert B. Brandom, *Articulating Reasons, An Introduction to Inferentialism* (Harvard U.P. 2000)［邦訳：斎藤浩文訳『推論主義序説』春秋社、二〇一六年］この書からの引用の際は、ARで略記し、その後に原書のページ、訳書の頁を記載する。ちなみに、この引用はAR, 26［三六頁］。

（6）この概念のカント的由来については、次の論文を参照。高橋洋城「ロバート・ブランダムの規範的プラグマティズムと「理由の空間」の分節化――その法哲学への射程を測るために――」（駒澤法学第一四巻第二号、二〇一五年）

（7）Charles Sanders Peirce, *Collected Papers of Charles Sanders Peirce*, Vol. 5 (Belknap Harvard 1965) p. 293［邦訳：上山春平責任編集『パース、ジェイムズ、デューイ』中央公論社、一九八〇年、二四七頁］

（8） Richard J. Bernstein, *The Pragmatic Turn* (Polity, 2010) p. 8.
（9） Ibid. p. 128.
（10） John Dewey, *Experience and Nature* (Dover, 1958) p. 1a.〔邦訳：河村望訳『経験と自然』人間の科学社、一九九七年、一六頁〕
（11） Willard van Orman Quine, *Ontological Relativity* (Columbia U.P. 1969) p. 82.〔邦訳：伊藤春樹訳「自然化された認識論」（『現代思想』一九八八年七月号）五七頁〕
（12） Richard J. Bernstein, *The Pragmatic Turn* (Polity, 2010) p. 203.
（13） Richard Rorty, "Mind-Body Identity, Privacy, and Categories" in: *Review of Metaphysics*, 19/1, 1965. p. 24.
（14） Richard Rorty, *Philosophy and the Mirror of Nature* (Princeton U.P. 1980) p. 71.〔邦訳：野家啓一監訳『哲学と自然の鏡』産業図書、一九九三年、六八頁以下〕
（15） Ibid. p. 384, 387.〔同四四四、四四七頁〕
（16） この点については、ブランダムの次の論文を参照。Robert B. Brandom, "Classical American Pragmatism: The Pragmatist Enlightenment－and Its Problematic Semantics" in: *Perspectives on Pragmatism* (Harvard U.P., 2011) p. 35ff.
（17） Daniel C. Dennett, *Sweet Dreams, Philosophical Obstacles to a Science of Consciousness* (MIT P. 2005) p. 7.〔邦訳：土屋俊・土屋和子訳『スウィート・ドリームズ』ＮＴＴ出版、一七頁〕
（18） Daniel C. Dennett, *Intuition Pumps and Other Tools for Thinking* (Norton 2013) p. 73.〔邦訳：阿部文彦・木島泰三訳『思考の技法　直観ポンプと七七の思考術』青土社、一二三頁〕
（19） Daniel C. Dennett, *Kinds of Minds, Toward an Understanding of Consciousness* (Basic Books 1996) p. 34.〔邦訳：土屋俊訳『心はどこにあるか』ちくま学芸文庫、六八頁〕
（20） Ibid. p.36.〔同七一頁〕
（21） AR, 47f.〔六四頁以下〕引用中の［人間の］は岡本による補足である。
（22） AR, 48.〔六五頁以下〕
（23） AR, 48.〔六六頁〕
（24） AR, 26.〔三六頁〕
（25） AR, 81.〔一一〇頁〕
（26） Robert B. Brandom, *Making It Explicit, Reasoning, Representing, and Discursive Commitment* (Harvard U.P. 1994). こ

の書からの引用の際は、MIE で略記し、その後にページ数を記載する。この引用は、MIE, 5.

（27） Ibid. p. 32.

（28） AR, 26.［三六頁］

（29） MIE, 648.

（30） Robert B. Brandom, "Some Pragmatist Themes in Hegel's Idealism" in: *Tales of the Mighty Dead, Historical Essays in the Metaphysics of Intentionality* (Harvard U.P. 2002) p. 216.［邦訳：竹島尚仁訳「ヘーゲルにおけるプラグマティスト的主題」『思想』九四八号、二〇〇三年、一一九頁］

（30） Ibid. p. 36.［同七一頁］

（31） Robert B. Brandom, "Facts, Norms, and Normative Facts; A Reply to Habermas" in: *European Journal of Philosophy* 8 (2000) p. 371.

（32） Ibid. p. 365.

（33） Jurgen Habermas, *Wahrheit und Rechtfertigung, Philosophische Aufsätze* (Suhrkamp, 1999) S. 179.［邦訳：三島憲一他訳『真理と正当化』法政大学出版局、二〇一六年、二一四頁］

（34） MIE, 622.

（35） Habermas, Ibid. S. 169［同二〇三頁］

（36） Georg Wilhelm Friedrich Hegel, *Grundlinien der Philosophie des Rechts*, Werke 7 (Suhrkamp, 1970) S. 24f.［邦訳：藤野渉訳『法の哲学』中央公論社世界の名著ヘーゲル、一六九頁以下］

II 規則と解釈
――ブランダムと〈規則に従うこと〉のヘーゲル主義的モデル――

大河内 泰樹

判断力は特殊な能力である。それは、教えられるのではなく、訓練されているのでなければならない。

カント『純粋理性批判』(A133/B172)

一　はじめに

ヴィトゲンシュタインによって提起された、「〈規則に従うこと〉はいかにして可能なのか」という問題は、クリプキがその問題を論じて以来、今日まで多様な形で論じられており、またヴィトゲンシュタイン解釈を越えて広い文脈で援用されてもいる。現代ネオ・プラグマティズムの代表的哲学者であるブランダムの言語哲学もまたこうした議論の系列に属するものである。じっさい、ブランダムは推論的意味論とともに彼の言語哲学の基礎をなす「規範的語用論」を提示した、『明示化 *Making It Explicit*』（Brandom 1994）の第一章でヴィトゲンシュタインの〈規則に従うこと〉についての議論を解釈しながら、自分の「規範的語用論」のプログラムを明らかにしており、さらにこのヴィトゲンシュタイン解釈そのものに関する補論を付している。以下に述べるように、この〈規則に従うこと〉についての主張は、彼の採用するヘーゲル主義とも関わっている。

この補論に対しては、マクダウェルが二〇〇二年の論文で辛らつな批判を行っている（McDowell［2002］2009a）。ブランダムはヴィトゲンシュタインのテキストの内容を自分の主張のために大幅に歪めてしまっており、重要な論点を捉え損ねているというのである。本稿は両者のヴィトゲンシュタイン解釈の是非を問うものではないが、すくなくともそこでマクダウェルが行っている「解釈なしに規則に従うことが可能である」という主張は、解決されるべきブランダムの語用論の理論的問題を指摘するものであるように思われる。

以下では、このマクダウェルによるブランダムへの挑戦に応えながら、かつ両者の議論をつなぐ形で、ブランダムの規範的語用論に一定の修正を加えることを試みる。

以下ではまず、ブランダムの規範理論がヴィトゲンシュタインに依拠しながら提示している論点が、彼の理解するカントからヘーゲルへの哲学史の展開と対応していることを確認したあと（二、三）、マクダウェルの批判をあらためて確認し（四）、この批判に対して、そこで用いられている「解釈」概念を修正することでブランダムの立場からの応答を試みる（五、六）。さらに、この「解釈」をめぐって、こんどはマクダウェルの別のブランダム批判の論点を積極的にとりいれながら、ブランダムの我‐汝モデルに、ガダマーの我‐我々モデルを接合し（七）、最終的には、デイヴィッドソンの先行理論と当座理論の区別を用いて、ブランダム、マクダウェルの提起したモデルの両方を修正する、規則の適用としての理解・解釈のモデルを提示し（八）、最後に結論を述べる（九）。

二　規則主義と規則性主義

ブランダムのヘーゲル主義の出発点は彼のカント解釈と深く関わっている。彼によればカントは先駆けてプラグマティズム的規範理論を提示したのであり、それをさらに展開したのがヘーゲルである。そのカントの規範的解釈が依拠するのは、カントが『純粋理性批判』における「超越論的分析論」「第二編　原則の分析論」序論冒頭において、「判断 Urteil/judgment」一般について定義している箇所である。つまりそれによれば「判断力は規則のもとに包摂する能力、すなわち、或るものが所与の規則（casus datae legis）のもとにあるのか、そうではないのかを区別する能力」（KrV, A132/171）であるとされる。

注意すべきなのは、第一にここで判断力といわれている能力がはたらくにあたっては、規則が与えられていることが前提されていることである。それは、「規則の能力」としての悟性が与えるはずものであり、この点においてここで定義づけられる判断はのちの『判断力批判』における「反省的判断力」とはさしあたり異なる。第二に、この規定において、判断力にとって問題となるのは、規則の適用の問題であって、規則の正当化の問題ではないということである。まさにここで規則と呼ばれている悟性概念の正当化は、「超越論的論理学」においては概念の能力である悟性による悟性概念、つまりカテゴリーの演繹が提供するものである。

この規則のもとに包摂する能力としての判断の概念によって、カントは単に「規則に従う」のではなく「規則の理解 conception に従う」行為のモデルを提示したとされるが、ブランダムは『明示化』の第一章「規範的語用論に向けて」で、この「規則の理解に従う」際の規範の適用の問題を論じている。そこでは、言語使用の規範に関するふたつの立場の問題点を明らかにすることで、ブランダム自身の規範的語用論が正当化される。

第一の立場は規則主義（regulism）と呼ばれる。規則主義は、規範がその適用に先立って明示的なものとして存在していると考える。個々の規則の適用は、この明示的な普遍的規則を個別事例に当てはめることであると考えられる（Brandom 1994, 18–20）。第二の立場は規則性主義（regularism）である。規則性主義は規範がその適用に先立って明文化されているとは考えずに、社会や共同体の中にすでに伏在していると考え、その構成員の規則性を持った行動パターンをとりだすことで規範が認識されるとする（Brandom 1994, 26–30）。

このふたつの立場いずれについても、ブランダムはヴィトゲンシュタインが提起した論法によって退けられているという。規則主義を退けるとされるのが、「後退論法 regress argument」である。明示的な規則は、一定の一般性をもって定式化されているはずであるため、その適用にあたっては、問題となっている事例がその当の規則が適用されるべき事例であるのかがどうかが、決定されなければならない。しかし、適用の判断がアドホックなものとならないためには、そこに「適用の規則」が必要となる。ところがその「適用の規則」自体もまた一定の一般性をもったものであるはずである。その限りにおいて、具体的事例がその「適用の規則」を適用すべき事例であるかどうかについてもう一つの「適用の規則」が必要とされることになる。これは無限に続くため、規則はいつまでも適用されることが出来ないことになってしまう。

規則性主義は、明示的な規則を前提する規則主義のこうした問題点を回避するために要請される。しかし、この規則性主義にも問題が指摘される。この規則性主義が、規範（当為）を存在に還元してしまうという誤りを犯していることはおいておくとしても、ブランダムは、ヴィトゲンシュタインがもう一つの重要な問題を指摘しているという。それはつまり、実際には無数の事例の中で見出される規則性は一義的には決定されず、どの事例を有意と見なしてピックアップし、どの事例を無意味なものとして捨象するのかによって、任意に取り出すことが可能であるということである。それは恣意的な選挙区の区域分けを意味することばをとって「規則性のゲリマンダリング論法 gerrymandering-of-regularities argument」と呼ばれる（Brandom 1994, 28–29）。

ブランダムは、このようにしてヴィトゲンシュタインに依拠しながら、規範をめぐるふたつの立場を退けることによって、自らの立場を正当化する。規則主義にたいしては、規範は明示的ではなく、我々の言語活動に伏在的 implicit であるとし、規則性主義に対しては、規範を観測者の視点から規則性として取り出すのではなく、コミュニケーションにおける行為者自身が、相互に帰属させあっていると考えることで、このふたつの困難を回避しようとするのである。コミュニケーション当事者は、双方が互いにたいして、何らかの「規範的態度」を帰属させあっている。ブランダムが「スコアキーピング scorekeeping」とよぶ規範的相互評価は、コミュニケーション当事者自身の相互行為の中に内在しており、観察者の視点から見出されるものではない。彼の「規範的語用論」はこうした、伏在的に行われている「規則に従う」言語活動を理論として明示化するものとされる。

三　ヘーゲルによるカントの規則主義批判

このようにブランダムは、ヴィトゲンシュタインの議論を援用しながら規則主義と規則性主義を退け、自らの規範的語用論を導出する。なかでも、とくに規則主義の論駁と、自らの規範的語用論の採用には、ブランダムが「カントからヘーゲルへ」の発展として理解するものが関わっている。右のようにブランダムは、カントを規範的プラグマティストの先行者として理解しているが、その規則についての理解は上で規則主義と呼ばれたものであった。それにたいし、ヘーゲルは規則・規範を社会的実践に内在するものと考え、規範的プラグマティズムを一歩先に進めたというのである。まさにブランダムのヘーゲル主義はこの点にかかっているといってよい。

なるほど、このようにカントに規則主義を帰することは、ヘーゲルのカント批判にも即している。初期のヘーゲルがカントの定言命法を批判するさいに主張していたのも、定言命法が抽象的な同一性であるにすぎず、具体的な適用が不可能であるということであった(1)。これは一見するとあまりに極端な主張であるように見える。「花瓶を壊したのは誰か」と問われているというこの具体的な状況において「私がこの花瓶を壊したのだ」という真実を私が述べるとき、私は「本当のことを言わなければならない」という規則を適用していないだろうか。しかし、『精神現象学』において、次のように述べるとき、ヘーゲルはそのような適用が純粋な普遍的規則の適用ではないことを指摘している。

「誰もが真理を語るべきである」。この無条件に言い表された義務には即座に次の条件が付け加えられなければならない。つまり、それは「もし真理を知っているならば」という条件である。したがってこの命令はいまや次のようなものとなるだろう。「誰もが、その都度、自分のこのことに関する知識と確信にしたがって、真理を語るべきである」。健全な理性、つまりまさにこの道徳的意識は、何が正しく、何が善いことであるのかを知っているのだが、彼の普遍的な発言にはこうした条件が結びついていると説明することにもなるだろう。つまり、自分はその様にあの命令を考えていたのだと。しかし、この理性はまさにそうすることで、自分がむしろ既にこの命令を語ることによって、すぐさまこの命令そのものを破ってしまっていることを認めてしまっているのである。彼は語った、「誰もが真理を語るべきである」。しかし彼は考えていた、「誰もが、その都度自分の知識と確信にしたがって、真理を語るべきである」と。そして、自分が考えていたことと違うことを語るということは、真理を語っていないということである。（Hegel, GW 9, 229f.）

「誰もが真理を語るべきである」という無条件であるはずの義務が「もし真理を知っているならば」という条件を前提していると述べるとき、ヘーゲルはもちろん、カントの「嘘論文」を念頭に置いている。[2] しかしこの批判はそうしたカントの論述にたいする皮肉であるにとどまらない。これは、そもそも普遍的規則は具体的適用にあたっては、必ず「もし〜ならば」という仮言的条件をともなわざるを得ないことを主張していると理解すべきである。ヘーゲルはさらに次のように述べる。

この非真理、不適切な表現を改善してみると、いまや次のように表現される。「誰もが、そのことに関する自分のその都度の知識と確信にしたがって真理を語るべきである」。しかしこれによって、この文が言い表そうとしていた、普遍的かつ必然的にそれ自身で妥当するはずのもの〔道徳法則〕は完全な偶然性にひっくり返ってしまう。なぜなら真理が語られるということが、私がそれを知っているかどうか、私がそれについて確信できるかどうかという偶然に左右されることになってしまうからである。（Hegel, GW 9, 229f.）（〔 〕内引用者）

普遍的規則が具体的に適用されるときには、「もし」で表現される適用の規則を必要とし、その結果として普遍的であるはずの規則は偶然的な規則に反転してしまう。何よりもカント自身、一方では友人を救うためであっても「嘘をついてはならない」という規則は尊重されると主張する一方で（「嘘論文」）、道徳的義務に「決疑論」として例外の余地をみとめ、一定の場合には「真実だと考えているのとは異なったこと」を述べることが認められる場合もあると考えている。[3] そのかぎりにおいて、カントもまた規則の適用をたんなる普遍への個別の論理的包摂とは考えていないことになる。

ブランダムもまた、カントの立場を規則主義として理解し、後退論法による論駁は免れ得ないとしている。[4] それにたいし、ヘーゲルは（ヴィトゲンシュタイン同様）規範を社会実践に伏在するもの（implicit）と考え、行為者は自らの理解にしたがって、規範を相互に適用し合うことを主張しているとされる。[5] ブランダムの規範的語用論によれば、行為者は相互に、他者の主張（assertion）にもとづいて、コミットメントを帰属させあい、そのコミットメントにしたがって、エンタイトルメントを帰属させる。たとえば「この花は赤い」と述べた人には、〈この花は赤い〉という内容に対するコミットメントを帰属させ、同時に〈この花は色を持つ〉という主張をおこなうためのエンタイトルメントが帰属させられているが、〈この花は青い〉にたいするエンタイトルメントは帰属させられない。

このスコアキーパーは相手の行為者が、コミットメント保存的主張を行っているか、エンタイトルメント保存的主張を行っているか、あるいは両立不可能な主張を行っているかを精査し、スコアをつけている。こうした相互的行為の中で伏在的に存在するものとして、規範は理解されるのである。

四　後退論法の射程

さてここでようやくマクダウェルによるブランダムのヴィトゲンシュタイン解釈に対する批判に戻ろう。その要点はいくつかあるが、ここで重要な論点としてふたつを取り上げたい。ひとつめは、後退論証は必ずしも規則主義に向けられたものではない、というものであり、もうひとつは、規則の適用は「解釈」ではないというものである。この両者は密接に関わっている。

　ブランダムはヴィトゲンシュタインにおいて三つの規則の区別があると指摘する。この区分によれば、第一の規則（①）は、明示的な規則であり、第二の規則（②）は「それが概念的に分節化されているか否かにかかわらない」規則であり、第三の規則（③）は観察者が、被観察者の行動について、それが規則に従っているかどうかを判断する規則である。①は規則主義が想定していた規則、③は規則性主義が想定していた規則だといえるだろう。ブランダムはヴィトゲンシュタインの後退論法が①に対して向けられたものだと考えていた。それにたいし、マクダウェルによれば、ヴィトゲンシュタインが後退論法を提起しているのは②に対してであって、明示的な規則であれ、伏在的な規則であれ、この論法は妥当するとする。

　マクダウェルによれば、これは規則の解釈にまつわる後退である。道しるべが進むべき道を指し示していると理解されるとき、道しるべそのものではなく、道しるべの解釈がそこで進むべき道を告げていると通常想定される。この道しるべの解釈にしたがって、正しい行動（右へ進む）と正しくない行動（左へ進む）が区別されるのである。しかし、この解釈によって、規則と行動の間のギャップが埋められたように見えたとしてもそれは、「しばしの間 für einen Augenblick/for a moment」（Wittgenstein［1953］1984, 345; McDowell［2002］2009a, 100）のことでしかない。この解釈の表現であるもの（たとえばこの道しるべにしたがって進むべきと考えられる方向を指したり、そちらへ進めと発話したりすること）もまた、道しるべそれ自身と同様、正しい行動と正しくない行動を区分する規範的機能を果たすためには解釈を必要とする。道しるべ自身と同様、その解釈もまた「規範的無力 normative inertness」（McDowell［2002］2009a, 100）に陥っている。したがって、道しるべの解釈をしめす表現（指さし）もまた解釈を必要とし、その表現であるもの（「右へ進め」という発話）も解釈を必要とすることとなり、無限後退に陥るというのである。マクダウェルによれば、ヴィトゲンシュタインがこれによって言おうとしているのは、解釈に基づいた行為ではないような「規則に従うこと」がなければならないということである。

ここでは、ヴィトゲンシュタイン解釈は問題ではなく、したがってヴィトゲンシュタインが指摘しているのが、明示的規則の無限後退なのか、解釈の無限後退であるのかは問題としない。しかし、もし後退論法が明示的でない（伏在的な）規範についても有効であるならば、後退論法にもとづいて規範を言語実践に伏在的であると考えるべきであると主張する、ブランダムの規範的語用論の前提が崩れることになる。マクダウェルのいうように「ブランダムの「適用」は解釈のたんなる一変種である」（McDowell［2002］2009a, 109）とするならば、ブランダムの規範理論もこの後退論法によって棄却されることになるだろう。以下では、解釈が無限後退を引きおこすというマクダウェルの指摘は受け入れながらも、ブランダムの規範的語用論が想定している適用はここで想定されている解釈ではないことを主張し、むしろマクダウェル自身の議論に接合可能であることを示したいと思う。

五　「解釈」の多義性

『明示化』においてブランダムは確かに、ヴィトゲンシュタインが、「規則にしたがった全ての行為は解釈である」ことを否定していることを自覚している。むしろ、この箇所（『哲学探究』第二〇一節）にしたがって、ヴィトゲンシュタインは、規範を「徹頭徹尾 all the way down〔明示的な〕規則」（〔　〕内引用者）として理解しているのではなく、社会的実践、実践の中に伏在的な行為の正しさにもとづくものとして規則を理解しているというのである。これは「規範のプラグマティズム的理解」として擁護されている。ブランダムはさらに、マクダウェルのヴィトゲンシュタイン解釈を通じて、自分の解釈を正当化してもいる。マクダウェルが『オデユッセイア』の怪物の名を借りて述べるところでは、ヴィトゲンシュタインの課題は、「規則の解釈にしたがって行為する」というスキラと、「規則は存在しない」というカリブディスの間を進むことである。ブランダムはこれがそれぞれ、規則主義と規則性主義に対応しているとする。そしてこの両者を避けるその間の道はマクダウェルも言うように「習慣、実践、あるいは制度に属することによって」（McDowell［1984］1998; Brandom 1994, 29）可能となるのである。

したがって、規範を生活実践に根ざしたものと考える点で両者は一致している。しかし上記のように、解釈は規則が明示的であるかどうかには関わらないとマクダウェルが考えているかぎりにおいて、彼のいうスキラとカリブディスを規則主義と規則性主義に対応づけることは出来ない。また、マクダウェルによれば、ヴィトゲンシュタインが根本的だと見なしているのは「実践の中に伏在的な規範」ではなく、「理解にしたがって直接的に行為する能力」であり、そしてこの「理解にしたがって直接的に行為する」こととは、「理解されるものの解釈によって媒介されない仕方で行為する」ことである（McDowell［2002］2009a, 103）。マクダウェルにとって、「スキラとカリブディスの間を進む」のは、解釈を介さない直接的な理解によって、後退を止めることで可能となる。いやむしろ、後退は規則とその解釈としての表現との間にギャップが生まれるところから生じるのである。その限りで上記のブランダムによるマクダウェルの「スキラとカリブディスの間」という比喩の援用は、マクダウェルのヴィトゲンシュタイン解釈についての誤解にもとづいていることになる。

しかし、ここで「解釈」とされているのは何だろうか。ヴィトゲンシュタインは問題になっている『哲学探究』第二〇一節で「『解釈する』と呼ばれるべきであるのは、その規則のある表現を別の表現で置き換えることである」（Wittgenstein［1953］1984, 345）と述べている。道しるべは、右に伸びている道を指で指し示すことによって置き換えられうる。そのときに、道しるべが右に進むべきであることを意味していることが理解されており、その行為者はその同じ内容に別の表現を与えていることになる。マクダウェルのブランダム批判の要点は、ブランダムが規則の適用において、まさにヴィトゲンシュタインが避けようとしていたはずの、この「解釈」を差し挟んでいるように思われるからである。問題は、ブランダムが主張するように、規則が「言述として明示的であるdiscursively explicit」か否かではない。規則とその適用の間にギャップを想定し、そのギャップが埋められなければならないと考えているかぎりにおいて右記のように「ブランダムの「適用」は解釈のたんなる一変種である」(McDowell [2002] 2009a, 109) と批判されることになるのである。

したがって、マクダウェルによるこのブランダム批判は、規則の理解を規則の解釈とは分かつことによって可能になっている。それは、解釈を他の表現に置き換えることとして定義するヴィトゲンシュタインに従うかぎりでは理解できよう。しかしまた、「ブランダムの「適用」は解釈のたんなる一変種である」と言われるときの解釈は、この意味での解釈ではあり得ない。なぜなら、ブランダムにおいて問題となっているのは、規則自体を何らかの仕方で(それが言述的discursiveであろうとなかろうと)表現し直すことではなく、ある規則の適用の事例から、その規則の新しい適用を行うことであるからである。「道しるべ」の例は、規範を表現するものの一つの例であったのであり、その適用の例ではない。ブランダムはそれを「言述によって明示化されたもの」と等置し、適用の無限後退の問題をそこに見出すことによって誤りを犯したかもしれないが、だからといってブランダムが、ヴィトゲンシュタインの指摘する後退に陥っていることにはならない。

六　理解としての解釈

問題になっている『哲学探究』第二〇一節において、ヴィトゲンシュタインは、解釈の無限後退を指摘したあとで、次のように述べる。「つまりこのことによって我々は、規則の一つの理解があることを示している。この理解は、解釈ではない。そうではなく、適用の事例ごとに、我々が『規則に従う』と呼ぶものと『規則に反して行為する』と呼ぶものの中に表明されているものである」（Wittgenstein［1953］1984, 345）。これが、マクダウェルによる先の解釈が依拠した箇所である。これに続けて、ヴィトゲンシュタインはさらに次のように述べる。「それゆえ、規則に従ったいかなる行為も解釈であるといいたがる傾向がある」しかし、――ここで上記の引用箇所が登場する――「『解釈する』と呼ばれるべきであるのは、その規則のある表現を別の表現で置き換えることである」（Wittgenstein［1953］1984, 345）。

ここでヴィトゲンシュタインが与えているのは、解釈するという用語の一つの定義であり、我々が必ずしもこれに従わなければならないわけではない。じっさいマクダウェルが、上記のようにブランダムの適用は解釈であると主張しているときに想定している解釈も、この定義に沿うものであるとは考えられない（だからこそ「変種」であったのだろう）。マクダウェルが、これを「解釈」と呼ぶのは、ヴィトゲンシュタインの定義する解釈と同様に、規則とその理解の間にギャップが存在し、それがここで想定されているものによって、「橋渡し bridge」されなければならないと考えられていたからである。

しかし、我々がここで採用しようとするのは、ヴィトゲンシュタインがここで退けている傾向、つまり「規則に従ったいかなる行為も解釈である」と見なすというものである。ヴィトゲンシュタインがこのように述べていること自体、解釈についてそのような用法が可能であることを示唆しており、さらにじつはその方が、マクダウェルの別のブランダム批判にも、ガダマーを高く評価するマクダウェル自身の立場にもかなうものであると思われる。

ブランダムにおいて規則の適用が解釈であるとしたら、その解釈とはどのようなものだろうか。ブランダムが想定している、「理由を与え、求める空間」における社会的規範的実践においては、（そのスコアがつけられている）行為者のひとつひとつの言語行為は、推論的に連鎖し合っており、それによってその規範的是非がはかられ、スコアキーパーはその（実質的）推論の一貫性を検証しながら、(6) その行為者に規範的地位を帰属させる。ブランダムはこの意味での合理性を「推論的合理性」と呼んでおり、それは同時に社会的なものである（Brandom 2002, 6–12）。つまりそこでは合理性は、行為者が相互に規範的地位を帰属させ、その推論的一貫性をチェックし合うという関係、つまり理由を与え求める行為としての言語行為の中で理解されているのである。

ブランダムは、『偉大な死者たちの物語 *Tales of Mighty Dead*』の「序論」で、五つの合理性モデルを取り上げる中で、この「推論的合理性」を第四の合理性として位置づけ、これに先行する第一の「論理的合理性」、第二の「道具的合理性」、そして第三の「解釈的合理性」を包摂するものとして理解している。ここでは、ブランダムが「解釈的合理性」として理解するものが何であるのかを確認しておこう。それによれば、「解釈的合理性」とは、他者の言語行動が「われわれの言語行動の上に位置づけられる mapped on」ときに合理的であると見なされるというものである。わたしたちが、その言語を共有していない他者の言語行動を理解するのは、その他者が合理的に行動していると想定し、われわれ自身が理解する推論的連関のうえに、その他者の言語行動を位置づけることによってである（Brandom 2002, 4）。そこで念頭に置かれているのがデイヴィッドソンの根源的解釈であることは言うまでもないだろう。

ブランダムの語用論は、この解釈的合理性を含んでいるとされ、その延長線上に理解することが出来る。スコアキーパーが行っているのは、他者の主張 assertion を、自分の理解する推論関係の連鎖の中に位置づけ、その推論的関係の中で当の主張の意味を理解すること、そしてそれにしたがって、他者が何にコミットしているのか（commitment）、そしてさらにそのコミットメントにしたがって別のどんな主張へのコミットメントが認められているのかを（entitlement）帰属させ、当の他者が行う次の主張がそれに沿うものであるかどうかを検証するということである。「他者のノイズを私のこの文の上に位置づけ、このノイズに、わたしの口から出る文によって表現される内容を帰属させせることを正しいものとするのは、まさしくその他者のノイズが他のノイズと持つ関係が、私の文が私の他の文にたいして持つ関係を十分に反映して mirror いるということである」(Brandom 2002, 5)。

以上の理解において「解釈」とは、その意味内容が未知である文を、既知の意味内容の中に位置づけるということであり、それによって文と意味との間にひらいていたギャップに橋渡しがなされることになる。言いかえれば、理解するということは、私が従っているのと同じ規則に他者も従っているということを想定することによってはじめて可能になるということである。[7]その場合に解釈は「規則の表現を他の表現によって置き換えること」ではない。むしろ多くの場合は、伏在的に規則に従っている状態において、その同じ規則に従ったゲームの中に他者のノイズを差し手として位置づけているのである。これが、ブランダムが規則主義に対して、規範が伏在的であることを主張するさいに考えていることだろう。カントの「判断力」に即して言うならば、普遍という規則が、それとして明示されることとなしに、その普遍に個別事例を包摂するという判断を我々は行っていることになる。その限りにおいて、ブランダムの語用論において、我々が行っていると考えられる判断は、反省的判断力による判断であることになる。ここでいう解釈とはその意味での判断なのである。

七　我‐汝関係と我‐我々関係

そのような明示化された普遍を前提としない、普遍の適用であるような「判断」はいかにして可能なのだろうか。こうした「判断」に適切なモデルを提供しているのは、ガダマーの解釈学であるように思われる。ガダマーは『真理と方法』において法解釈学が、彼の解釈学の範型となることを指摘した箇所で次のように述べている。

適用（Applikation）は、所与の普遍的なものがまずはそれ自身において理解され、個別的事例に事後的に応用されること（Anwendung）ではない。そうではなく、適用がはじめて、わたしたちにとって与えられたテキストである普遍的なものそのものの実際の wirklich 理解なのである。（Gadamer［1960］1990, 346）

ガダマーがここで述べていることを、今我々が議論している文脈に置き直して理解してみよう。規則が適用される、つまり規則に従うためには、規則があらかじめ明示的なものとして理解されている必要はない。むしろ、我々は伏在的規則を適用しているときはじめてその規則を解釈し、理解しているのである。したがって、ガダマーによれば、伝統的解釈学において区別されてきた理解と解釈と適用は「統一的過程」とみなされる（Gadamer［1960］1990, 312-313）。

マクダウェルのブランダム批判の誤りは、規則の表現の例である「道しるべ」の例を、規則に従った行為の理解を問題にしているブランダムにたいする批判に用いた点にある。道しるべが示す右へ進めという命令にたいして、別の表現を用いようとするならば、その表現が明示的なものであるか否かにかかわらず我々は「解釈」の無限後退に陥るだろう。しかしブランダムが問題にしているのは、そこで右へと進んでいったある人の行動が、右に進むべきであるという規範の適用であるのかどうかということである。そしてそこにおいて「解釈」は、規則の表現の置き換えではなく、私が行っているゲームと同じ規則に従っているゲームの「差し手 move」として、他者の言語行為を理解することを意味する。このとき解釈によって我々は規則の適用と理解を同時に行っているのである。

このように、ガダマーの解釈学における理解モデルをもちいて、ブランダムの規範的プラグマティズムを無限後退を帰結しないかたちで理解することは可能であるように思われるが、このことは別の問題を帰結するように思われる。

マクダウェルは別の論文（McDowell［2002］2009b）で、デイヴィッドソンとガダマーの「理解」についての理解が多くの点で共通するものであることを指摘しながら、デイヴィッドソンが共有された社会実践を前提していないことを批判し、それにたいし伝統としての言語的社会実践を背景として理解が成立していると考えている点でガダマーを高く評価している。「『言語ゲーム』は発話 speech の突発に限られるわけではない。それは全体であって、そのなかでは言語行動が生活形式の中に統合されており、それだけで考えられるならば、非言語的であると見なされざるを得ないような実践を含んでいる」（McDowell［2002］2009b, 145–146）。マクダウェルによるこの解釈学の評価が、右で述べたブランダムを批判するマクダウェルのヴィトゲンシュタイン解釈とどのように整合しているのかは、はっきりしない。後者ではマクダウェルはあくまでヴィトゲンシュタイン解釈を提示しているのであって、コミットを留保しているのかもしれない。しかし、少なくとも、マクダウェルはここで、理解が（それ自身結局は言語的なものと理解されることになるが）、あらかじめ存在する生活実践における先行理解を前提とした解釈によって成立することを主張している。

ここにはもう一つ重要な論点がある。マクダウェルは、まさにこのガダマーを援用しながら、デイヴィッドソンとブランダムとを同じ廉で批判に晒している。それは、デイヴィッドソンとブランダムのいずれもが、言語の社会性を主張しながらも、この社会性を「我‐汝」関係モデルでしか理解していないというものである。たしかに、デイヴィッドソンは、（マクダウェルも指摘するように）後年になるほど、相互理解にあたって言語を共有することは不必要だと考えているように見える（McDowell［2002］2009a, 142; Davidson 2005）。また、ブランダムが「我々」という語を用いるのは、「理由を与え、求める」空間に属する、知性的・論議的存在（sapient）としての人間というほどの意味であり、上記の「推論的モデル」における理解においては、さしあたり、社会実践があらかじめ共有されていることが必要であるとは言われていない。[8] また、実際『明示化』においてブランダムは、「我々」を主体として想定することに慎重である（Brandom 1994, 38–39; McDowell［2002］2009b, 149）。しかし、マクダウェルの主張によれば、共有された言語、共有された社会実践を前提としなければ、私とあなたの間の相互理解も成立しない。こうして「我‐我々」関係モデルの優位を訴えるのである（McDowell［2002］2009b）。

しかし、ブランダムは、『偉大な死者たちの物語』においては、上記の合理性への「推論的アプローチ」にたいして、もう一つのアプローチとして「歴史的モデル」を提示している。それは「合理性を伝統のある種の再構成を本質とするものと理解する」（Brandom 2002, 12）合理性モデルである。ブランダムはこの合理性概念を法学における慣習法（common law）をモデルとして説明しており、それはまさに規則主義について指摘された後退の問題に関わる（Brandom 2002; 大河内 2012）。つまり、新たな規則の適用が行われる際に、その規則は、明示化（明文化）された規則（成文法）として前提されているわけではない。そこには「法的な普遍の、特殊な事実の集合（sets）への適用を支配する明示的な最初の原理言明は存在しない」（Brandom 2002, 13）。そこでは規則は、過去の判決、つまり過去の規則の適用（個々の言語行為の集積）から、取り出される。そうだとすれば、わたしたちは個々の言語行為を行う際、過去に行われた言語行為（判例）を解釈することで、そこで適用されている規範がどのようなものであるのかを、それとして明示化することなく取り出し、適用していることになる。

この合理性をめぐる社会的推論関係から歴史への視点の移行は、ブランダム自身も言うようにカントからヘーゲルへの道をさらに一歩進めるものである。そして同時に、これによって彼は、マクダウェルがガダマーに依拠しながら想定していた、〈我‐我々モデル〉に近づいているように思われる。しかしブランダムはここでは、これ以上にこの歴史的モデルを言語理論としては展開しておらず、推論的モデルとコインの両面をなすといいながらも（Brandom 2002, 15）、みずからの『明示化』と『偉大な死者たちの物語』の関係を、ヘーゲルの『論理学』と『精神現象学』の関係になぞらえるのみである。そのかぎりでは、彼がこれによって上記の我‐汝関係を基礎にする『明示化』の立場に修正を加えたのかどうかは明らかではない。

しかし、我‐我々関係モデルは、推論的関係における理解プロセスを理解するのにより適切であるように思われる。なぜなら、相手の発話を、意味を持った発話として理解するために、その上にその発話を位置づける規範的地図を私はすでに持ち合わせていなければならないからであり、これは私が特定の共同体の中で言語を習得することによって可能になっているはずだからである。そして、必ずしもこの言語を共有していない他者を、「慈善の原理principle of charity」にしたがって理解するとき私が行っているのは、他者を我々の中に加えて考えることであることになる。

八　学習過程としての〈規則に従うこと〉

ここで提案しようとしている〈我‐我々モデル〉は他者をあらかじめ我々の中におこうとするものではない。そのような想定は、デイヴィッドソンの根源的解釈が持っていた理論的射程を大ききそぐことになってしまうだろう。最後にこの節では、デイヴィッドソンが導入した「先行理論prior theory」と「当座理論passing theory」の区分を用いて[9]、ブランダムの語用論に修正を加えながら、上記の〈歴史的合理性〉により合致するモデルを提示したい。

デイヴィッドソンがこの二つの「理論」の区分を導入するのは、語の意図的な誤用を含んだ文を解釈者が理解することが可能なのはどのようなメカニズムによってなのかを説明することによって、共有される言語がなくともコミュニケーションにおいて理解が可能であることを明らかにするためである。それによれば、解釈者はその文を耳にする前にあらかじめ標準的な語の理解、すなわち先行理論を持っている。しかし、解釈者が話者の具体的な発話にあたって発動させるのは当座理論である。当座理論は話者がその先行理論によっては誤用とみなされるような語を用いている場合にも、そのとき限りの規則をその語の理解のために導入することによって、その文が理解不能となることを防ぐのである。

ここでデイヴィッドソンにとって重要なのは、理解において共有されるのは、先行理論ではなく当座理論であるということである。これによってデイヴィッドソンは、慣習／規約 convention として共有される規則という言語観を批判する。(10)

ブランダムの語用論においては、スコアキーパーが持っている規範に従って、話者が判断されることになるため、話者による言葉の誤用はたんに、規範に反した行為として否定されることになりかねない。その点において、デイヴィッドソンの当座理論の概念は、利点を持つと考えられる。こうしたデイヴィッドソンの議論は、『明示化』のブランダム同様コミュニケーションにおける理解を我‐汝関係において理解するものであるのと同時に、（我‐我々モデルにおいて理解される）慣習法モデルで理解される言語観を否定するものである。

デイヴィッドソンは自分が述べようとする解釈理論は次のようなものではないという。

まず解釈者は、会話のやりとりのどんな時点においても、くり返し私が「理論」と呼んできたものを持っている。（…）私の想定では、解釈者の理論は、それまでの時点で解釈者が入手できた様々な証拠に適合するよう調整されている。（…）話し手がちょっと話すたびに、解釈者はその理論を変える。すなわち、新しい名前についての仮説を加え、よく知っている述語の解釈を変え、新しい証拠に基づいて個々の発話に対する過去の解釈をあらためるのである。（Davidson 2005, 100＝2010, 159–160）

我々がここで提示しようとしているのはむしろここでデイヴィッドソンが退けているものである。我々は、そのときにさしあたりは当座のものとして採用された規則が、その後通用しないとあらかじめ決定しておく必要はない。実際、デイヴィッドソンもまたこうした仕方で記述できるコミュニケーションもあることは否定しないし、当座理論によって「次の場面でよりうまくやるための理論を今や手にしたという意味では（必ずしも）ない」（傍点引用者）（Davidson 2005, 101＝2010, 160）のであって、まったくないわけではない。さらに「話し手と解釈者が話をするにつれて、ふたりの事前理論はだんだんと似たものになっていき、それゆえふたりの当座理論もだんだん似たものとなる」（Davidson 2005, 102＝2010, 162）ともいわれており、事前理論が修正されることを想定してもいる。我々は当座理論としてさしあたり暫定的に導入した規則を、次の文の理解のための先行理論に組み込むことも出来るはずである。そのときには、当座理論とは矛盾すると考えられていた規則を、先行理論のなかから除く必要があるだろう。もちろん、そうして修正された先行理論を裏切るような発話を話者が行うことはいつも可能である。ただしそれは「理由を与え求めるゲーム」の規則が無効であることを意味するわけではない。

あるいは我々は、次の文を耳にするまで、当座理論として導入した規則と、我々があらかじめ先行理論の中に持っていた規則とのどちらが正しいのかについて宙づりにしておくことも出来る。いや、このプロセスを学習過程として理解し、当座理論による先行理論の修正を認めるならば、むしろ最初の用法においては、それが一回的な誤用であったのか、それとも長期的規則を構成するはずのものであったのかは、未決定であるはずである。こうした理論の反照的均衡による修正を認め、言語の学習プロセスを一度きりのものとしてではなく、持続的な過程として認めることによって、ブランダムがヘーゲルから継承しようとする合理性の歴史的モデルにより適合するモデルが与えられるはずである。[11]

なるほどデイヴィッドソンがこの理論で主張しようとしたのは、意味の理解が必ずしも共有された規則に依存するものではないということである。しかし我々はこのデイヴィッドソンの理論を永続的な規範の学習プロセスの構造を明らかにするものとして用いることが出来る。[12] 学習プロセスは一回で終了するわけではない。むしろ、言語の慣習法モデルにおいては規則の適用である個々の言語行為はそれ自体、過去の規則の適用の解釈に基づく、新たな規則の学習でもありうるはずである。

九　結　論

ブランダムの規範的語用論が提示する、社会的な規範理解は、マクダウェルが批判するのとは別の意味での解釈概念に基づいており、それはマクダウェル自身がガダマーとともに主張する言語理解の〈我‐我々モデル〉に適合するものである。我‐我々関係は、「解釈」の前提となる先行理論を可能にするものとして、個別の了解プロセスを示す（ブランダムの提起する）我‐汝関係に先立つと想定される一方で、他方では、デイヴィッドソンの用語を用いて先行理論と当座理論の反照的修正プロセスを経てその我‐汝関係において形成されるものとしても理解される。ブランダムがヘーゲルに依拠しながら導入する、歴史的な合理性の理解は、〈規則に従うこと〉に関わるこうしたモデルによってより適切な説明を獲得するはずである。

(1)　例えば「自然法論文」における以下のカント批判を参照。「真理の普遍的な基準が、その対象を区別することなしに一切の認識について妥当するようなものであること、しかし、認識の一切の内容がこの基準においては捨象されるが、真理はまさにこの内容に関わるものであるので、認識のこの内容の真理のメルクマールも同時に認識の内容に関わるべきではないということによって、このメルクマールについて問うことは、まったく不可能であり、不適切であることになるのだということ、このことをカントが認識しているならば、まさにそれによって、実践理性によって打ち立てられる義務と法の原理に関する判断についても語っているのである。なぜなら実践理性は、一切の意志の内容の絶対的な捨象であるからである。というのも内容によって恣意の他律が定立されてしまうからである」（Hegel［1802/1803］1986, 460-461）。

（2）　このヘーゲルの記述は、カントが「嘘論文」で次のように述べていることの翻案である。「まず、『真理に対する権利を持つ』という表現は意味のない言葉であるということが注意されなければならない。人間は自分自身の誠実性（veracitas）、つまり主観的真理に対する権利を自分の人格の中に持つ。なぜなら、真理に対する権利を客観的に持つということは、与えられた文が真であるのか偽であるのかは、一般に何かが私のものであるとか君のものであるとか言われるときにそうであるように、そのひとの意志によるということと同じことを言っていることになってしまうからである。そうだとしたら、それは奇妙な論理を持ち出していることになるだろう」（Kant［1797］1998a, 637–638）。

（3）　カントが例としてあげるのは「あなたの忠実な僕」という、手紙の結語でもちいられていた慣用表現や著者にその作品の評価を尋ねられた場合などである（Kant［1797］1998b）。

（4）　ただし、ブランダムも指摘するように、カント自身が規則の適用における無限後退の問題を指摘している（Brandom 1994, 657）。

　ところで、もし、どのようにしてわれわれがこれらの規則のもとに包摂すべきであろうかを、一般論理学が一般的に示そうとしたならば、このことはふたたび規則によって以外には行われえないであろう。（KrV A133/B171）

しかしカントにとってはこの無限後退は一般論理学においては生じるとされるが、超越論的論理学においては生じないとしている。このカントの主張は、カントは「規則に従うこと」ではなく「規則の把握に従うこと」を問題としたというブランダムの解釈を危うくするものであるように思われるが、ここでは詳しく扱うことが出来ない。

（5）　これはブランダム流のヘーゲル承認論の受容である。彼のヘーゲルの承認論解釈については、以下を参照（Brandom 2002 210–234; 大河内 2014）。

（6）　本稿では、推論的意味論、およびブランダムがそこで想定している実質的推論 material inference については、規範的語用論の理解に関わる限りでしか触れない。

（7）　このことは、私が単独で規則に従うことが出来るということを意味しない。私が、他者のノイズをその上に位置づける「言語行動」を私はすでに「我々」の中で習得していなければならないだろう。ブランダムは実際「我々の言語行動」ということでこれを示唆している（Brandom 2002, 4）。この点についてはデイヴィッドソンとの関係で以下でもう少し詳細に論じる。

（8）　ブランダムは、『偉大な死者たちの物語』第三章でたしかに、ガダマーの解釈学を積極的に評価しているが、それはテキスト解釈の方法論としてであって、さしあたり理解そのものに関わるものではない（Brandom 2002, 90–118）。

（9）　「先行理論」と「当座理論」をダメットはそれぞれ「長期 long-range 理論」と「短期 short-range 理論」と呼んでいるが、この表現の方が以下で筆者が提案しようとする両理論の相対的な関係を表現するのに適しているように思われる（Dummet 1986,

460)。

（10）　まさにこれは、マクダウェルがガダマーを引き合いに出しながらデイヴィッドソンを批判する点である。「私の信じるところでは、デイヴィッドソンが〔言語の〕共有を退けることが、我々がガダマーに見出すことの出来る洞察の豊かさを彼から奪ってしまっている」(McDowell [2002] 2009b, 142)

（11）　筆者にとってこのモデルの着想となったもののひとつはヘーゲル『精神現象学』における良心論である。良心論については以下を参照（Okochi 2007)。

（12）　この点においても我々はデイヴィッドソンを裏切ることになる。彼によれば「解釈者と話し手が共有しているものは、学習されるものではない」(Davidson 2005, 105＝2010, 167)。

参照文献

Brandom, Robert (1994), *Making It Explicit. Reasoning, Representing, and Discursive Commitment*, Cambridge, Mass./London: Harvard University Press.

Brandom, Robert B. (2002), *Tales of Mighty Dead. Historical Essays in the Metaphysics of Intentionality*, Cambridge, Mass./London: Harvard University Press.

Davidson, Donald (2005), *Truth, Language and History*, Oxford: Clarendon Press.（＝二〇一〇　柏端達也他訳『真理・言語・歴史』春秋社）

Dummet, Michael (1986) 'A Nice Derangement of Epitaphs': Some Comments on Davidson and Hacking, *Truth and Interpretation. Perspectives on the Philosophy of Donald Davidson*, edited by Ernest Le Pore, Oxford/New York: Basil Blackwell.

Gadamer, Hans-Georg, ([1960] 1990), *Wahrheit und Methode. Grundzüge einer philosophischen Hermeneutik*, Tübingen: J.C.B. Mohr (Paul Siebeck).

Hegel, Georg Wilhelm Friedrich ([1802/1803] 1986), Über die wissenschaftlichen Behandlungsarten des Naturrechts, seine Stelle in der praktischen Philosophie und sein Verhältnis zu den positiven Rechtswissenschaften, in: *Werke in 20 Bänden*, hrsg. von Eva Moldenhauer und Karl Markus Michel, Frankfurt am Main: Suhrkamp.

Hegel, Georg Wilhelm Friedrich (GW 9), *Phänomenologie des Geistes*, in: *Georg Wilhelm Friedrich Hegels Gesammelte Werke.* In Verbindung mit der deutschen Forschungsgemeinschaft, herausgegeben von der Rheinisch-Westfälischen Akademie der Wissenschaften, Bd. 9, Hamburg, 1980.

Kant, Immanuel, (KrV. A/B) *Kritik der reinen Vernunft*, Hamburg: Felix Meiner, 1956.

Kant, Immanuel, ([1797]1998a), Über ein vermeintes Recht aus Menschenliebe zu lügen, in: *Immanuel Kant Werke in sechs Bänden*, hrsg. von Wilhelm Weischedel, Band IV.

Kant, Immanuel, ([1797]1998b) *Metaphysik der Sitten*, ibid.

McDowell, John (1994), *Mind and World*, Cambridge, Mass./London: Harvard University Press.（神崎繁他訳『心と世界』勁草書房、二〇一二年）

McDowell, John ([1984] 1998), Wittgenstein on Following a Rule, *Mind, Value, and Reality*, Cambridge Mass./London: Harvard University Press.

McDowell, John ([2002] 2009a) How not to read *Philosophical Investigations*: Brandom's Wittgenstein, *The Engaged Intellect. Philosophical Essays*, Cambridge Mass./London: Harvard University Press.

McDowell, John ([2002] 2009b) Gadamer and Davidson on Understanding and Relativism, *ibid*.

Okochi, Taiju (2007), „Die Logik des Gewissens. Im besonderen Hinblick auf die Kantische Lehre der moralischen Realopposition", *Hegel-Jahrbuch 2007, Das Leben denken. Zweiter Teil*, Berlin: Akademie Verlag.

大河内泰樹（二〇一二）「合理性の階梯―R・ブランダムにおけるヘーゲル主義への一視角」『一橋社会科学』第四巻。

大河内泰樹（二〇一四）「規範・欲望・承認―ピピン、マクダウェル、ブランダムによるヘーゲル『精神現象学』「自己意識章」の規範的解釈」、唯物論研究協会編『唯物論研究年誌』第一九号。

Wittgenstein, Ludwig ([1953] 1984) *Philosophische Untersuchungen*, Werkausgabe in 8 Bänden, Band 1, Frankfurt am Main: Suhrkamp.

III 規範のパラドクスから規範のプラグマティクスへ
――ドイツの法理論におけるブランダム受容の一断面――

高橋洋城

一 はじめに

ドイツにおけるネオ・プラグマティズム法理論の先導者であるラルフ・クリステンセン Ralph Christensen（一九五三〜）は、思想的支柱のひとつとしてロバート・ブランダムに頻繁に言及しつつ法理論を展開している。本稿はこのクリステンセンの理論を紹介し、その法理論としての主張を精査するとともに、同時に、ブランダムを中心とする哲学の諸観点が法理論に対して持つ影響と射程を計測しようとするものである。

クリステンセンは、カリフォルニアに生まれ、後述の「構造化法理論」Strukturierende Rechtslehre の主張者であるフリードリヒ・ミュラーの下、ハイデルベルク大学で一〇年間助手を務めた。その後、大学のポストを離れ、現在はボンを中心に司法試験補習学校で補習講師 Repetitor を勤めているが[1]、しばしばドイツ各地の大学において法理論関係の講座を担当するなど、研究者としての活動を展開している。また特に Duncker & Humblot 社の叢書 Schriften zur Rechtstheorie を中心に、法理論に関する多くの単・共著書、論文を発表してきており、ドイツ語圏の法理論の分野では一定の注目を集めている存在と言えるであろう。

クリステンセンは、ミュラーとともに、かつ彼を引き継ぐ形で、二〇〇〇年代以降「構造化法理論」における中核的役割を果たしてきている。そのことは、ミュラーがその「構造化法理論」を展開してきた『法的方法』*Juristische Methodik*（第一版一九七一年）の、二〇〇四年第八版以来の共著者であることにも表れている（本稿執筆現在、最新版は二〇一三年出版の第一一版である）[2]。またクリステンセンは、ミュラーを含む法律学者、言語学研究者らからなる「法と言語」Recht und Sprache という研究グループを形成しており[3]、彼らの学派はその名で呼ばれることもある[4]。

法理論に関するものとしてはクリステンセンの最初の単著である『法規拘束とは何か――法言語学的研究』[5]においてすでに、ミュラーを受け継ぐクリステンセンの基本的な考え方が展開されているが、二〇〇一年のハンス・クードリヒとの共著『裁判官の理由づけの理論』[6]からブランダムの援用が現れ始める[7]。それ以降のほとんどの論文、著書において、クリステンセンは、自らの理論の支柱の一つとしてブランダムに言及しており、また近年の主要な法理論を紹介する概説書において、「ネオ・プラグマティズム――ロバート・ブランダム」[8]という項目を執筆した共著者の一人でもある。

クリステンセンは、ミュラーの「構造化法理論」を受け継ぎつつ、（ミュラーと異なり）法律学・法理論の分野のみならず現代哲学の領域からの知見を大いに借りることによって、それを理論化し発展させようとしてきた。ブランダムもそうした理論的支えのうちの一つであるが、前述のように、ブランダムへの参照は彼の理論形成の途中から現われてきたものであって、クリステンセンの思想がブランダムの影響によって形成されたというわけではない。しかし、彼の論理展開にとって、それをクリアにし、他の法理論上の立場との差異を明らかにする上で、ブランダムの思想が果たす役割は大きなものになっている。またこのようなクリステンセンの理論展開から逆に、ブランダムないしはプラグマティズム哲学に対して理論的寄与をも引き出せるのではないかと期待される。

以下ではまず次節において、クリステンセンの主張のうち、ミュラー以来の構造化法理論に共通する基本的前提を確認し（二）、次に、法におけるパラドクスと彼が呼ぶ事態に対する従来の法理論のアプローチと、それに対するクリステンセンの批判を検討する。そこでは特に、討議理論の陣営のブランダム理解とクリステンセンのそれとの対比が焦点となる（三）。次にそのパラドクスに対するクリステンセン自身の主張について、ブランダムのスコアキーピング理論との関連を中心として明らかにしたい（四）。最後に、こうした議論と法規への拘束という枠組がどのように接合するかを確認する（五）。

本稿でクリステンセンの理論展開を追うにあたっては、理論的な著作としては現時点で最新のものと言える、二〇〇八年刊のクードリヒとの共著『法規拘束――垂直的理解から水平的理解へ』[9]（以下本文中では『水平的法規拘束』と略し、引用・参照を行う場合には当該箇所の後に数字でその頁を示す）を主たる対象とする。なおミュラーやクードリヒを含め、クリステンセンの著書・論文は共著の形をとるものが多いが、本稿では、いずれも議論を主導しているとみられるクリステンセンの思想として取り扱うことを断っておく。

二　構造化法理論の前提――ミュラーからクリステンセンへ――

まず、クリステンセンの法理論の出発点として、彼がミュラーとも共有する構造化法理論の主張を確認することから始めたい[10]。

彼らの最も基本的な前提は、法規と法規範の区別である。ミュラーは規範と区別された意味での法規を「法規テクスト」と呼び、法規は法規テクストであってもそれ自体が規範ではないとするが[11]、クリステンセンはさらに、この法規テクストを端的に、「記号の連なり」Zeichenkette と表現する[12](201)。

法規が規範テクスト＝記号の連なりに過ぎないということは、法規テクストの中に規範があらかじめ含まれて存在しているわけではないということを意味する。彼らが常に強調するのは、規範は、個別の事例についての裁判官の決定の際に、そこで作り出されるということである[13]（この産出過程は法の「具体化」Konkretisierung とも呼ばれる[14]）。このミュラー以来の構造化法理論の主張をクリステンセンは、読者の積極的な創造の契機が決定的な役割を認めるテクスト解釈に関する文学理論、言語理論も援用しつつ(198)、事例にとって決定的なその法規テクストの「意味」そのものが、決定において生み出されると説明する（後述のようにこの観点から法規の語義の客観性についても否定する）。従来の法理論は、法規テクストの中に規範があらかじめ存在していて、それが決定の場面において決定者（裁判官）を拘束するというモデルに基づいており、これをクリステンセンは拒否するのみならず[15]、法規ではなく法秩序・法体系の全体に超越する法原理や正義理念に基準を求める非法実証主義的なモデルも、規範の意味が決定に先行して存在すると想定する点で拒絶するのである(200)。

一方で、法規範が決定の時点で産出されるものとみなすことは、その内容が裁判官の恣意に委ねられるということとを意味しない。上記のように「法規」そのものは規範ではなく、したがって決定者＝裁判官を法規が拘束しているわけではないが、一方、裁判官は恣意的に裁量をふるっているわけではなく（決断主義の否定）[16]、裁判官は実際には多層的に様々な要素によって拘束されており、そうした要素を考慮すべしという圧力（クリステンセンの用語では「接続圧力」Anschlusszwänge）の下にある。これを前提に、裁判官の決定を合理的なコントロールに服させることが課題となるが、そのために法実務の実際のあり方を解明し、「具体化」の諸要因の特性や限界、それら相互の関係を明らかにすること、これがミュラーとクリステンセンにおいて「構造化」と呼ばれていることであり、それを実際に行っていく構造化法理論を実行するのが、彼らの共著のタイトルでもある「法的方法」Juristische Methodik なのである。[17]

三　法におけるパラドクス

(一)　パラドクスとホーリズム

前節で見た、規範が決定において生み出されるという状況を、クリステンセンは彼の諸論稿において、法における「パラドクス」として位置づける。『水平的法規拘束』も、冒頭、このパラドクスの提示から始まる。「法規は決定を行うことができない。そのためには裁判官が必要である。しかしその際裁判官は自由ではなく、拘束されている。裁判官がそれに拘束されているところの法を、彼自身が産出するのだとすれば、裁判官を拘束するものはどこに成立するのか」(11)。簡単に言えば、「裁判官が彼の拘束を自分で生み出すという状況」(20)が法におけるパラドクスである。[18]このパラドクスは、合法と不法の区別を行う決定が、それ自体合法であることをあらかじめ保障するものがないというルーマン的な語彙でも説明されている(20-21)が、このパラドクスにどのように対処（解消）するかを論ずる形で彼の議論は進められる[19]。

さらに『水平的法規拘束』では、パラドクスの指摘に続いて、法的決定におけるホーリズムの問題が取り扱われるが、これはいわば上述のパラドクスがホーリズムの問題へと変形されて取り扱われているものと考えられる。というのも、裁判官が決定において法規に先在する規範に従っているのではなく、自らが従う規範をそこで作り出しているという状況は、法規拘束の通常の理解からは奇妙に見えることであるかもしれないが、論理的には不可能なことではない。むしろ、これも前節で見たように、裁判官は多様な要素を考慮して判決を下すべきという拘束性〈接続圧力〉の下で、決定における規範を作り出しているのだとすれば、その「多様な接続圧力」の拘束性自体を裁判官が作り出しているわけではなく、彼は端的にそうした圧力の下で、新しい規範＝拘束性を作り出しているわけである。そうしてみると問題は、〈個別の決定が従う拘束性が、その決定が属するシステム全体から規定される〉というクワイン的な「ホーリズム」の問題ととらえられることになる[20](71-72)。

このホーリズムについても、法規の意味についてのみならず、そもそも語の意味がそれが属する言語全体の参照によってしか規定されえないという、言語理論のレベルから説き起こされている(65)。語の意味は、意味を担う単位に内在的な性質ではなく――したがってその単位のみからは明らかにされえず、言語全体を参照しなければならない。事情は当然、言語的システムである法についても同様であり、法規の意味は法制度や法実践全体から孤立化されることはできない。そこで、個別の語の意味についても法規の文言の意味についても、全体への参照は不可欠である。しかしながら、体系全体を客観的で安定的な背景として先に措定するホーリズムは不可能である(52)。クリステンセン自身がこの箇所であげている例はカール・ラレンツの理論や利益法学であるが、一般に、解釈共同体やその伝統などに全面的に依拠するアプローチは、全体を措定するホーリズムとしてここで否定されることになろう。

このように、全体を固定的に措定することはできないにも関わらず、個別の語の意味、個別の決定における規範の意味は、その語・決定が実践される全体への参照なしには規定されえない。「全体なきホーリズム」(67)、これがホーリズムの形をとったパラドクスと言える。

(二) パラドクス、ホーリズムへの対処の試みとその失敗

パラドクス、ホーリズムは避けられないとすれば、それにどのように対処すべきか。クリステンセンは、法実践そのものの外部に、あるいはそれを超越した次元に、確実な参照点を措定しようとする見方を否定する。ミュラーにおいてすでにそのことは強く意識されていたが、クリステンセンはさらにヴィトゲンシュタインの言語ゲーム概念を援用して、行為の正しさ・適切さの規準を作り出すのは言語ゲーム自体であるという立場に立つ（後述四参照）。したがって、言語ゲーム外的‐超越的規準はそのゲームの適切な規準ではありえないのである。いわば先述のパラドクスはパラドクスとしてそのまま前提しなければならない。

クリステンセン自身がこれにどのように対処するかを見る前に、従来の法理論に見られるパラドクスないしホーリズムの「緩和」、すなわち法実践の外に設定される、あるいは実践に先立ってあらかじめ存在するとみなされる何らかの基準点に依拠して、パラドクス、ホーリズムを解決しようとする試み（これが『水平的法規拘束』の副題に言う、法規拘束の「垂直的理解」である）と、それに対するクリステンセンの批判を確認しておこう。

① 法実践外の基準に訴えるアプローチ ―― 討議理論の批判 ――

『水平的法規拘束』では、ホーリズム緩和の方向性が詳細に検討・批判されている。

ホーリズムへの旧来の対処方法は、法実践の上位に正義の理念を置き、正義の問いに答える法哲学から法理論、法教義学へと、順に下降する階層構造を想定することでパラドクスを解消しようとするモデル(67)であるが、そう

した法実践の外に基準を置くモデルがクリステンセンの拒否するところであることは言うまでもない。

近年の議論のうちでは、特に討議理論の法実践に対するアプローチが、やはり「法の外なる合理性基準を置くことによって、このパラドクスの克服を試みる」(21)ものであるという観点から、批判の対象となっている。討議理論に対しては、実践的道徳的討議の基礎である言語規則の客観性に関する批判も行われているが、これについては別途扱うこととし、ここでは実践的道徳的討議という基準の措定そのものに対する批判を見ておきたい。この批判の論法の中にはクリステンセン自身の主張の理解にもつながる論点が見いだされる点で重要と思われるからである。なお『水平的法規拘束』ではこれを、ロベルト・アレクシーの特殊事例テーゼとクラウス・ギュンターの分離テーゼに分けて論じているが、批判の要点については前者に対する議論の中で出つくしていると思われるので、本稿では前者のみとりあげたい(21)。

討議理論による法の「哲学的根拠づけ」は、普遍的な実践的討議における合意という基準が正／不正の究極の基準になるという主張である。したがって、正義概念が真理の合意説によって説明し直されているとは言え、正／不正の審級が実践外に措定されるという点では本項冒頭で触れた旧来の正義モデルと構造的には変わらない。特に法的討議を実践的道徳的討議の特殊ケースと見なすアレクシーの「特殊事例テーゼ」は、個々の手続の法的討議においても、そこで主張される見解の正当性・合理性の基準として理性的討議に基礎づけられた合意を措定する点で、法を道徳の下に従属させるモデルであると言える(22)。

しかし、このことは法的討議ないし論証というものに対して非常に歪んだ見方を押しつけるものであるとクリステンセンは批判する。つまり、たとえ正義概念がモノローグ的な基礎づけを廃して、参加者の合意に基づくものとされているにしても、普遍的な正当性を調達する合意のためには、彼らが公平無私な態度に基づく相互了解への志向を持っているということが前提となる。しかしそのような公平無私なパースペクティヴへの依拠を要求することは、結局のところ、公平な裁判官のパースペクティヴへ定位すべきだという要請を帰結するであろう(25-26)。すなわち手続の中でたとえ自己の利害関心を動機としてふるまう当事者たちであっても、自らの主張の正当性の要求を掲げる限り、裁判官のパースペクティヴを内面化する圧力の下に置かれていると見なされるのである。「すべての手続参加者は、彼らがどのような動機に導かれているにしても、「裁判官のパースペクティヴから見て」公平な判決の発見に役立つようなディスクルスに寄与」すべきであり「このようなパースペクティヴのみが決定の理由づけにとって本質的である」[22]というハバーマスの言葉がこのような討議理論の基本姿勢を典型的に表現している。

しかしクリステンセンは、このような見方は、手続を裁判官のモノローグ的な思考というパースペクティヴへ「縮減」してしまうことであり(29)、かつこの「縮減」は、裁判官以外の手続参加者たちを「単なる端役に格下げしてしまう」(21)ものであることを指摘して、こうした視点で法手続をとらえることを批判するのである。

クリステンセンは、アレクシーや（アレクシーの特殊事例テーゼ受容後の）ハバーマスとは反対に、彼らを批判するウルフリット・ノイマンの見解に同意しつつ[23](29)、法的論証を戦略的な意図が支配する場ととらえている。それは戦略的合理性を動機として参加している当事者の実態を率直に反映しているという理由からだけではなく、法的手続を、すべての当事者が対等なアクターとして闘争を展開する場としてとらえようとする彼の基本姿勢の表れなのである。戦略的に行為するアクターとしての当事者は、自己の利益を求めて、自分が望むように法規の文言にも意味付与しようとする――それによって発生する論証や手続における争いをクリステンセンは「意味論的闘争」(203)と呼ぶ――のは当然であるが、さらに裁判官もそのアクターの一人であることをクリステンセンは強調する。「裁判官もまた法をめぐる闘争において言語という手段をもって戦う闘士」(209)なのである。もちろん裁判官は訴訟を指揮し決定をなす権力を与えられている（その半面「理由づけ」の義務をを負う）が、それは合理性・正当性において裁判官が当事者と隔絶した一段高い次元にいることを意味しない。意味論的闘争の同次元においてただ権力的に優位にあるだけである。

仮に、戦略性をもった当事者の発言を、彼によって意図されているとおりに受けとめるという姿勢が全く欠けているとしたら、「当事者にとっては手続全体が全く意味をなさない」(30)はずである。討議理論に従って、戦略的にのみ行為しており了解志向的な態度が欠けているという理由で当事者の主張が無視されるとすれば、裁判官の判決はそれ自体が党派的であることになり、ここに討議理論の根本的矛盾が露呈されているとクリステンセンは見るのである(30)。

こうして、高次元の基準を否定するとなると、すべて「正当化」なるものは、裁判官を含めた闘争の次元で得られた相対的な正しさの問題となる。正しいとされた決定も、裁判官が当事者の主張のなかで或る一つを相対的に優位だと認めたという状態、現段階の手続の締めくくりとしていったん受容されているという暫定的な帰結であるにすぎないと位置づけられる。「法廷において得られるものはせいぜい、達成された、決定を支持する諸論拠が異議を免れているという状態にあるというだけの、正しい結果であるに過ぎない[24]」。

このように、裁判官だけではなく、他の当事者をも対等に扱い、ともに文言の意味をめぐる闘争の場として手続に定位するという観点、また究極の正当性の措定を排して、あくまで手続における暫定的なものとして裁判官の決定をとらえる視点は、構造化法理論の中でも、クリステンセンにおいて特に明確になってきた主張と言えるであろう。

② ホーリズムの意味論的緩和 ―― 規範拘束性の実体化批判 ――

前項では法実践の外部に置かれた正義ないし合意という基準に対する批判を見てきたが、『水平的法規拘束』ではこれと角度を変えて、決定の場面で「作り出されない」何らかの規範的基盤が規範テクストの中にあらかじめ存在しているとする見方、換言すれば規範テクストの中に客観的な基準をおく見方に対する批判が、展開されている。ここでそうした基準点として取り上げられるのは、「立法者」、「法規」および「語義」である。これらが客観的な基準として立てられるならば、既存の法の「解釈」と法の「形成」とを区別する見方――クリステンセンはこの区別を否定する――が正当化されることになる。

(i) **立法者――著者の不在の積極的評価――**

法律学でも法実務においても一般に用いられる「立法者」の意思という解釈基準であるが、クリステンセンはそれを、「立法者と法適用者が同じ言語使用規則と同じ現実理解をもっている」という仮定に立つモデルと理解する。このモデルは、場合によっては両者の時間的乖離や現実的条件の差異から「解釈問題」が発生はするものの、「立法者が法適用者に宛てて送ろうとしたメッセージが、テクストというメディアを介して間違いなく届く」ことを前提するモデルと規定される。したがってこのモデルによれば、「法適用者の課題は、テクストの中に具現化された立法者の考えを跡づけること」に還元され、この立法者意思を客観的基準として法解釈と法産出（形成）の区別が常に可能であることになる(82)。

そのような想定は「実践においては実行不可能なフィクション」(83)であるとして端的に退けられるが、この、立法者をテクストの「著者」=「送り手」として基準点に置くモデルに対しては、デリダのエクリチュール論を援用して批判が行われている。デリダの論稿「署名・出来事・コンテクスト」を参照しつつ、クリステンセンは、「規範テクストはむしろ、それが「送り手」による拘束から遮断されることによってこそ、機能する」［傍点は筆者］と主張する(83)[25]。なぜなら、規範テクストは、その新しい適用に際して常に、「その意味が単に同一のものとして再現されるのではなくて、ずらされる（延期される）verschieben」ことによって「規範テクストは元々のコンテクストから断たれて、新しい、あらかじめ予見されなかった状況に接ぎ木される」からである。この「接ぎ木」について、デリダの「書かれた連辞が他の連鎖へと書き込まれ接木されることで、場合によってはそこに『コミュニケーション』の可能性とは別の様々な可能性を認めることができる[26]」という文章への参照が指示されており(83)、このことから、「延期」という表現もまた、(参照はないが) デリダの「差延」différance の一契機としての「延期」(遅延) Aufschub を念頭に置いているのではないかと思われるのである。このように、クリステンセンが自らの主張をデリダ的な「現前の形而上学」批判、「著者の不在」の積極的評価と結びつけていることが注目される。[27][28]

(ii) **法規――語の意味の客観性への批判――**

『水平的法規拘束』は、「立法者」に続いて「法規」について論じる。法規自体は記号の連なりに過ぎず「規範」ではないこと、具体的決定に先立ってあらかじめ法解釈の基準が存在しているわけではないこと――これらは、前述のとおりミュラー＝クリステンセンの理論の大前提であるが、ここでは、その考え方に対立する「法規の中に規範がや基準があらかじめ与えられている」という理論に対し、特にその根底にある言語観に着目して批判が展開される。

概念法学批判以来、法概念の意味の一義的な確定可能性の否定は共通了解となってはいるが、〈語の意味が法規テクストの中に解釈者から独立して前もって存在している〉という言語観はその後も維持され続けてきたとクリステンセンは見る(92-93)。しかしこれは、「テクストに付着する意味」なる不合理な想定をしている点で、言語理論的に維持できない見方であり、語の使用規則の客観性を現代の言語哲学に基づいて主張する理論、具体的にはアレクシーらの法的意味論も、結局はそのモデルから脱却していないとして批判される[29](94-99)。

その理論が依拠するような言語の客観的な使用規則については、法社会学的にも言語学的にも実際には確認しがたいという論拠に加えて、それが論理的にも維持できないという理由として用いられるのが、ブランダムが「規則主義」を批判する論法である。[30] すなわち、或る規則はその規則自身の使用を操縦することはできないが故に、「規則の背後にさらなる適用規則が必要となる」という規則の無限遡行の問題がそれである。この問題によって、アレクシーらによって展開された法的意味論は実践的には破綻する」(99)とされるのである。

(iii)　文言の限界――クラットのブランダム論への批判――

ブランダムの『明示化すること』Making It Explicit にインスパイアされた論文「意味論的規範性と法的論証の客観性」[31]や、『明示化すること』の詳細な紹介をその一節として含む『文言の限界の理論』（著者自身による英訳版は『法を明示化すること』Making the Law Explicit という標題を持つ[32]）の著者であるマティアス・クラットは、ブランダムに依拠しつつ、法的論証における文言の限界 Wortlautgrenze、すなわち語の意味の客観性を肯定する立場に立つ。クリステンセンとの間においては、ブランダム解釈と評価も含めた相互批判が展開されており[33]、ここで見る『水平的法規拘束』の一節も、その論争の一環としてのクラット批判となっている。

まず、前掲論文に従って、クラットの基本的な主張を概観しておこう。彼は、法的論証の客観性、たとえば規範の解釈と新たな形成との区別の大前提としての文言の意味の客観性を主張するためにブランダムを援用するが[34]、その論法は、端的に言えば、〈意味を作り出すのは実践である〉というプラグマティクスの立場にいったん依拠しつつも、その実践に先んじて相対的に安定して妥当している意味の存在が、その実践の成立条件となっているというものである。

クラットは、「意味」の基礎が、それを用いる主体の「相互的な定義と正当化」、ブランダムの用語で言えば、「理由を与え求める」実践・相互的な義務論的スコアキーピングによって成立すると説明する[35]。ここで彼は、意味論的内容を実践から説明する規範的プラグマティクス（遂行論）の立場に立つことを明確にしており、そしてさらに、そのスコアキーピングによるコミットメント／エンタイトルメントの割り当て（あるいは意味の正しさ／誤り）について、それが暫定的に認められたデフォルトのステータスにすぎず、さらなる攻撃（チャレンジ）に常に開かれているという「デフォルト・チャレンジ構造」を持っているということすらも、ブランダムから受容している[36]。

こうしてクラットは、このスコアキーピング実践において「言語的記号の［その使用が正しいか／誤りであるかの：補足は筆者。以下同］正当化の背進は暫定的な終着に到達する」［傍点は筆者］という結論を導き出すが、ただしそこで重点はあくまで、「終着」があるというところに置かれている。つまり暫定的であり、かつ当該言語共同体に相関的であるという留保を付しつつも、言語使用の客観的基準が言語の中に、かつ言語実践に先立って存在していることを主張するのである。(37)

クラットは意味の客観性、規範の拘束性に対する懐疑主義としてクワイン、クリプキの議論を検討しているが、彼らに対しても以上の立場から、否定的な回答を行っている。一つの言語においてあらゆる文の意味が改訂可能であるというクワインのテーゼに対しては、すべての文が可塑的なわけではなく、「各々の言語において、いくつかの文は、prima facie には改訂を免れている」として否定し、またクリプキの議論に対しても、当該言語に相関的な基準点は存在しているとして、規則遵守の不可能性の議論を退ける。(38)もしもこのようなクワインやクリプキの論証を認めるとすると、「諸命題間の規範的・推論的関係を肯定する、ブランダム由来のモデルは維持不可能である」(39)と明確に述べ、そうした基準の存在こそがむしろ、スコアキーピングという実践を可能にする条件であるとクラットは強調しているのである。

同じくブランダムのスコアキーピング論を援用しながらも、クラットによるその活用方法が、クリステンセンのそれとは正反対の方向を向いていることが注目される。これは、クラットがブランダムの推論主義的意味論において、特に（クリステンセンがほとんど言及しない）「表出主義」と「実質的推論」(40)という契機を重視するところにも現われている。ブランダムの「表出主義」とは、明示的（エクスプリシット）な論理的語彙は暗黙（インプリシット）に前提されている推論的関係を表現したものであるとする立場を指すものであるが、その表出されるべきインプリシットな推論的関係とは、「実質的推論」――「ピッツバーグはフィラデルフィアの西である」から「フィラデルフィアはピッツバーグの束である」への推論[41]が示すような――の関係であるとされる。

ブランダムにおいて、推論的関係は理由を与え求める関係、スコアキーピングという実践を意味するのだとすれば、たしかにこの意味での推論的実践関係の根底に実質的推論関係があるとは言えよう。クラットは、この事態を、あらゆる実践に先だってインプリシットなままに存在している実質的・実体的な意味的関係があり、かつそれが最根底の基準となってスコアキーピングの実践も成立する――つまり実質的な意味的基準の存在がスコアキーピング実践成立の条件であるという趣旨に理解しているようである。

討議理論の陣営にいるクラットは、アレクシーの実践的討議の理論における「意味論的分析的討議」についてもこの見方を適用して考察している。クラットは「意味論的分析的討議」を、インプリシットな語の使用規則をエクスプリシットにするプロセスと見なした上で[42]、さらにこの討議に対しても、前述のような実質的な意味での「推論的関係と、それゆえ規範の意味の客観性は、前もって、意味論的−分析的討議より前に、それから独立して実在している」とする。こうしてクラットは、法実践のなかで相対化されることのない、意味基準としての「文言の限界」の客観性を正当化するのである。

こうしたクラットのブランダム理解について、クリステンセンは、ブランダムの用語が「彼［ブランダム］本来の理論の目標設定に全く対立するような結果を獲得するために用いられている[43]」として批判する。クラットは、規範的な理由の空間での実践を可能にする最低限の実質的・実体的規範の存在を前提しているわけであるが、クリステンセンに言わせればクラットの考え方は、プラグマティクスの前提に意味論を置くという本末転倒の議論ということになるであろう。

クリステンセンは、意味を常に実践から考える方向、つまり意味論をプラグマティクスに解消する方向を徹底する。彼は、ブランダムに依拠して、議論の対象から解放された基準や鳥瞰的パースペクティヴなど存在しないことを強調する。[44] もちろん、実践が成り立っている以上、結果として一定の意味が通用（妥当）していることにはなるのだが、それはあくまで、現在のところ異議を免れているというだけの相対的・暫定的妥当の意味でとらえられる(212)。このような暫定的妥当のみを認めるという立場もまた、「何が正しいかについての最終解答は決して存在しない。そのような正しさについての我々の評価を含め、すべてはそれ自体、会話とさらなる評価、攻撃、防禦、そして修正の主題である[45]」と述べるブランダム、デフォルト・チャレンジモデルによって規範的ステータスの暫定性に徹底するブランダムを、ストレートに受容したものであると言える。

言語的実践、すなわち理由の空間とはあくまで実践が展開されるフィールドであり、実体的な規範が先在しているわけではない。そこに現われる語の「意味」は、どのように基礎的な文であってもスコアキーピングの際に作り出されるということに徹底するのがクリステンセンの立場である。結局、クラットは「解釈と法の継続的形成の間の固定的境界線を引く」ためにブランダムを援用しようとしたのだが、そのようなブランダム理解も、「解釈と法の継続的形成の間の境界線を引く」ことも不可能であるというのがクリステンセンの結論である。[46]

以上本節では、法実践の上位や外の基準、あるいはあらかじめ存在する意味に由来するものとして規範をとらえる「法規拘束の垂直的理解」が批判される様を考察してきた。以下では、そこから脱却して規範拘束の「水平的理解」をクリステンセンがどのように示すかを見ていくことになる。それは、「垂直的理解」のように意味の客観性基準を認識しようとするのではなく、語の意味をめぐって争う実践から意味の成立をとらえようとするブランダム的なプラグマティズムにおいて、規範の拘束性をとらえることである。

四　手続における規範性の「展開」とスコアキーピング

(一) 実践におけるパラドクスの展開へ――ヴィトゲンシュタイン『哲学的探求』§二〇一から――

前節までに見たように、法実践外の審級や意味の基準性によるパラドクス・ホーリズムの意味論的な解消の道は拒絶された。一方で「裁判官の拘束の可能性を原理的に拒絶する」、いわば決断主義の立場をとってパラドクスをなかったことにする道も、クリステンセンはとらない。ここから「実践」そのものに視点を移してパラドクスへの対応をとろうとするクリステンセンは、言語ゲーム内部における規則遵守の問題に関するヴィトゲンシュタインの議論を参照する。

規範は決定において創出されるが、それを生み出す決定者にあらかじめ与えられる基準点は存在しないというクリステンセンの規範モデルとそれが持つパラドクスは、言語ゲームの内部において規則はその規則自身をあらかじめ規律することはできないという、ヴィトゲンシュタインの『哲学探究』§二〇一[47]の記述をめぐって論じられてきたパラドクスに通底すると言える。この規則遵守の問題に対してクリステンセンは、（クリプキ的な規則懐疑主義的帰結に導くのではなく[48]）「そのつどの場合ごとの適用において、我々が『規則に従う』とか『規則に関して行為する』と呼ぶところにおいて表明されるような規則の把握がある」とするヴィトゲンシュタインの言葉に従う。すなわち、「規則遵守を徹底して実践として把握する」(39)方向へと向かうのである。この実践におけるいわばインプリシットな規則遵守に定位するアプローチはブランダムとも共通するものである[49]（ただしクリステンセンはブランダム受容以前から上記のようなヴィトゲンシュタイン解釈をとっている[50]）。

このようなアプローチは、パラドクスを「実践的に展開 entfalten」(123)することとも表現されるが、この「展開」Entfaltungとは、さしあたり、実践において規範が実際に機能しているあり様を記述することを意味する。

クリステンセンはブランダムの「言語を、それ自身を安定化するシステムとしての、成功した理解のネットワーク化として把握する」というアプローチにならい(141)、そこから法についても、「自己安定的な実践」であると性格づける[51](146)。法実践の中における行為者も、客観的な基準を前提せず、といって決断主義的にふるまうのでもなく、規範的拘束を受けつつ行為している。そのような規範拘束のあり方は、意味論的にはパラドクシカルに見えつつも、実際には安定的に機能しているのであり、そうした法実践の「自己記述の継時的な精密化[52]」(123)を行うことが、パラドクスの「展開」の意味するところである。またそれは特に、それは実践が時間的側面をもっていることを重視し、法産出における「規範性を、対象としてではなくプロセスとして理解する」(141)アプローチなのである[53]。

(二)　スコアキーピングモデルによる法実践の記述

このような実践の、時間軸の契機を含んだプロセス的な記述のために使用されるのが、ブランダムの推論主義的な意味論とスコアキーピングのモデルである。

ブランダムの「推論主義」とは、概念、名辞の意味は命題において成立するととらえ、また命題の意味は「理由を与え求めるゲーム」の空間において成立するということを示すというものである[54]。この「理由を与え求める」空間の構造を分節化していくと、それはコミットメントとエンタイトルメントという規範的なステータスのやりとりとして表わされ、そしてそれらのステータスは、或る主張に対してコミットメント・エンタイトルメントを「割り当て」、また自ら主張を行うことによってコミットメントを「引き受ける」という行為によって、そのつど生み出される。この割り当て・引き受けが行為者相互によってなされるあり方をイメージ化するのが、野球に範をとったスコアキーピングのモデルである[55]。

クリステンセンが彼の論稿でブランダムに言及する際、そのほとんどは、このスコアキーピングモデルに関するものである。クリステンセンは、概念の意味は上記二種類の規範的ステータスのスコアづけをする〈個々の主体の行為（＝態度）によって生み出されるという考え方〉、すなわち「現象主義」的な規範理解[56]に立っており（「現象主義」という用語そのものの指示・引用は行っていないが）、この現象主義の観点によって、法実践における規範の意味もコミットメントとエンタイトルメントの割り当て・引き受けによって説明されることになる。あるいは規範性が成立しない場合とは、そうした割り当てを否認するという活動によるのであり、このような相互進行的 mit-laufend な規範的評価の構造[57]を記述したのがスコアキーピングのモデルであると、クリステンセンはブランダムの理論を整理する。

ここでクリステンセン自身による説明を離れて、スコアキーピングによる法実践のモデル化が持つ意義について、若干の分析を加えておこう。法実践の参加者は、そのつどの決定においてコミットメントを「引き受ける」が、その決定は同時に他の参加者の主張に対してコミットメント・エンタイトルメントを割り当て、また自らの決定におけるコミットメントの「引き受け」は他者からコミットメント・エンタイトルメントとして肯定され、あるいは否定される。規範性はこうして、参加者の「態度」によってそのつど「生み出されている」といえる。このコミットメント・エンタイトルメントを割り当て・引き受けるという「態度」の前にすでにできあがった「規範」が存在しているわけではない。かつまた、話者＝決定者のコミットメントもあくまで「引き受け」られたものであって、それはあくまでさらに他者の「割り当て」という態度による評価にさらされる（暫定的な）ものなのであるから、決定の際に生み出された規範はそのまま、それを参照する他者の態度に先行する規範となるわけではない。このことを再びクリステンセンの言葉を引用して表すなら、「規範性はけっして行為に先行する規準ではなく、コミユニケーション参加者が相互に想定しあうパースペクティヴ的形式」(124)にすぎないのである。[58]

ブランダムは論文「ヘーゲルにおけるプラグマティスト的主題」において、このスコアキーピング的な評価のやりとりを、過去と将来という異なる時間軸の間の相互承認の問題（精神の歴史性の問題）としても描いており、その好適な――過去の概念使用が将来のそれに対する権威を持つという――例としてコモンロー裁判官の判決実践を取り上げ、説明している。[59]それによれば、裁判官は、過去の判決を権威ある判例として、それを顧慮して彼自身の決定を行う。加えて、現在の裁判官は、将来の裁判官の評価を受けるのであり、彼に対して責任を負っている。[60]これをスコアキーピングの実践として記述するならば、現在の裁判官の決定内容は、彼らが先例の中にエンタイトルメントを承認するものに影響され、かつ将来正しい決定であったとされると評価されることを期待して行われる。

この事態は、（伝統的な意味論に依拠する法律学であれば、過去の判例が規範として現在の裁判官を拘束していると説明するところであろうが）スコアキーピングの実践として見るならば、現在の裁判官の決定が過去の判例に権威、すなわちエンタイトルメントを付与することであり、将来へ向けてその内容にコミットすることであり、また将来の裁判官がエンタイトルメントを付与してくれるかどうかという評価の予期に影響されて彼（現在の裁判官）の判断が形成されるということである。

クリステンセンも、ブランダムを論じた論稿の中で、成文法主義のドイツ法についてもブランダムの裁判官像が当てはまることを言い添えつつ、この議論を取り上げている。ブランダムの主張を受けて、さらにクリステンセンは次の二点を強調する。

まず、現代の裁判官にとっての過去の判例の作用が、現代の裁判官による「選択」すなわち評価であることである。クリステンセンは、過去の判例の伝統を単一中心的なものととらえる見方――ガダマー的なヘルメノイティクがそれに当たるとしている――を否定し、実際の裁判官は、そのような単一の伝統に支配されるのではなく、「多声的な過去」のなかで選択をしなければならないとする。(61) さらに現在の裁判官にとって、将来の裁判官の評価の重要性が決定的な役割を果たす。上述のごとく過去の決定から選択によって現在行われる決定が恣意的な「決断主義」に陥らないのは、現在の裁判官が将来の裁判官からも評価される――そしてそれを考慮しながら決定することによってであるとするのである。

「裁判官自身成功しようと欲している」こと、「裁判官は、彼の判決をもって、理解され、他の裁判官に権威として受け入れられたいと思っている」(62) ことを、法実践の考察の出発点とすべきだとクリステンセンが述べることがあるが、これは裁判官の出世欲について述べているわけではなく、裁判官が他の（過去・将来の）判決・裁判官を評価し、かつその評価を受ける規範的な空間にあること、まさにブランダム的な「理由の空間」に置かれていることの表現であると考えるべきであろう。

また、クリステンセンの議論には、裁判官が多様かつ大量の「接続圧力」(11, 125)の下にあるとか、裁判官が、彼が属する法文化の「規範的スタンダード」(11-15, 88)ないし「法的プロフェッショナリティのスタンダード」(123)、「論証文化のスタンダード」(201)に拘束されているという表現が頻出するが、それらの用語も、実体化された規範の存在を肯定する意味で用いられているわけではない。(63)「接続圧力」にせよ「スタンダード」にせよ、上述のようなスコアキーピングの構造における互いの評価、あるいはそれらの評価を顧慮すべき要請を示す語であると見るべきである。

このように、クリステンセンの法理論においては、ブランダムの援用はほぼそのスコアキーピング論に限局されている。これは同じくブランダムを援用するクラットが、ブランダムを詳細に紹介しつつも、「実質的推論」の議論に着目し、そこに語義の客観性に有利な理論的支えを見いだすのとは対照的である。いわばぎりぎりのところで概念の意味が「判断という行為から独立に、かつそれに先だって把握可能である」と見なして、「プラグマティクスを再び意味論に服従させている」(114)クラットに対して、クリステンセンは、意味・規範性の成立をプラグマティクスから説明しようとする、ブランダムの「現象主義」に徹底していると言えよう。また、ブランダムの「表出主義」、すなわちインプリシットなもののエクスプリシット化の対象についても、（暗黙の意味論的前提の明示化ととらえるクラットとは異なり）クリステンセンはこれを、実践において暗黙に行われているコミットメント・エンタイトルメントのスコアキーピングの明確化という意味において(146)用いているのである。(64)

(三)　手続の視点と「延期」としての法

法的な決定が作り出す規範性を時間軸を含めたスコアキーピングから見るといっても、裁判官だけに焦点を当てている限り、裁判官のパースペクティヴへの限局という討議理論の欠陥を克服しきれていないのではないかとの懸念もありうるであろう。しかしクリステンセンが、裁判官の決定を中心としながらも、戦略的にふるまう・相争う当事者（参加者）を含めた訴訟手続そのものをスコアキーピングの場として提示している点は、或る意味でブランダムの法実践観を超える射程を持った議論とも言えるであろう。

先に見たように、クリステンセンは、訴訟などの法的手続を、戦略的にふるまう相異なる見解が自分の意味づけの貫徹を目指して争う「意味論的闘争」の場ととらえる。そこで手続の主体である当事者の視点は、裁判官のそれと対等なものとして把握され、したがってそこに「客観的な我々というパースペクティヴはなく、実践的な手続において他の決定とのネットワーク化によって相互にはたらく無数の視線があるのみ」(80)という状況と考えなければならない（『水平的法規拘束』の表題にある「水平的」とはこのような事態を表現するものである）。

したがって、前項で見た時間軸を持った歴史的・プロセス的スコアキーピングも、このような、裁判官のみならずすべての参加者が対等にアクターとして登場する手続において、展開されるものと把握されているのである。すなわち、当事者の主張も、過去の判例や他方の当事者の主張を考慮するであろうし、彼らの主張の後に下される裁判官の決定を予期する。しかしその裁判官の決定は、将来の裁判官のみならず、手続参加者もしくはその外の多様なアクターの評価にさらされる。裁判官の決定も、訴訟手続の諸段階もそのような手続の中での、相異なる立場からの相互のスコアづけとして考えられる。

そしてそのスコアキーピングは、前項で見たように、原理上、裁判官の視点を超え、かつどこまで行っても終局にたどり着かない、その意味で常に暫定的なものたらざるをえないのである。クリステンセンにとって、法規範の妥当やその正しさとはさしあたり「異議を免れている」(212)ということ――すなわちブランダムの用語でいえばチャレンジされるまでデフォルトでエンタイトルメントが認められているということ――を意味するに過ぎないのである。

このことをクリステンセンは『水平的法規拘束』の中で、「法的決定とは法の延期である」(51)、あるいは「法は延期として存在する」(218)と表現している。ここで「延期」Aufschub とは次のような意味で言われている。「我々はテクストの中に法を見いだすことはできないがゆえに、我々は語る。そして我々は発話において一致できないが故に、決定がなされなければならない。しかし別様にも決定されうるがゆえに、理由づけが必要とされる。しかしこの理由づけは確信には十分でないがゆえに、上訴が必要とされる。既判力においても法の延期は終了しない。当事者間において、また文献においては常にさらなる争いが行われうる」(218)。「というのもいかなる最終的論拠 letzte Gründe なるものも存在せず、その前の論拠 vorletzte があるだけなのだから」(51)。

「いかなる最終的論拠も存在しない」という表現は、先にも見たブランダムの「何が正しいかについての最終解答は決して存在しない[65]」という言葉をそのまま受け継ぐものであり、すべての正しさはチャレンジに開かれた暫定的なものでしかないというスコアキーピング＋デフォルト・チャレンジのモデルがここで表現されていることは明らかである。一方、「法は延期として存在する」という文章における「延期」という用語は、法テクストに法規範が現前していると見なす「現前の形而上学」を批判する文章に続くものであるところから、ここでも、デリダにおける「差延」の一契機としての「延期」の意味で用いられていると見てよいであろう(66)。このように法が「延期」として存在するということについて、それが法の本質規定であると言うだけではなく、そのことによって実際的効果を持つことをクリステンセンは説明している。すなわち、最終的妥当の不在によって「正義の物象化」を防ぐという効果を持ち、また「延期」されたままの妥当であれ、それによって感情が分節化され、各当事者の見解の争いが論証の形へと陶冶され、その論証結果が他の係争事例にとっての参照根拠となる(218)という形で、積極的な意味を持つとされるのである。

五　法規への拘束はなぜ必要か

法規それ自体は決して規範ではなく、単なる「記号の連なり」である。本稿三(二)②でみたように、立法者意思や法規の文言の限界などに基づいた意味の先在性を、クリステンセンは否定している。しかしそのことは、「法規（への）拘束」Gesetzesbindung の必要性の否定を意味しない。むしろ、著書の標題も示すように、クリステンセンの理論はあくまで裁判官の「法規拘束」の理論なのである。その場合の法規拘束とは、「法規に決定を帰属させること」を意味する。裁判官の決定の正しさも、道徳的なそれではなく法規への帰属の理由づけにおいて他よりベターである（前節の暫定的な意味においてではあれ）ことに求められる。このように、裁判官は法規への決定の帰属という要請の下にあるとされるが、しかし法規が単なる「記号の連なり」にすぎないのだとすれば、そのようなものに対して帰属の作業が課されるべき理由、必要性あるいは意義はどこにあるのだろうか。

クリステンセンは、まずはそれを、憲法の要請として、すなわち法治国家原理とそれを表す憲法上の条文を理由として説明する。(67) 条文としてはドイツ基本法九七条一項、二〇条三項、および一〇三条二項が根拠規定とされる(68)(52, 215)が、その中でも「裁判官は独立であり、ただ法律 Gesetz にのみ従う」と定める九七条一項を出発点にとるべきであると言う。(69) というのも、あくまで法規テクストは「記号の連なり」であってそれ自体が法規範ではないとするクリステンセンにとっては、「法規と法」Gesetz und Recht への拘束という二〇条の文言は、「法」Recht に過剰な意味――裁判官が直接に訴えることが可能な正義としての――が読み込まれやすいために、警戒すべきであるからである。(70) しかしながら、法規拘束が実定憲法に書いてあるからという理由のみによって「決定の法規への帰属」の要請を説明するとしたら、それ自体法規の文言の意味の実体化を行っていることになり、もしクリステンセンの主張がそうだとすれば、それは遂行論的矛盾により論理的に破綻していると見なされざるをえないであろう。

上記よりもいくらかは形式的ではない説明としては、民主的法治国家原理、ないし権力行使への正統性付与の観点からのものがある。すなわち、裁判官はたしかに手続参加者と同等に意味論的闘争における「闘士」であるが、しかし彼だけが決定をなす権力を与えられており、手続の中でその権力を行使する。しかしその権力行使＝決定を「民主的に正統な立法者が与えた記号の連なり」である法規に帰属させることによって、法規からその決定へと政治的正統性が「移転」され、この正統性が法と恣意とを、すなわち裁判官の決定権力の正当な行使と恣意的行使とを分けることができる(71)(206, 215, 197)というのである。しかし、この説明も、クリステンセン自身が、実証主義だと言われてもかまわないという開き直り？(206)とともに主張しているように、他の箇所での彼の議論の勢いに比べると、いささか理論的説明力が弱くナイーヴであるように思われる。

前節㈡、㈢に見たようなスコアキーピング・モデルと或る程度整合する「法規拘束」の必然性の説明を、クリステンセンの著作の中に敢えて探すとするならば、「競技場としての法規」Das Gesetz als Spielfeld[72]という規定がそれであろうか。法規は、記号の連なりであることによって多くの主体の異なる・相対立する意味づけにさらされる。そうした「意味論的闘争」も、焦点としての記号が闘争のフィールドを形成していることによって、いわば相互の争いの整序をもたらし、また裁判官に理由づけの義務を課することができる――このように法規拘束の意義を説明しているようにも理解できる。いずれにしても、クリステンセンの説明は十分明確とは言えないので、今後この点についての論理構成はいっそう深められる必要があろう。

六　むすびにかえて

以上、クリステンセンの議論を、彼の言うところのパラドクスの展開に着目し、かつブランダムの理論との関わりを基軸に考察してきたが、今日の法哲学・法理論の理論状況においては、果たしてどのような意義をそこに見いだすことができるであろうか。

「法の解釈の争いは、何が法であるかの争ではなく、何を法たらしめんとするかの争い、裁判官をして如何なる判決を為さしめんとするかの争い、裁判官をして如何なる法を創造せしめんとするかの争である」という洞察を示した来栖三郎の報告[73]と、以降の法解釈学論争を経験した日本の議論においては、ドイツ語圏と比べて、クリステンセンの主張を（先行者であるミュラーの主張を含め）受容する理論的蓄積があるとも言える。特に今日の我が国の法哲学の議論状況から見るならば、クリステンセンの議論は、「根源的規約主義」の法理論の主張との親和性を持っていると考えられる。

まず「すべての個別的事例がそこから派生してくるような水源池のごときものとして、何か一般的なものを想定[74]」する「水源池モデル」の否定という根源的規約主義の基本的主張については、そもそもミュラー以来の構造化法理論の出発点とも共通するところがあるし、また山田八千子が示している「法の存在は、決断の後でのみに明らかにされるに過ぎず、決断の度ごとに命題間の実践的意味でのネットワークは作り直される[75]」という見方に対して、「決定における規範の産出」のパラドクスの「展開」を行ったクリステンセンは全面的に同意するであろう。あるいはまた、当事者や社会へ広がった手続の中での歴史・時間軸を含んだスコアキーピングによる規範性の説明、常に暫定的な評価の『「延期」としての法』という法の存在規定は、大屋雄裕が示唆する「運動としての法[76]」という法存在論とも一定の共通性を持つように思われる。

さらに、根源的規約主義に対しては、特にそれが法理論として展開される場面において、プラグマティズム法理論の方から寄与するところがあるのではないかとも思われるのである。というのも、根源的規約主義の論理そのものからは上述の「水源モデル」の否定が導出されるにしても、「決定における規範の産出」の有り様の理論化・モデル化がそこから直接帰結するわけではなく、別の理論的基礎が必要となるであろうからである。とすれば、クリステンセンらのプラグマティズム法理論、あるいはそれを介してのブランダムのスコアキーピング理論を核とする推論主義的意味論は、非水源池モデル的な法実践の記述・理論化の一つの提案として評価できるのではないかと考えられる。

またクリステンセンの議論を検討する中で、法理論の方からプラグマティズム哲学の発展へ刺激を与える可能性も見えてきたように思われる。先の**三**、**五**節で見たように、クリステンセンは、ブランダムのプラグマティックな説明モデルにデリダ的な視点を接合しているところがある。すなわち、スコアキーピングの時間性・歴史性と、『「延期」としての法』に伏在する「差延」の思考、法テクストの法規範としての実体化や法実践外の基準の否定とエクリチュール論などがそれである。

言語における現前の形而上学批判やエクリチュールが生み出す創造性の積極的評価は、現在のところブランダムには十分には意識されていないように思われる。しかし、前述のヘーゲル論でブランダム自身示していたとおり、スコアキーピングという相互的な社会的実践[77]にとって（同時的・直接的やりとりとして行われるのはレアケースであるから）、時間的懸隔が不可欠の契機であるとすると、その懸隔の中で相互評価を成り立たせるエクリチュールないしはテクスト、記号の働きも、そうした社会的実践において決定的な役割を果たしているはずである[78]（196-197）。この点において、テクストないし「記号の連なり」を通じて行われる法実践の記述と、そこでクリステンセンが示したプラグマティックな規範論とデリダ的視点の接合とその説明力・分析力は、プラグマティズムにおける規範性概念一般の把握に対する理論的刺激となりうるように思われるのである。

（1）補習教室 Repetitorium、補習講師 Repetitor とは、ドイツの司法試験のための予備校とその講師にあたる。参照、藤田尚子「ドイツの法曹養成制度」、日本弁護士連合会編『法曹養成対策室報』No.5（二〇一一年）、一九–二〇頁〈https://www.nichibenren.or.jp/jfba=info/publication/training.html〉。

（2）Vgl. Friedrich Müller / Ralph Christensen, *Juristische Methodik* Bd. I, II, 11. Aufl., Berlin 2013.

（3）参照、法と言語学派サイト〈http://www.recht-und-sprache.de〉。ミュラーもこのグループのメンバーに名を連ねている。

（4）また、クリステンセンらとともにプラグマティックな法理論を展開するアレクサンダー・ゾメクは、自らを含むそのような立場を「ポスト実証主義的法思考」Nachpositivistisches Rechtsdenken と呼び、クリステンセンらにはその内での「ハイデルベルク学派」という名称を与えている。Vgl., Nikolaus Forgó / Alexander Somek, Nachpositivistisches Rechtsdenken, in: Buckel / Christensen / Fischer-Lescano (Hrsg.), *Neue Theorien des Rechts*, Stuttgart 2006, S. 285.

（5）Ralph Christensen, *Was heißt Gesetzesbindung? Eine rechtslinguistische Untersuchung*, Berlin 1989.

（6）ハンス・クードリヒ Hans Kudlich（1970〜）は、エアランゲン大学法‐経済学部、刑法・刑事訴訟法・法哲学講座教授。

（7）ドイツにおけるブランダム受容については、参照、拙稿「ロバート・ブランダムの規範的プラグマティズムと『理由の空間』の分節化――その法哲学への射程を測るために」、『駒澤法学』一四巻二号（二〇一五年）、一–六四頁。

(8) Ralph Christensen / Michael Sokolowski, Neopragmatismus: Brandom, in: Buckel / Christensen / Fischer-Lescano (Hrsg.), *Neue Theorien des Rechts*, Stuttgart 2006, S.239-261.

(9) Ralph Christensen / Hans Kudlich, *Gesetzesbindung: Vom vertikalen zum horizontalen Verständnis*, Berlin 2008.

(10) ミュラーの法理論については、参照、服部高宏「F・ミュラーの法律学的方法論」㈠・㈡完、『法学論叢』一二三巻（一九八八年）三号、四五－七〇頁、および六号、四九－七六頁、小野寺邦広「フリードリッヒ・ミュラーの『構造的』規範論と憲法解釈論」、『中央大学大学院研究年報』一六号Ⅰ－１（一九八七年）、三九－五〇頁、および北村幸也「ドイツにおける『裁判官による法の継続(?・)形成』についての覚書き」、『法の理論35』（成文堂　二〇一七年）、一五三－一七三頁、Ulfrid Neumann, Juristische Methodenlehre und Theorie der juristische Argumentation, in: *Rechtstheorie*, Bd. 32, Berlin 2001, S. 251ff.

(11) Vgl. Müller, *Strukturierende Rechtslehre*, Berlin 1984, S. 147. 参照、服部前掲論文㈠、六六頁、同㈡六八頁、小野寺前掲論文、四三頁。

(12) より早い時期の使用例として、Vgl. Christensen, *Was heißt Gesetzesbindung?*, S. 290ff.

(13) Vgl. Müller, *Strukturierende Rechtslehre*, 1984, S. 147. 参照、服部前掲論文㈠、六六頁、同㈡、五二頁。

(14) Vgl. Müller, *Strukturierende Rechtslehre*, Berlin 1984, S. 47f. 服部前掲論文㈡、五〇頁。

(15) クリステンセンは、概念法学的な法思考のみならず、それ以降の利益法学にいたる理論も、法規に意味があらかじめ含まれるというモデルから脱却していないと考えている(90-93)。

(16) Vgl. z.B., Ralph Christensen / Kent D. Lerch, Von der Bedeutung zur Normativität oder von der Normativität zur Bedeutung, in: Jochen Bung, Brian Valerius, Sascha Ziemann (Hrsg.), *Normativität und Rechtskritik*, Archiv für Rechts- und Sozialphilosophie (ARSP) Beiheft 114, 2007, S. 98.

(17) Vgl. Müller / Christensen, *Juristische Methodik*, Bd. I, 2013, S. 33; Müller, *Strukturierende Rechtslehre*, S. 385f., 431.「構造化」と「法学的方法」について参照、服部前掲論文㈠、六二、六四頁（Juristische Methodik は「法律学的方法」と訳されている）。

(18) クリステンセンは、ブランダムのプラグマティズムもこのような「我々自身が作る規範に我々が拘束されている」というパラドクスに対処するものであると指摘する。vgl. Christensen / Sokolowski, Neopragmatismus: Brandom, S. 259.

(19) 『水平的法規拘束』では一節を費やしてパラドクス概念自体の、語源に遡った分析が行われ、パラドクスが一見不合理に見えるものに対する「驚き」であり、それに適切に対処することによって、それを含むシステムが自己批判し、再活性化していくための「チャンス」という意義を持つものであると強調している（44-48）。以下で考察するクリステンセンのパラドクスへの対処も、そのような意図を持ってなされるものだということになろう。

(20) ホーリズムについて、クリステンセンは、クワインの Two Dogmas of Empiricism のドイツ語版を参照しているが、今回直接確認できなかったため、該当すると思われる邦訳の箇所のみ示す。W・V・O・クワイン「経験主義の二つのドグマ」、同『論理的観点から――論理と哲学をめぐる九章』（飯田隆訳、勁草書房　一九九二年）、六一頁。

(21) 法秩序全体やそれを構成する規範の基礎づけ討議と規範の適用討議とを分離するギュンターによる討議理論のいわゆる「分離テーゼ」に対してクリステンセンは、具体的な法適用の場面（手続）を道徳的正当化の討議に収斂させず、前者の正当性の「相対性」を見据えている点では一定の評価を与える(32)。しかし前述のホーリズムを前提とすれば、個別の適用レベルの討議においてもそのつどの正当性評価について、結局のところ「基礎づけ討議」を呼び出さざるをえず、ここでアレクシーの「特殊事例テーゼ」と同じアポリアが発生するとして、この「分離テーゼ」も退けられることになる(36)。Vgl. Klaus Günther, Kopf oder Füße? Das Rechtsprojekt der Moderne und seine vermeintlichen Paradoxien, in: Rainer M. Kiesow / Regina Ogorek / Spiros Simitis (Hrsg.), *Summa. Dieter Simon zum 70. Geburtstag*, Frankfurt / M 2005, S. 255ff.

(22) Habermas, *Faktizität und Geltung: Beiträge zur Diskurstheorie des Rechts und des demokratischen Rechtsstaats*, Frankfurt / M 1992, S. 283,『事実性と妥当性――法と民主的法治国家の討議理論にかんする研究』(上)（河上倫逸／耳野健二訳、未來社　二〇〇二年）二七一頁。

(23) Vgl. Ulfrid Neumann, Zur Interpretation des forensischen Diskurses in der Rechtsphilosophie von Jürgen Habermas, in: *Rechtstheorie*, Bd.27, Berlin 2004, S. 415ff. 他に参照、ウルフリット・ノイマン『法的議論の理論』（亀本洋／服部高宏／山本顕治／平井亮輔訳、法律文化社　一九九七年）、九〇―九一頁。ここでノイマンは、当事者が自らの主張の合理性・合意獲得力を主張することは戦略的行為の観点からも必要であるが（エゴイスティックな要求の露骨な主張は戦略的にも不利であるから）、そうした戦略的に行われた普遍的正当性の申し立てをも実践的討議という正当性基準を想定に結びつけることは、討議と戦略的行為との相違を「見分けがつかないほど不明確にしてしまう」としてアレクシーの特殊事例テーゼを批判し、裁判手続についてはこれを戦略的行為の場とみる「ハーバマスによる以前の評価のほうをよしとすべきであろう」と論ずる。

(24) Ralph Christensen / Hans Kudlich, *Theorie richterlichen Begründens*, Berlin 2001, S. 244f.

(25) 参照、ジャック・デリダ「署名・出来事・コンテクスト」、『有限責任会社』（高橋哲哉／宮崎裕助／増田一夫訳、法政大学出版局　二〇〇三年）、一八頁。クリステンセンが参照するのは、下記のドイツ語版である。Jacques Derrida, Signatur, Ereignis, Kontext, in: ders., *Randgänge der Philosophie*, Frankfurt/M 1976, S. 130f.

(26) デリダ「署名・出来事・コンテクスト」、二六頁。Derrida, Signatur, Ereignis, Kontext, S. 136.

（27） Aufschub は、Derrida, Signatur, Ereignis, Kontext, S. 133 における訳語。後述四㈢の議論を考慮してこの訳を当てたが、邦訳では「遅延」と訳されている。参照、デリダ「署名・出来事・コンテクスト」、二二頁。

（28） CLS (Critical Legal Studies) におけるデリダのエクリチュール論の受容に関して、参照、大屋雄裕『法解釈の言語哲学――クリプキから根元的規約主義へ』（勁草書房、二〇〇六年）、二〇頁。

（29） アレクシーの著作については、下記への参照指示がある。Robert Alexy, *Theorie der juristischen Argumentation*, Frankfurt / M 1996, S. 288.

（30） Cf. Brandom, *Making It Explicit: Reasoning, Representing, and Discursive Commitment*, Cambridge/London 1998, pp. 20-21.

（31） Matthias Klatt, Semantic Normativity and the Objectivity of legal Argumentation, in: *ARSP*, Vol. 90 Heft 1, 2004.

（32） Matthias Klatt, *Theorie der Wortlautgrenze. Semantische Normativität in der juristischen Argumentation*, Baden-Baden 2004; *Making the Law Explicit: The Normativity of Legal Argumentation*, Oxford 2008.

（33） クラットの主張へのクリステンセン側からの批判は、Hans Kudlich / Ralph Chrisntensen, Wortlautgrenze: Spekulativ oder pragmatisch? Zugleich Besprechung von Matthias Klatt, *Theorie der Wortlautgrenze. Semantische Normativität in der juristischen Argumentation* (2004), in: *ARSP*, Vol. 93 Heft 1, 2007. クラットからの批判は、彼の前掲論文の他、次の論稿にも見られる。Cf. Matthias Klatt, Contemporary legal philosophy in Germany, in: *ARSP*, Vol. 93 Heft 4, 2007, pp. 526-528.

（34） 前掲注(31)の論文は、その論証目的が「意味に関するブランダムの規範的構想に基づいて、法的推論［の客観性：補足は筆者］についての懐疑論的な記述が誤りであることを示すことにある」という一文から始まる。Klatt, Semantic Normativity and the Objectivity of legal Argumentation, in: *ARSP*, Vol. 90 Heft 1, 2004, p. 51.

（35） Klatt, Semantic Normativity and the Objectivity of legal Argumentation, p. 55. Vgl. ders., *Theorie der Wortlautgrenze*, S. 151-153, 210.

（36） Klatt, Semantic Normativity and the Objectivity of legal Argumentation, p. 57. Cf. Brandom, *Making It Explicit*, p. 177.

（37） Vgl. Klatt, Semantic Normativity and the Objectivity of legal Argumentation, p. 57, 60.

（38） Klatt, Semantic Normativity and the Objectivity of legal Argumentation, pp. 57-58. Vgl. ders., *Theorie der Wortlautgrenze*, S. 170ff.

（39） Klatt, Semantic Normativity and the Objectivity of legal Argumentation, pp. 57-58.

（40） 表出主義については、cf. Brandom, *Making It Explicit*, p. 103; *Articulating Reasons: An Introduction to Inferentialism*,

Cambridge / London 2001, p. 30, および後者の邦訳『推論主義序説』(斎藤浩文訳、春秋社 二〇一六年)、二三－二四、四〇－四一頁。実質的推論については、Cf. Brandom, *Making It Explicit*, pp. 98-103; *Articulating Reasons*, pp. 52-55, p. 85, 邦訳七一－七六、一一六－一一七頁。

(41) Cf. Brandom, *Making It Explicit*, p. 98; *Articulating Reasons*, p. 85, 邦訳一一六－一一七頁。

(42) Alexy, *Theorie der juristischen Argumentation*, S. 288.

(43) Kudlich / Chrisntensen, Wortlautgrenze: Spekulativ oder pragmatisch?, S. 131.

(44) Kudlich / Chrisntensen, Wortlautgrenze: Spekulativ oder pragmatisch?, S. 131. Cf. Brandom, *Making It Explicit*, p. 601.

(45) Brandom, *Making It Explicit*, p. 647.

(46) Kudlich / Chrisntensen, Wortlautgrenze: Spekulativ oder pragmatisch?, S. 141f.

(47) Ludwig Wittgenstein, *Philosophische Untersuchungen*, Frankfurt / M 2003, S. 134,『哲学探究』(丘沢静也訳、岩波書店 二〇一三年)、二〇一－二〇二頁。

(48) 参照、ソール・A・クリプキ『ウィトゲンシュタインのパラドクス』(黒崎宏訳、産業図書 一九八三年)、一一頁以下。クリプキの議論に関して参照、大屋『法解釈の言語哲学』、六七頁以下、飯田隆『規則と意味のパラドックス』(筑摩書房 二〇一六年)、一一四頁以下。

(49) Cf. e.g. Brandom, *Making It Explicit*, p. 199. ここでブランダムは「意味論をプラグマティクスの観点から理解するというプラグマティスト的な戦略的コミットメントは、…ヴィトゲンシュタインから受け継がれた要素である」と述べている。

(50) Vgl. Christensen, *Was heißt Gesetzesbindung?*, S. 135ff.

(51) クリステンセンは「実践は何の基礎も必要としない」という言い方すら行っているほどである。Ralph Christensen / Friedrich Müller / Dennis Patterson / Michael Sokolowski, Einige Probleme der gegenwärtigen Rechtstheorie: Ein deutsch-amerikanisches Gespräch, in: *Rechtstheorie*, Bd. 38, Berlin 2007, S. 123. したがって、法実践そのものの改革や批判をクリステンセンは目指さない。この点が、たとえば同様に「法の不確定性」を基本的主張とするクリティカル・リーガル・スタディーズ(CLS)とのスタンスの違いの一つであろう。CLSについては参照、石田眞「自由主義法批判と社会変革――アンガー」、『法社会学』№44(有斐閣 一九九二)所収、一八－三四頁。

(52) 継続的な精密化について、vgl. Christensen / Sokolowski, Neopragmatismus: Brandom, S. 259.

(53) Vgl. Christensen / Kudlich, *Theorie richterlichen Begründens*, S. 447. ここではクリステンセン自身がとるアプローチが、「パラドクスを時間において展開すること」として、「明示化 Explikation の戦略」と呼ばれている。これはおそらくは、インプリシットなもののエクスプリシット化の意味で用いられている。

(54)　Cf. Brandom, *Making It Explicit*, p. xiv; *Articulating Reasons*, p. 165-166, 邦訳二二四―二二五頁。

(55)　スコアキーピングの説明については、Cf. Brandom, *Making It Explicit*, pp. 141-142, 181-186; *Articulating Reasons*, pp. 81-84, 165-168. 参照、前掲拙稿三一三―三一六頁。

(56)　Cf. e.g. Brandom, *Making It Explicit*, p. 25, 334, 597. 参照、前掲拙稿三一二頁。

(57)　Vgl. Christensen / Lerch, Von der Bedeutung zur Normativität oder von der Normativität zur Bedeutung, S. 104.

(58)　この表現は、概念使用の客観性を「概念的内容の社会パースペクティヴ的『形式』の構造的アスペクト」とするブランダムの見解に依拠した規範性理解を示していると思われる。Cf. Brandom, *Making It Explicit*, p. 597. 参照、前掲拙稿三四三頁。

(59)　Cf. Brandom, Some Pragmatist Themes in Hegel's Idealism, in: *Tales of the Mighty Dead: Historical Essays in the Metaphysics of Intentionality*, Cambridge / London 2002, pp. 230-233.「ヘーゲルにおけるプラグマティスト的主題」、竹島尚仁訳、『思想』九四八号（岩波書店　二〇〇二年）、一三二―一三四頁。

(60)　Brandom, op. cit., p. 233, 邦訳一三四頁。

(61)　Christensen / Sokolowski, Neopragmatismus: Brandom, S.253.

(62)　Christensen / Lerch, Von der Bedeutung zur Normativität oder von der Normativität zur Bedeutung, S. 106; Christensen / Kudlich, *Theorie richterichen Begründens*, S. 127ff.

(63)　クリステンセンは、「法規の言語が裁判官の決定を完全にも部分的にも規定することはないが、しかし刺激する（悩ませる）irritieren ことはできる」と述べる。Christensen / Kudlich, *Theorie richterichen Begründens*, S. 127.

(64)　Christensen / Lerch, Von der Bedeutung zur Normativität oder von der Normativität zur Bedeutung, S. 105.

(65)　Brandom, *Making It Explicit*, p. 647. 参照、前掲注(45)。

(66)　前掲注(27)参照。「延期」は「脱去」Entzug とも言い換えられて、「法の本来の価値はまさにこの脱去にある」(218)という一文が、『水平的法規拘束』の結論であるかのように全文の末尾に置かれている。Entzug という語もデリダの用語を想起させるものではあるが、文献の指示がなく、意図されたものかどうかは不明である。

(67)　この点はミュラーも同様である。参照、服部前掲論文(二)、『法学論叢』一二三巻六号、五二頁。

(68)　Vgl. Christensen / Kudlich, Theorie richterlichen Begründens, S. 244f.

(69)　Christensen, *Was heißt Gesetzesbindung?*, S. 293.

(70)　Christensen, *Was heißt Gesetzesbindung?*, S. 292f.

（71）この観点もミュラーから受け継がれたものと言える。Vgl. Müller, *Juristische Methodik*, 2. Aufl., S. 19.

（72）Vgl. Christensen / Lerch, Von der Bedeutung zur Normativität oder von der Normativität zur Bedeutung, S. 107. この点に関して、ブランダムの用語を比喩的に用いて言えば（クリステンセン自身の説明によるものではない）、いわば de dicto 文で争われることから出発するナマの紛争のもつれが、同一の記号群（法規）へ帰属する争いへと整理されることによって、de re モードに変換され、争いの対象・焦点の明確化につながり、それによって「不法の感情が一歩進んで分節化され、法規の読み方をめぐる闘争は一歩進んで論証へと陶冶される」(218) という効果が期待されている――このように説明することも可能であろう。Cf. Brandom, *Making It Explicit*, p. 600; *Articulating Reasons*, pp. 175-177.

（73）来栖三郎「法の解釈と法律家」、『来栖三郎著作集Ⅰ』（信山社　二〇〇四年）所収、七八頁。

（74）山田八千子『自由の契約法理論』（弘文堂　二〇〇八年）、二七一頁。参照、大屋『法解釈の言語哲学』、一四一頁。

（75）山田『自由の契約法理論』、二八〇頁。

（76）大屋『法解釈の言語哲学』、一九三―一九八頁、とりわけ一九四頁。

（77）「社会的実践」としてのスコアキーピングについて、cf. e.g. Brandom, *Making It Explicit*, p. 141.

（78）その他、この点に関してクリステンセンが若干の示唆を示している箇所として、Vgl. Christensen / Lerch, Medientheorie des Rechts, 〈http://www.recht-und-sprache.de/PDF/Medientheorie.pdf〉, S. 5; Christensen / Lerch, Von der Bedeutung zur Normativität oder von der Normativität zur Bedeutung, S. 107f.

IV 法的思考において結果を考量することのやましさについて

――推論主義意味論からの一眺望――

毛利康俊

一 はじめに

㈠ 法的思考の公式的なポートレートにおいては、なにか事件が目の前に現れたとき、法律家は所与の法規範をその事件に当てはめ、論理的に結論を導出する。この過程は、法規範を大前提、事件を小前提、判決を結論とする、法的三段論法と（判決三段論法あるいは法律三段論法とも）称される。法的三段論法の本性については諸説ありうるが、アリストテレス以来、古代・中世を通じて発展した伝統論理学にいう、定言三段論法または仮言三段論法と類比的に捉えられることが多い。定言三段論法や仮言三段論法でなされるのは形式的推論であるから、判決を左右する実質は法規範や事実の方にあることになる。

しかし多くの法律家は、一応得られた判決案に納得できないとき、もう一度、納得できる結論が得られるまで上記のプロセスをたどり直す。つまり、そのような結論に達するまで、法規範の選択・解釈・解釈的定立や事実認定を調整する。この過程では、政策、原理、法価値などが重要な役割を果たす。これを法的思考の非公式的ポートレートと呼ぶことができよう[1]。

非公式的ポートレートも今日では隠されているわけではなく、入門書レベルでも通常のこととして語られている。しかし、それでもわからないのは、公式的ポートレートと非公式的ポートレートの関係である。結論に対する法律家の価値判断が決定的な役割を果たすのであれば、論理はなんの役に立っているのだろうか。そこでは、論理や法規範の意味が恣意的にゆがめられているのではないか。誠実な法律家ほど、法的思考において結果を考量することのやましさにさいなまれているように思える。

本稿では、ある意味でまっとうなこのやましさの感覚を、言語哲学の分野で注目を集めつつある、R・ブランダム[2]の『明示化』（一九九四）[3]（以下、MITとして引用する）によって体系的に提示された、推論主義（inferentialism）の意味論[4]の観点から再検討してみたい。推論主義は、論理というものの、意味というものの、根本的な見直しを含んでいるからである。

㈡　推論主義とは、二〇世紀以来主流的な表象主義（representationalism）に対向する、哲学的意味論上の立場である。

ある言語表現の意味を知っている人は、通常、①その言語表現によってなにが指されているか、および、②その言語表現を使用することがなにによって推論的に支持され、また、それによってなにが推論的に帰結するか、を知っている。この①対象への指示関係を出発点に意味論を構築するのが表象主義であり、②推論関係を起点にそうするのが推論主義である。どちらの主義も①②の両面を言語表現の意味の重要なポイントと見てはいるが、本論でいささか詳しく立ち入るように、こうした理論戦略の違いは言語哲学上の様々な論点に影を落とす。

推論主義の見るところ、概念は適用の状況と帰結を持つ。概念を正しく使うとは、適切な状況にそれを適用し、その適用の帰結を適切なものとして引き受けることである。たとえば、どういう状態が占有という概念で名指されているか（適用の条件）は知っていても、ある者に占有が認められたならばその者は占有訴権を行使できるとか、他の条件に恵まれれば時効によってその対象物に関する権利を取得できるとか（推論的帰結）を知らない人がいたならば、われわれはその人について、占有の概念を所有しているとは言わないのではあるまいか。ブランダムの推論主義は、かかる洞察を、学術的に定義された専門用語ばかりでなく、日常的語彙にまで拡張する。また、ある表現の意味はかかる推論関係によって十分に定まるとされる（強い推論主義）。

こういう考え方からすれば、法律家が法的概念をば責任をもって使用することには、その適用の帰結を引き受けることが含まれるから、法的思考においても結果を一応でも検討することはむしろ当然のこととなる。やましさを感じるべきであるとすれば、それは主として、適用の条件や適用の帰結の吟味が不足していることに帰せられるべきこととなろう。

こうして、推論主義は法的思考論についても魅力的な示唆を含むように思われる。しかしながら、推論主義の評価は言語哲学内でもいまだ定まっているとは言い難く、また、それに従ったときに法的思考の姿がどのように描かれることになるのかについても標準的な見解は形成されていない。したがって、議論の現状は、この両面からの検討が必要な段階にある。

㈢　また、一九八〇年代以降の法理論の議論状況から見ると、J・ハーバーマスらの討議倫理を下敷きにした、R・アレクシー型の法的議論理論(5)との関係も気になるところである。推論主義にしたがえば、なにかを発話するとは、それを「理由の空間 space of reasons」（セラーズ）に置くことである。この背景には、なにか意見の相違が生じたときには互いに理由を述べあい議論することができるということに、つまり、「理由を与え求める言語ゲーム」（ブランダム）に参加しうることに、すぐれて人間的な特質を認めるという人間観がある。ここには、ハーバーマスの基本的発想に極めて近いものがある。

また、ここまでの論述からもすでに明らかなように、推論主義は、言語の使用から言語の意味に迫っていこうというアプローチを採用しているので、語用論に足場をもった意味論である。翻って見るに、ハーバーマスの普遍的語用論やその同盟者たちの理論（アーペルの超越論的語用論やエアランゲン学派の論理哲学など）はそれぞれ独自の語用論を展開したが、相対的にそれに対応するところの意味論の独自的展開はあまり見られなかった。したがって、ハーバーマス自身が言うように、彼らの立場からは、推論主義はハーバーマスらの語用論に、それに欠けていた意味論を備給しうるものとして期待されるかもしれない[6]。アレクシーの法的議論理論とブランダムの推論主義を相補的に扱おうとする論者がいるのも故なしとしない[7]。

私自身は最後に述べるように、討議倫理ベースの法的議論理論に推論主義を単純に接ぎ木しようとする試みは不毛だと考えている。しかしいずれにせよ、今なお法的議論理論について活発な議論が続いている現状に鑑みると、推論主義に基づく法的思考論がどのような基礎を持ち、どのような形態をとりうるかを検討することは、重要な課題であると言えよう。

(四)　そこで本稿では、まず以上の目的に必要な限りで、推論主義意味論の要点をまとめる(二)。その際、表象主義との対比や、推論主義に対する批判とそれに対する応答にも可及的に触れることにするが、それは推論主義の正当化――それは本稿のなしうることではない――を目指すためではなく、その特色を浮き彫りにし、今後の検討に資するためである(三)。さらに、推論主義にしたがった場合に、法的思考の実際はどのように記述されることになるかを試論的に示す。試論的にと言うのは、先に述べたように、推論主義に基づく法的思考論はまだ先行例が少なく、標準的と言える議論がいまだ形成されていないからである。こうした準備の上で、推論主義に従えば法的思考の合理性があるとすればそれは奈辺に存することになるかについて、若干の検討をすることができるようになる㈣。

二　推論主義意味論の要点

㈠　表象主義の意味論――形式意味論を例に

推論主義の特徴を捉えるには、それと対立する表象主義の意味論と対比するのが都合がよい。表象主義の意味論には多様なものが含まれるが、ここではその典型である、初期バージョンの形式意味論(8)を取り上げよう。

さて、形式意味論の前提になるのは述語論理である。述語論理では、まず、個体定項と述語が導入され、個体定項と述語の的確な結合として原子文が定義される。この段階で「走る(太郎)」などという文が可能になる（「太郎が走る」に相当）。さらに、「(〜ではない)や∧(かつ)や→(ならば)などの論理定項を導入すると、それと一つ又は複数の原子文を組合わせることによって、順次、より複雑な文を構成していくことができる（再帰的手続き）。次に、変数と量化子を導入すれば、「∃x(少年(x)∧走る(x))」や、「∀x(少年(x)→走る(x))」などという文が可能になる（それぞれ、「何人かの少年が走る」、「すべての少年が走る」に相当する）。これらの量化文からも、論理定項を組合わせることで、さらに複雑な文を順次組み上げていくことができる。ここまでは構文論である。

次に意味論だが、文の真偽は、言語表現と対象領域との関係で規定される。たとえば、個体定項は世界のなかの個体に、一項述語は集合に、対応づけられる。「走る(太郎)」は、「太郎」で指示される個体が「走る」で指示される集合に含まれるなら、真である。「∃x(少年(x)∧走る(x))」は、この式を充足する個体が一つでもあれば真である。「P∧Q」はPとQがともに真であるとき、そのときに限り真であると定義される。このようにして、量化子や論理定項の意味を定めることによって、いかなる複雑な文についても、原子文から複雑な文が構成される過程をたどっていくことで、それがいかなる事態に対応するかを、つまり、真理条件を明らかにすることができる。推論の妥当性は、真理保存性の観点から定義される。

ここでは、

強い構成性原理（principle of compositionality）[9]
複合表現の意味は、(a)部分の意味、(b)部分の意味の合成のされ方、によって完全に決定される。

が成り立っていることに注意しよう。

もっとも、述語論理をブランダムの推論主義と直接に比較することはできない。というのは、ブランダムは自然言語の意味論を作ろうとしているのに対し、述語論理は自然言語とは構造が違うので、そのままでは自然言語の意味論にはならないからである。このことは、前述の、①太郎が走る、②何人かの少年が走る、③すべての少年が走る、という三つの自然言語における文たちと、それに対応する述語論理における論理式たちを比較してみればわかる。

そこでR・モンターギュは、自然言語の意味論においても強い構成性原理を貫くために、独自に内包論理の体系を構築したうえで、最初に、自然言語における各文から内包論理の表示への翻訳を作る（カテゴリー文法を前提にする）形式的手続き（この手続きは強い構成性原理を満たしている）を経て、次に、内包論理の表示の解釈からモデル理論的対象物（上記の意味論を備えた述語論理に相当）に至るという、二段階の文法を構想した。こうして、初期バージョンの形式意味論においては、①強い構成性原理が貫かれていること、②対象領域への指示関係で言語表現の意味が規定されること、③原子論的意味観がとられていること、を確認しておきたい。

(二) 推論主義意味論の基本構図

(1) 推論関係による意味の規定

ブランダムは、人が言語を使用してなにかを主張する場面から出発して、言語の意味を考えようとする。この意味で、語用論に埋め込まれた意味論を展開しようとする。彼の議論の全体的構図を規定するのは、言語―参入―ムーブ（Language-entry-move）、言語―退出―ムーブ（Language-exit-move）を含む言語ゲームである。言語ゲーム・モデルで言語を捉えようとする場合、そこに、自他の発言に発言で応答する言語―言語―ムーブ（Language-language-move）が含まれるのは当然である。知覚が、言語―参入―ムーブに対応する。ある人が赤いリンゴがそこにあることを知覚して、それを言語的にレポートしたとき、それに接続して言語―言語―ムーブが始まりうる。行為が言語―退出―ムーブに対応する。その行為がなんの行為であるかは行為者の意図に依存するが、行為者の意図は実践的推論の結論として与えられる。

ブランダムの言語―言語―ムーブの分析は、相当に込み入っているが、第一次接近としては、人びとの間で情報の受け渡しが次々と行われる過程をイメージするのがよい（後でより精確に規定しなおす。三(二)(3)）。主流派の言語哲学が、言語―対象領域の二層モデルで考えるのに対して、ブランダムは推論（inference）―置換（substitution）―照応（anaphora）の三層モデルで考える（MIT, pp. 281）。一郎「三郎は遠近両用眼鏡の発明者に興味を持っている」、二郎「彼はフランクリンに興味を持っているから、図書館でフランクリンの伝記を借りていたんだな」。「彼」は「三郎」を前方照応的に受けており、その意味を受け継ぐ。「遠近両用眼鏡の発明者」が「フランクリン」によって置換されている。「興味を持つ」から「関連書籍を図書館で借りる」という推論が行われている。ただし、この情報過程は、ブランダムにおいては相当に強い規範的テイストをもって記述される（規範的語用論）。つまり、人びとはさまざまな信念を持っているが、その際に人びとがその信念にコミットしていたり権限付与されていたりすることが決定的に重要だとされる。一郎は三郎が遠近両用眼鏡の発明者に関心を持っているということにコミットしているならば、それを証拠立てる、三郎の言動や第三者の言動を引証できなければならない。二郎は、三郎がフランクリンの伝記を図書館から借りた理由はフランクリンに関心をもっているからだという信念を持つことに、一郎の発言から少なくとも一部は権限付与されている。相手の発言を理解するとは、コミットされたり権限付与されたりしている諸信念のリストを相手に帰属させることである。

ここで、ブランダムが実質的推論を、省略三段論法ではなく、真正の推論だと考えていることに注意が必要である。「ピッツバーグはプリンストンの西にある」から「プリンストンはピッツバーグの東にある」を推論することができるし、逆もまたしかり。これを、「ある都市が他の都市の西にあるのならば、他方の都市はその都市の東にある」という前提を省略した、省略三段論法だとみる必要はない。人は、論理的語彙を用いなくても、「西」や「東」のような、日常的な語彙の意味から直ちに実質的推論をすることができる。ある表現の意味を知るとは、その表現の使用を推論的に正当化するものはなにか、そして、その表現の使用から推論的に帰結するものはなにかを、知るということである。

さらに、ブランダムが、このような意味を定める意味論的規範は客観的拘束力を持つと考えていることが重要である。[10] 一郎が「この梨は熟している」と言ったならば、二郎は、仮に一郎が自覚していなくても、一郎によって推論的にコミットされる「この梨は（特殊な事情がない限り）食べられる」という信念を、一郎に帰属してよい。もちろん現実の人間は、こうした意味論的規範に従い損ねることがある。しかし、その梨が食べられなかったら、二郎は一郎に前言の撤回を求める権利を持つ。

(2) 推論から指示へ

こうして言語表現の意味は、推論関係を通して決定されるが、ではブランダムは言語表現と論及対象として志向されるものとの関係をどのように説明するのだろうか（MIT, ch.8）[11]。

ブランダムは、信念帰属の場面を起点にとる。信念の帰属には、言表様式（de dicto）と事物様式（de re）がある。ブランダムは、われわれが事物帰属を明示する語法を使用できることのうちに、志向性（〜について性）の源泉があるという。われわれの言う太陽を「七番目の神」と呼ぶ人びとのうちの誰かと話をしているとしよう。さらに、その人が、今、「いま七番目の神が昇った」と言ったとしよう。われわれは彼に、「彼は、いま七番目の神が昇った、と信じている」という信念を言表帰属できる。しかし、「七番目の神」はわれわれの語彙ではない（その語彙に推論的に結びつくものはない）ので、このままでは、コミュニケーションは有効なものにならない。しかし、われわれが「七番目の神」＝「太陽」という同一性にコミットできるなら、この言表帰属から「彼は太陽について、いまそれが昇った、と信じている」という事物帰属を作ることができる。この場合、「太陽」はわれわれの語彙であるから、彼の発言からさまざまな推論的帰結を引き出すことができる。たとえば、「太陽」＝「太陽系の恒星」から、「今、〇〇時である」など。こうしてわれわれは、自分と異なる語彙体系を持つ相手の発言からもこの世の中のなにものかについて有意義なにごとかを得ることができる。自分の行動の前提として受け入れることもできるし、「誤った推論的帰結をもつので彼の信念は正しくない」と結論することもできる。

こうして、異なる信念群を持つ者同士の間でなにものかについてコミュニケーションする最低限の条件が整えられる（指示の客観性については、さらに三(二)(4)で触れる論点も考慮に入れる必要がある）。

(3) 論理の位置づけ――概念体系の進化

前述のように、ブランダムに従えば、人は論理的語彙を使用することなく、経験的語彙その他の日常的語彙のみでも、実質的推論をすることができる（自律的言語ゲーム）。では、現にわれわれが論理的語彙を所有していることの意義はなにだろうか[12]。

ブランダムは、論理の哲学の伝統的な二つの課題を、①論理的語彙の特徴を明らかにすること、および、②正しい論理とはなにかを明らかにすること、とする。本稿との関係では①の論点が興味深い。

ブランダムは論理の本性について表現主義的な見解をとっている。彼は、論理的語彙に特徴的な表現的役割は、非–論理的な話法がそのおかげでそれらが意味していることを意味できるところの、広義の推論的関係をば、命題的形式において明示化することである、と考える。

たとえば、英語には、ドイツ人を指示する“Boche”という侮蔑表現があり、この語には「残忍な」という含みがある。この概念を所有している人は、「彼はドイツ人だ」にコミットしたならば、そこから、「彼はBoche だ」、さらには「彼は残忍だ」にコミットすることになる。しかし、ここで「ならば」という論理的語彙が導入されると、この人の推論的コミットメントを「ある人がドイツ人ならば、その人は残忍である」という風に命題形式で明示できる。このように明示されたならば、われわれは、それに対する反例をあげるなどしてこの推論的コミットメントを批判することができる。その結果として、“Boche”という語彙が英語から削除されたならば、英語話者の有する概念の体系は進化することになる。

ところで、一般に、新たな論理的語彙を追加することで、それ以前の言語システムにおいて真であった命題が偽になったり、逆に偽であった命題が真になったりしてはいけない（保存拡大性）。論理的語彙の導入によって概念の体系が進化＝変化するとすれば、一見、この原則に反しているように思える。しかし、前記の例で明らかなように、「ならば」の導入によって、“Boche”を自らの語彙とする者の推論的コミットメントが変更なしに明示化されるからこそ、その批判的吟味が可能になるのであって、保存拡大性は破られていない。この例では、概念体系の進化は“Boche”の削除によって果たされるのである。

なお、ブランダムは概念体系の進化ということで、特定語彙の削除というドラスティックな例をあげるので逆にわかりにくくなっているが、実際の概念体系の進化は、実際にはもっと精妙な仕方でなされることになるはずである。われわれは、「〜ではない」「かつ」「または」などのいわゆる論理定項、「すべての」「存在する」などの量化子に相当する語法を使うことで、現になされている相当に複雑な推論的コミットメントを明示化し、それを批判的に吟味しつつ、特定概念の適用の状況や帰結をさらに繊細に特定していくことができる。

さらに重要なことに、彼は、われわれが現に多くの場合になしている推論を、阻却可能（defeasible）なものと見ている。つまり、われわれの現になす正当な推論の多くは、非単調的（non-monotonic）である。pであるという事実がqであるということに極めて良い理由を与えるということがある。しかし必ずしも、加えてrが真であれば、pかつrがqと結論するための良い理由を与える、とは限らない。彼自身のあげる例では、患者の高熱は細菌感染を疑う良い理由になる。しかし、その患者が麻酔ハロセンを処方されたばかりならそういう結論にならない。しかしまた、その患者が高い白血球値を示しているのなら、やはり感染の蓋然性が高くなる。もし、その患者が白血病でないのなら……などなど。(13)「高熱」という単純な概念ですら、複雑で立体的な推論ネットワークのなかに位置を占めるのである。したがって、概念体系の進化は、一般性のある推論規則の妥当範囲を吟味したり、阻却条件を明らかにしたりという形でも進化していくことになる。意味とは推論ポテンシャルなのだから。

三　推論主義をめぐるいくつかの論点

推論主義の言語哲学上の位置を明らかにするために、それをめぐるいくつかの論点を検討したいが、その前に、推論主義に対して生じうる素朴な疑問に触れておいた方がよいだろう。

(一)　素朴な疑問——意味か？　それとも知識か？

ブランダムは、「これは銅である」は、「これは１０３８℃で融解する」を推論的コミットメントとして含むという。つまり、推論主義に従えば、それも「銅」の意味に含まれることになるが、それは銅の「意味」ではなく銅についての「知識」なのではないか？　つまり、「銅」の意味とは、自然種たる銅を直接指示することや、銅の原子構造の記述などにつきており、つまり、なにが銅であるかという指示的側面につきているのであって、「銅が１０３８℃で融解する」ということは、そのようにして指示されたモノについてのわれわれの知識であるのにすぎないのではないか？

表象主義的言語観を無意識的にもせよ採用している人ならば、このように反問するのがむしろ自然な応答であろう。しかしながら、注目すべきことに、近年、言語学の分野で一つのパラダイムとして確立しつつある認知言語学によれば、言語表現の意味は、辞書的な意味に限られるのではなく、百科事典的な広がりを持つ。(14)語の「百科事典的な意味」とは、その語から想起される（可能性がある）知識の総体である。「意味」の意味に「百科事典的な意味」まで含めるべきか否かは、そのようにして作られた理論全体の首肯性を通じて決定されるべき事柄であろう。

もっとも、百科事典的な意味まで含めて考えると、人びとの間には知識の偏りがあるので、同じ言語的表現に対してもそれに結びつけられる意味は人によって酷く異なるということにならないか、という疑問も出てくるが、それについては後述する（三㈡⑶）。

㈡ 推論主義への挑戦

さて、ブランダム自身は、推論主義が応えなければならない理論的挑戦として、①非談論的環境（nondiscursive-environment）との関係、②単位文を構成する部分表現（subsentential expression）の意味、③表象的話法の位置づけ、の三点をあげている。このうち、①については、知覚を言語－参入－ムーブ、行為を言語－退出－ムーブと位置づけることで応えられた（二㈡⑴参照）。③については、すでに若干触れた（二㈡⑵参照[15]）。②については、ここで少し立ち入る必要がある。

⑴ 単位文構成表現の意味

周知のように、文はいくつかの部分的表現を組合わせることで構成される。しかし、推論主義では、文を出発点に置かざるをえない（「一冊の本が机の上にある」は推論的に基礎づけることもできるし、そこから推論的帰結を引き出すこともできるが、「本」についてはそのようにすることはできない）。そこで、推論主義の観点から部分表現の意味をどのように規定するかという問題が生じる。

ブランダムが部分表現として検討しているのは、単称名と述語である。そのときの方法になるのが置換推論である。「ベンジャミン・フランクリンは遠近両用眼鏡を発明した」から「合衆国の初代郵政長官は遠近両用眼鏡を発明した」を置換推論（substitutional inference）することができるし、逆もまたしかり。しかし、「ベンジャミン・フランクリンは歩いた」から「ベンジャミン・フランクリンは動いた」を置換推論することはできるが、逆はできない。双方向的置換推論を許すもの（「ベンジャミン・フランクリン」「合衆国の初代郵政長官」）が単称名であり、一方方向しか許さないのが述語である（「歩く」「動く」）。

(2) 強い構成性原理の成否

こうして、ブランダムは単位文構成表現に推論主義的に意味を与える道筋を示したのだが、その眼目はどこにあるだろうか。一般的にはそれは、言語の産出性や学習可能性に結びつけられる。われわれは明らかに有限個の言語表現しか所有できない。それにもかかわらず原理的には無限の表現を生み出しうる。部分的な表現のいくらかを修得した人は、それら部分的な表現を組合わせていくらでも新たに複雑な文を作っていくことができるからである。この点に、主流的な言語哲学が、前述の強い構成性原理を固守する強固な理由がある（二㈠参照）。

しかし、ブランダム自身は、単称名と述語がそれとして意味を持つことの眼目を別の所に見ている。つまり、言語が単称名‒述語という構造をそなえていないならば、特定のものについて語り合うという実践は不可能なり、われわれが実生活で言語を使うことの意義があらかた失われてしまうのである（MIT, p. 337f）。

では、ブランダムは構成性原理について、どのような立場を取るだろうか。前述の形式意味論に限らず、意味について原子論的立場を取ることを前提にボトムアップ式に意味の理論を構築する者が多いが、彼はこれに反対している[16]。実際、強い構成原理に反するような例をさがすことは可能だろう。たとえば、「太郎は手を洗った」と「太郎は手を上げた」では、「手」の指すものは異なる。「手」がなにを意味するかは、文全体または同一文中の他の表現の意味を考慮することなしには決定できそうもない。しかし他方で、ブランダムは構成性原理に好意的な論述をする場合もある[17]。実際、前述の「手」文でも、部分表現の意味を考慮しなければ文の意味もわからないだろう。したがって、ブランダムは、弱い構成性原理を採用しているとみるべきだろう。つまり、特定文中の単位文構成表現の意味は、ボトムアップ、トップダウンの行き来によって定まるということになろう[18]。

(3) 意味の全体論とコミュニケーションの可能性

ところで、文の意味は、それが他の文との間で立つ推論関係によって決定されるから、前記のように弱い構成性原理しか認めなかった場合には、単位文構成表現の意味は、当の単位文が推論的関係に立つ諸々の他の単位文中の構成要素表現の意味と相関関係に立つことになる。文同士の推論関係は前述のように複雑で、かつ阻却関係も含みうるものだから（二㈡(3)）、単位文構成表現が表現する概念たちは、相互に複雑で時に緩やかなネットワークを形成することとなろう。

さて、こうしてブランダムはある種の意味の全体論に立つわけだが、ここから根本的な問題が生じる。ある人がある主張をした場合、その主張が推論的になにを帰結するかは、その人が他にどのような信念を有しているかに左右される。そして、二人の人が全く同じ信念群を持っているとは考えられないので、同じ文に結びつけられる意味は、話し手と聞き手の間で異なることになる。したがって、およそコミュニケーションは不可能に思える。

ブランダムはここにまさにわれわれが事物様式の信念帰属をする話法を持つことの意義を見る（二㈡(2)）。コミュニケーションとは、厳密には、同一の情報がある人から他の人に移転することではない。相互の信念の調整過程である。事物様相の信念帰属をすることによって、相手の信念と自己の信念を有意義に照らし合わせことができるようになる。自己の信念と相手の信念に齟齬がある場合、世界の中のある部分について信念の一致が必要だと思うならば、相手の信念を偽とし自己の信念を正当化する実質的論拠をあげればよい。これは相手から見ても同様である[19]。

(4)　意味の客観性

しかし、これでは人びとはいつまでもむなしく自分の言いたいことを言いあっているだけということにはならないだろうか。ブランダムは、客観的な意味論的規則、客観的な意味の存在を認めていた。もし、客観的な意味（客観的に正しい（correct）、なにが特定の主張を正当化し、特定の主張からなにが推論的に帰結するかの関係）が存在していれば、それに無自覚な当事者たちも実質的論拠を出し合い、暗黙の推論的コミットメントも明示化しあって吟味し合えば、やがて客観的意味の自覚に導かれるかもしれない。

そこで問題は、客観的な意味の存在である。ブランダムは意味のプラトニズムを否定し、あくまで意味というものを、人びとの間の、コミットメント／権限付与の引き受け／帰属から説明しようとしていた（現象主義）。とすると、あると言えるのはせいぜい、正しいことと正しいと思われることを区別せよという要請や、人びとがその時点で一致して正しいと思っている物事だけではないか[20]。

ブランダムが最終的に持ち出すのは、意味論的外在主義である（MIT, ch. 9）。これは、H・パトナムの双子地球以来有力になった、意味というものは、人びとが頭のなかで思っていることだけでは決定されないという見解の総称である。外在主義が成り立てば、意味というものは、人びとがその時点で一致して正しいと思っていることに解消されなくなるので、客観的な意味が存在する余地がある。しかし、ブランダムの意味論的外在主義がどういうものであるかは不明のところが多く、したがって、客観的意味の存否は今のところ未決問題と見るべきであろう。

四　法的思考の実際と合理性

(一)　法的思考の構造的特徴——推論規則たちの立体構造としての法規範の体系

ブランダムの推論主義を基礎に法的思考の実際と合理性のありかを検討していくためには、彼の準備したもの以外の理論的道具立てを追加する必要がある。法的思考は、特殊な環境の下で、特有の形でなされるからである。これは、法的思考の現実をにらんだ追加である以上、推論主義の言語哲学からの一義的な論理的帰結ではありえないが、試論的に次のように考えてみたい。法的思考の特有の環境については紙幅の関係で省略し[21]、その構造的特徴に関心を集中することにしよう。

推論主義に従えば、規範は推論規則の一種である（cf., MIT, ch. 4）。したがって、法規範も推論規則であって、前述のことを考え合わせると（二(二)(3)）、それらは立体的な多重構造をなしていると見るべきこととなろう[22]。

すると、法的推論の過程の中核部分は次のように記述されることになろう。法律家は一群の条文等から読み取れる立体的で複雑な法規範群を前提に、特定の現実と特定の法規範を照らし合わせ、法規範を構成する要素と現実を構成する要素が対応する限りで、当の現実の要素について、推論規則としての法規範が許す推論をなす、ということになろう[23]。単純化して示すと、次のような形式になる。「一郎が二郎になぐって怪我をさせる行為をした」（現実）、〔「xがyに不法行為をしたならば、yはxに対して損害賠償請求権を持つ」（推論規則）〕→「一郎」と「x」が、「二郎」と「y」が、「なぐって怪我をさせる」と「不法行為」が照らし合わされ、対応すると判断される→「二郎は一郎に対して損害賠償請求権を持つ」（推論的帰結）。

ところで、ここにいう「照らし合わせ」のうち、要件を定める概念と現実（の一側面）とのそれは、通常は「当てはめ」と言われている作業に相当するが、この実態をいかに解すべきか。第一に、裁判の場面を念頭におくと、それは訴答書面や調書などからはじまることを考えると、推論主義的には、日常語で記述された事実から、法規範に含まれる概念へ、実質的推論を積み重ねて到達することと考えられる。たとえば、「AはBに向けて拳銃を発砲した」、「銃弾が当たれば人は死亡しうる」→「AはBに対して人が死亡しうるようなことをした」→「Aのしたことは殺人の実行行為である」など。第二に、推論主義的には、ある概念の適用はその推論的帰結への少なくとも暗黙のコミットメントを含むから、たとえば、「Aのしたことは殺人の実行行為である」は、「他の要件が満たされたならば、Aには殺人罪が成立する」へのコミットメントを含む。

(二) 法律学上の論点をめぐる論争の形

法規範は自然言語で表現されるので、条文等の文言から読み取られる法規範の内容自体が論点になるのは自明だから、以下では、網羅的なものではありえないが、それ以外の論点発生のパターンのいくつかについて、それをめぐる論争の形を検討する。

論点1　入浴中の女性の衣服を持ち去り羞恥心のために脱出できないようにした場合、監禁に当たるか。

心理的拘束があった場合に拘禁があったと結論しうることに争いはなく、女性が入浴中に衣服を持ち去られたということからその女性が羞恥心を覚えたということを推論することにも無理はない。しかし、さらに、羞恥心を覚えたということから心理的拘束があったということまで推論しうるかについては、争いがある。通説は推論しうるとするが、いずれにせよ、こういうケースで監禁罪を成立させるという結論にコミットできるか否かの判断抜きには、決することは難しい(概念の適用の帰結)。他方、だからといって概念の適用の状況のさらなる精査が不要ということにはならない。状況によって女性が感じうる羞恥心の程度は異なりうる。状況の多面的記述をもとにした実質的推論――それを支配する推論規則も複雑で立体的なものである(二(二)(3))――を積み重ねて、拘禁に至りうるかを吟味する必要がある。

ところで、この論点に関しては、被告人が言っている、検察官が言っている、証人が言っている、「だれそれのしかじかの行為」がすべて同一のもの(双方向的な置換推論が可能)だということに、議論に参加する人がそろってコミットしているから、その先の実質的な議論が可能になっていることに注意が必要である。前出の表記法に従うと、通説と反対説は、「反対説は本件衣服の持ち去りについて、それは拘禁ではないと信じている」、「通説は本件衣服の持ち去りについて、それは拘禁であると信じている」と、事物様相の帰属をしあい、かつ、「について」に支配される部分に関して一致があるから、「、」以下の部分についてかみあった議論ができるのである。しかし、常にこういう条件が満たされるとは限らない。

論点2　Xは、Xの妻Aを事故死に見せかけて殺害し生命保険金を詐取するために、クロロホルムを使ってAを失神させたうえ、Aを車ごと海に転落させて溺死させる計画を立てた。そして実際、Xは、Aにクロロホルムを吸引させてAを失神させた上（第一行為）、Aを乗せた車を約二km離れた場所で事故に見せかけて海中に転落させて沈め（第二行為）、Aを死亡させた。ところが、死因は特定できず、Aは第二行為以前に第一行為により死亡していた可能性があった。第一行為により死亡していたとしても、Xに殺人罪が成立するか。

これについては、判例は、第一行為と第二行為からなる一つの行為が殺人の実行行為にあたると見ているが、反対説は第一行為と第二行為を別々の行為と見ている。第一行為と第二行為からなる一つの行為を観念できれば、おそらく殺人罪が成立するであろう。しかし、このケースでは、このままでは、反対説は「第一行為と第二行為からなる一つの行為」を自同的対象とすることにコミットしていないので、これに対する信念を判例に帰属させたうえで論争に入るということはできない。詳しく言うと、反対説にとってみれば、「第一行為と第二行為からなる一つの行為」（およびその代替表現）は自分自身の言葉ではない、すなわち（双方向的置換推論、つまり同一性コミットメン

ト を含め）いかなる推論をも結びつけることのできない言葉であるから、判例に対して「判例は第一行為と第二行為からなる一つの行為について、それが殺人の実行行為だと信じている」と信念帰属し、そこから情報を得たり、かみ合った批判をすることはできない。

したがって、まずは「クロロホルムを吸引させる行為」（およびその代替表現）や「Aの乗っている車を海中に転落させる行為」（およびその代替表現）など、判例と反対説がともに同一性にコミットできるものを対象にする信念を相互に帰属し合い、議論を進める必要がある。そして「第一行為と第二行為からなる一つの行為」を観念するのが適切か否かは、相互に同一性コミットできることども（「実行行為」の適用の状況の要素）についての吟味、本件について殺人罪を成立させることの適切性（「実行行為」の適用の帰結）についての吟味を通じて判断されることになろう。

> 論点3　当事者間で手付が授受された場合、それを違約手付であると同時に解約手付でもあると認定することができるか。

判例はそれを認める。しかし反対説は、違約手付は契約の拘束力を強化するものであるのに対し、解約手付けはそれを弱化させるものであって、同時にそれを認めることは矛盾であるとして、認定を否定する。

この場合は、契約は守られるべしという原則的法規範に対して解約・解除の法規範はそれに対する例外の位置に立つことに注意が必要である。つまり、解約権が認定される場面を広く肯定することにコミットすることは、結果として契約の拘束力という原則的法規範の妥当範囲が縮小する（推論主義的に言えばこれは「契約」概念の変動である）ことにコミットすることになるのであり、これを引き受けうるか否かが問題になっている。

㈢　法的思考の合理性——合理的表現主義

推論主義の立場から法的思考・法的論争を描くと次のようになろう。法的概念には、適用の状況と帰結があるので、正しい状況に適用され、その概念の正しい推論的帰結にコミットしたときに、正しく適用されたと言える。正しい状況に適用されていることを論証的に示すためには、状況の概念的記述から適切な概念を使用し実質的推論を積み重ねて当の法的概念に到達する必要がある。その過程で異議が提起される（可能性がある）ならば、論理的語彙を用いてその実質的推論の背景にある客観的な推論規則を明示化し弁証することが求められる。また、法的概念の適用が正しいと言えるためには、概念の立体的で複雑かつ緩やかなネットワークが存在しているために、直面している事件や類似の事件についての法的帰結のみならず、その決定が他の法規範に及ぼす波及的効果にまでコミットできることが求められる。また、論及対象として志向されるものの同一性の理解に齟齬がある場合は、事物様相の信念帰属をしあい、その齟齬を明示化するところから始めなくてはならない。

こうした推論主義的記述は、前項のような法律家が日々普通に営んでいる法的論争に無理なく当てはまる。ここでポイントになっているのは、推論・議論を通しての論及対象の同一の確定という視点、概念の意味には適用の帰結が含まれることの承認、および、意味の全体論である。これに対して、典型的な表象主義的意味論を採用し、概念の表象的側面にしか意味を認めないとすれば、帰結にコミットできるかという点からの吟味は、概念外の考量ということになり、その合理性が疑われることになる。また、原子論的な意味観に立つと、そもそも法律家がある論点で特定の見解を取った場合の他の法規範の理解への波及をしばしば気にすることに存する合理性が理解しがたくなる。さらに、人間の判断力が要求されるのは、所与の対象が特定の集合に属すか否かの場面ということになるので、対象の同一性をどこに見るかについて争いがある場面の説明が困難になる。

もちろん、こうした評価には、推論主義が採用する合理性概念が前提にされている。ブランダムは、合理性について、論理的、道具的、翻訳的－解釈的、推論的、歴史的の五つのモデルで説明している。[24] ブランダムはもちろん、推論的、歴史的合理性のモデルに従うが、これら五者は相互に排他的ではない。ブランダは、論理に従えることと、目的合理的に意思決定できることを合理性の一面と見ることができることは否定しない。しかし彼は、前述のように、言語の意味を、他者の発話を自己の言語に翻訳する、ないし、それに照らして解釈する場面に定位して理論を組み立てており、この観点に立てば、合理性とは解釈可能性ということになる。さらに彼によればそれだけではまだ十分でない。理由を与え求めるゲームに参加しうることに見られる合理性が重要であり、そのためには、実質的な推論規則にそって推論でき必要とあれば論理的語彙を用いて暗黙の推論的コミットメントを明示化すること[25]が必要である（推論的合理性）。そして、人びとは過去の蓄積も踏まえそのような協働的営みに参加することで、概念の正しい適用に自覚的になっていくことができる（歴史的合理性）。

したがって、法的思考について推論主義からアプローチすることが啓発的でありうるか否かは、われわれが法的思考に期待できる、あるいは期待すべき、合理性が、推論的－歴史的合理性であるか否かに依存することになる。

五　おわりに

㈠　以上の検討の結果、推論主義の視点から法的思考について考えることが正しいとしたら、次のように言えそうである。法規範の体系とは、一般／特殊、原則／例外の軸に沿って立体的多層的に構築された、推論規則の体系である。法規範に含まれる概念も適用の状況と適用の帰結をもつ。したがって、法律家は、法的概念の適用について争われるときには、状況の記述からその法的概念の適用への推論的移行と、その概念の適用から生じるさまざまな推論的帰結の導出を、必要とあらば論理的語彙を使用して暗黙の推論規則へのコミットメントを明示化しつつ、互いに批判的に吟味しあわなければならない。

法律家は、法適用の結果を考慮して法規範の理解の方を修正するということもある。これは論理の恣意的使用、法的概念の意味の恣意的歪曲ではないかという嫌疑を呼ぶ。しかし、それが前記のような概念の適用の状況と帰結の広く深い吟味のなかで行われるならば、論理はその手段として正しく使われているのである。また、そうした法律家の協働的吟味は、自覚にもたらされていなかった客観的に正しい法的概念の意味を自覚にもたらし、法的概念の体系を正しく進化させていく過程なのであり、法的概念の意味の恣意的歪曲とは言えない。そしてこういうことこそが実際に誠実な法律家が法的論点に直面したときに実際になしていることなのであって、表象主義の意味論からはまさにそうした側面の記述が困難なのである。

もしこのような理屈が成り立つならば、本稿冒頭であげた法的思考の公式的、および非公式的ポートレートの分裂は解消することになるだろう。

(二)　しかし、残された課題も大きい。推論主義意味論自体の細部の詰めが足りないことは別としても、原理的には、やはり客観的意味の存在ということが問題になる。ブランダムは客観的意味の存在を主張するが、それはブランダム流の意味論的外在主義を最終的な支えとしている。しかしその実態には不明確な部分が大きく、とりわけ法的概念のような規範的概念について、それが言えるかについての議論は極めて不十分である。(26)

それもあってか、ブランダム自身は近年の論文で、相互に権威をもち責任を負う判事の共同体を想定し、個々の判事が同時代の判事たちのみならず、過去と未来の判事たちに対しても、自己の権威を適切に自覚し責任を適切に果たすことで、法的概念の確定性は成立すると主張している。[27] しかしながら、法的推論の現実はすでに論じたところから明らかなように、判事たち以外の人びとも正当な使用者であるところの日常的概念から法的概念への推論を含んでいるのであって、判事の共同体を考えるだけでは足りない。ここでも、法律家の共同体と社会全体の関係という古くて新しい問題が、やはり切迫したものになるだろう。

㈢　最後に、ハーバーマス－アレクシー型の法的議論理論との関係についても触れておこう。ブランダムの議論とハーバーマスのそれが共通のムードをもっていることはすでに明らかである。しかし、第一にアレクシーの理論は、原子論的意味観、形式論理的な論理観を固守しており、論理的語彙の明示化機能に助けられての概念体系の全体論的吟味という構想とは結びつかない。[28] 第二に、ハーバーマスの言語哲学について、ブランダムに近い論者が次のように主張していることに注目すべきである。すなわち、ハーバーマスの言語哲学は、アレクシーとは異なり全体論的意味観を取っているが、それゆえにこそ推論主義と同様にコミュニケーションの不可能性の問題に応えなければならないところ、もし本論でも見たようなブランダム型の解決を取り入れるならば、ハーバーマスは彼の意味論・コミュニケーション的行為論・討議倫理の強固な結びつきの多くを放棄しなければならない。[29] しかし、それはハーバーマスにとって甘受すべき犠牲ではないだろう。ハーバーマスがブランダムとの論争でもっとも危惧していたのは、ブランダムの理論は結局はズブズブのヘーゲル主義に終わらないかということであったのだから。[30] したがって、われわれにとっては、少なくとも法的思考に関しては、ハーバーマス－アレクシー型の法的議論理論と推論主義によるそれを安易に相補的に扱うよりも、まずは両者の違いを明確にし、その上で比較検討する方が、生産的であろう。

（1）　公式的ポートレート、非公式的ポートレートという表現は、Samuel, Geoffrey (2016), *A Short Introduction to Judging and to Legal Reasoning*, Edward Elgar から借りた。

（2）有益な紹介を含むものとして、岡本裕一朗（二〇一二）『ネオ・プラグマティズムとは何か：ポスト分析哲学の新展開』ナカニシヤ出版、伊藤邦武（二〇一六）『プラグマティズム入門』ちくま新書を参照。

（3）Brandom, Robert B, (1994) *Making It Explicit: Reasoning, Representing, and Discursive Commitment*, Harvard University Press. この著作の全体について、高橋洋城（二〇一五）「ロバート・ブランダムの規範的プラグマティズムと『理由の空間』の分節化：その法哲学への射程を測るために」駒澤法学第一四巻第二号二五七―三六八頁が紹介検討している。MITとは若干説明が異なるところがあるが、ブランダム自身のものとして、Brandom, Robert B, (2000) *Articulating Reasons: An introduction to Inferentialsm*, Harvard University Press（ロバート・ブランダム著、斎藤浩文訳（二〇一六）『推論主義序説』春秋社）が参考になる。

（4）推論主義そのものは、W・セラーズによって唱えられた。Cf., Sellars, Wilfrid (1953), "Some Reflections on Language Games", *Philosophy of Science 21*, p. 204-228 and Sellars, Wilfrid (1973), "Meaning as Functional Classification: A Perspective on the Relation of Syntax to Semantics", *Synthese 27*, p. 417-437.

（5）Vgl., Alexy, Robert (1978), *Theorie der juristischen Argumantation*, Suhrkamp. その紹介として、亀本洋（一九八五）「法的議論における実践理性の役割と限界：N・マコーミックとR・アレクシーの見解を手がかりに」判例タイムズ五五〇号、五五二号、五五四号、五五五号（同（二〇〇六）『法的思考』有斐閣に第一章として所収）を参照。

（6）Cf., Habermas, Jürgen (2000), "From Kant to Hegel: On Robert Brandom's Pragmatic Philosophy of Language", *European Journal of Philosophy 8(3)*, pp. 325-355.

（7）Vgl., Klatt, Matthias (2004), *Theorie der Wortlautgrenze, Sematische Normativität in der juristischen Argumantation*, Baden-Baden, Nomos. Cf., Bongiovanni, Giorgio and Antonino Rotolo, Corrado Roversi (2007), "The Claim to Correctness and Inferentialism: Alexy's Theory of Practical Reason Reconsidered", in; George Pavlakos (ed.), *Law, Rights and Discourse: The Legal Philosophy of Robert Alexy*, Hart.

（8）本稿では紙幅の関係で、形式意味論の扉を開いた一九七〇年代のモンターギュ文法にしか触れないが、吉本啓・中村浩昭（二〇一六）『現代意味論入門』くろしお出版にはモンターギュ以降の展開も含まれている。

（9）ジョン・R・テイラー・瀬戸賢一（二〇〇八）『認知文法のエッセンス』大修館書店、四三頁の表現を借りた。

（10）推論主義は概念役割意味論の一種とも見うるが、人びとが現実になす傾向のある概念使用等の事実的要素だけではなく、概念のなすべき使用法に着目する点に際立った特色がある。概念役割意味論一般については、cf., Greenberg, M., and G. Harman (2006), "Conceptual Role Semantics", in; E. Lepore and B. Smith (eds), *The Oxford Handbook of Philosophy of Language*,

Oxford, p. 295-322.

(11) 以下については Knell, Sebastian (2008), "A Deflationalist Theory of Intentionality? Brandom's Analysis of de re Specifying Attitude-Ascriptions", in: Pirmin Stekeler-Weithofer (ed.), *The Pragmatics of Making It Explicit*, John Benjamins が参考になる。

(12) Cf., Brandom, Robert (2010), "Reply to Bernhard Weiss's ""What Is Logic?"" " in: Bernhard Weiss and Jeremy Wanderer (eds.), *Reading Brandom*, Routledge.

(13) Cf., Brandom, Robert B, (2014) "A Hegelian Model of Legal Concept Determination: The Normative Fine Structure of the Judges' Chain Novel", in; Graham Hubbs and Douglas Lind (ed.), *Pragmatism, Law, and Language*, Routledge.

(14) 籾山洋介（二〇一〇）『認知言語学入門』研究社の第一二講などを参照。ブランダムに言わせれば、「思考と言語使用の意味論的ならびに認識論的な諸次元は、本質的にからみ合っているものとして理解されるばかりでなく、それらの共通の構造は、理由の空間に特徴的な、推論的分節化なのである」(Brandom, Robert (2009), *Reason in Philosophy*, Belknap, p. 5. 強調はブランダム)。

(15) より詳しくは、島村修平（二〇一五）「推論主義の独自性と意義――意味理解と外在主義の観点から――」日本科学哲学会編『科学哲学』四八－二号九三－一〇九頁を参照。

(16) Brandom (2000), *ibid*. の introduction を参照。

(17) Brandom (2000), *ibid*. の ch. 4 を参照。

(18) 弱い構成性原理だけで言語の習得可能性が説明できるかは問題だが、ブランダムは、構成性を前提としないで言語の習得可能性等を説明できる論理学を具体的に提案している。Cf., Brandom, Robert (2008), *Between Saying and Doing; Towards an Analytic Pragmatism*, Oxford, Ch. 5.

(19) Cf., Fodor, Jery and Lepore, Ernie (2010), "Brandom Beleagured", in: Bernhard Weiss and Jeremy Wanderer (eds.), *ibid*. Routledge; Brandom, Robert (2010), "Inferentialism and some of Its Challenges" in: Bernhard Weiss and Jeremy Wanderer (eds.), *ibid*.

(20) Cf., Loeffler, Ronald (2005), "Normative Phenomenalism: On Robert Brandom's Practice-Based Explanation of Meaning", *European Journal of Philosophy 13(1)*, pp. 32-69.

(21) 裁判では、コミュニケーションが両当事者側と裁判官の三者関係で行われ、そこには当事者と裁判官の間で役割の違いがあるという特徴があるが、それを踏まえて、ブランダムの理論枠組みを法的思考の分析に活用したものとして、Canale, Damiano

(2017), "What Inferentialism Tells Us About Combinatory Vageness in Law", in: Francesca Poggi and Alessandro Capone (eds.), *Pragmatics and Law*, Springer が参考になる。

(22)　高橋文彦（二〇一三）『法的思考と論理』成文堂（とくに第七章）も、古代から現代にいたる論理学史を内在的に検討することから、法を立体的な推論規則の体系とみる見解に達している。

(23)　推論主義は科学哲学におけるモデル論と相性が良い。Cf., Gurova, Lilia (2012), "Inferentialism and the Laws of Nature Controversy", in; Lilia Gurova, *Inference, Consequence, and Meaning*, Cambridge Scholars. 以下の説明では、Suárez, Mauricio (2004), "An Inferential Conception of Scientific Representation", *Philosophy of Science, Vol. 71, No. 5*, pp. 767-779 を参考にした。ただし、本稿は推論形式の同型性に注目しているだけであって、実践的推論である法的推論が科学的推論に還元されると主張しているわけではない。

(24)　Brandom (2002), *Tales of the Mighty Dead*, Havard の introduction を参照。

(25)　論理的語彙を用いることで暗黙のものが明示的に表現されるという意味で、ブランダムは自らの立場を合理的表現主義とも言う。Brandom (2000) の introduction を参照。

(26)　島村前掲論文も平叙文の意味についての内容外在主義をブランダム理論に帰しているのみである。

(27)　Cf., Brandom (2014), *ibid*.

(28)　この点、前掲亀本論文の注112がすでに、分析的－融合的という対立軸を用いてこの点を明晰に整理している。ハーバーマスとアレクシーの異同についても、同注参照。

(29)　Cf., Scharp, Kevin (2003), "Communication and Content: Circumstances and Consequences of the Habermas-Brandom Debate", *International Journal of Philosophical Studies 11(1)*, p. 43-61.

(30)　Cf., Habermas, Jürgen (2000), *ibid*.

論文

中国における〈市民社会〉と〈法〉の行方
——近時の市民社会論に寄せて——

菅原寧格

一　問題の所在

法とは何か。これまで数多の思想家がこの問題に取り組んできたし、依然として法概念論は法哲学の主要問題であり続けている。ただ特に断りなく法について語る際、多くの場合は無意識的にではあるにせよ西洋近代とその普遍性を法概念に結びつけていると思われる。たとえば中国法の分野に対して次のような疑問がしばしば投げかけられるのは、こうした事情の一端を示しているのではないだろうか。中国に「法はあるのか」、「あっても役に立たないのではないか[1]」。そもそもこうした疑問が出てくること自体、一方で西洋近代法の延長線上に構成される法概念を念頭に置きつつ、他方でそこから逸脱した特殊な法として中国法を理解していることの現われといえるだろう。だが、西洋近代法とその継受にまつわる問題を真摯に受け止めるなら、これが必ずしも中国で生じる限定的な問題ではないことに気がつく。というのは、西洋近代法を継受した当事者である日本にとっても、この種の問題が他人事であろうはずはなく、遠く過ぎし日の問題ではないからである。本稿では、このような法哲学と比較法学が交差する問題関心にしたがって、中国における〈市民社会〉と〈法〉の行方を検討する。

もっとも、これまでに中国で発展したと観念される〈法〉は、西洋近代法はもとより、日本法とも異なっている。[2] それは、たいてい危惧されるように、中国の〈法〉が西洋近代の自由や平等といった価値や人権思想を内実とする法とは異なるようにみえるからだし、為政者によって秩序維持のために用いられる「統治の道具」として描き得るからであろう。[3]

だが、一九九二年の鄧小平による南巡講話以降、中国でも社会主義計画経済に代えて資本主義市場経済の論理が導入され、市場で活躍する市民が台頭し市民社会論が活発になったことも確かである。[4] そして、西洋近代では市場と市民の権利意識の発展とが表裏一体であったのと同様に、中国でも市民の権利意識の芽生えを確認し、その発展実績と可能性を肯定する議論が現われるようにもなっている。[5] したがって、このような近年の動向を踏まえるならば、今後の中国の市民社会論は、単に現況を否定的にみるのか肯定的にみるのかといった地点から一歩進んだところで〈法〉の問題を考えていかなければならない段階にある。急速に市場が発展し、権利意識が芽生え広がった中国社会においては、少なくとも〈法〉は国家と市民の関係を垂直的に規律する「統治の道具」を超えた、市場の内部や市民と市民との間で成立する水平的関係にも対応する規範として構成していくことが求められるようになっている。[6] 現在の中国市民社会論の課題は、現実の社会的要請に対してどのように応えていくことができるかその可能性を明らかにした上で、そのための「法治」をどのように進めていくことができるかを問い、生産的な議論を展開していくかという点に集約されることになる（7）。

では、「統治の道具」としての〈法〉を超えた法を、どのようにデザインし、練り上げていくことができるだろうか。可能であるとすれば、それはどのようにしてか。問題は、いかなる条件が整えば中国のような事情を抱えた土壌でも法の芽が育つのか、西洋近代法を継受したわけではない中国でも法が根づき育つとすれば、いかなる条件が必要なのか、ということになりそうである（8）。この点、西洋では近代法が根づき育つ上で市民社会の担った役割が決定的に重要であったことから、中国の市民社会についてもそれが「法治」に対してどのように寄与するのかという形で問題を考えることができる。もっとも、その際には法をめぐる問題と同種の問題が浮上することになるかもしれない。曰く、中国に市民社会はあるのか、あったとしてもそれは国家によって認められた中国に独自の〈市民社会〉を指すにすぎず、そのような〈市民社会〉が西洋近代の普遍性を備えた法の発展を促した市民社会とは自ずと異なるのではないか云々。

だが、外部の者に容易な理解を許さぬ中国法の事情に目を配り、その内実として〈市民社会〉と〈法〉の展開を尋ね、これを法の普遍性に関わる議論の一環として位置づけようとするならば、その試みは生産的な法概念論の構築に向けた準備となる。それは、中国の〈市民社会〉と〈法〉の行方を問うことが、同じ非西洋である日本で市民社会がどのように現われたかを問い、西洋近代法の何が継受され何が決定的な特徴づけになったかという問題を想起させるからである。西洋近代と法の普遍性をめぐる問題は、自らを西洋と安易に同一視しない限り日本で法を学ぶ者も直視し引き受けるべき問題である。

以下、二節では市民社会論について本稿での議論を展開するに足りる範囲で確認を行い、三節で中国の〈市民社会〉を検討する。そして四節では、中国の〈法〉をめぐる問題が「依法治」といわれる中国式の「法治」をめぐる問題であり、この議論を〈市民社会〉と〈法〉実践をめぐる問題という点からみれば、それが西洋近代でみられた市民社会と法実践の問題とパラレルな構造をなしていることについて論じる。また、中国における〈市民社会〉と〈法〉の行方というテーマが、かつて日本が直面したような非西洋と西洋近代との間における市民社会や法との異同に関わる問題へ逢着することを示す。最後に五節では、西洋近代と異なる歴史経験を持つ地域や社会において、どのように自らの歴史的文脈で形成してきた〈法〉と西洋近代法を関係づけ得るのかといった法の継受に関わる問題を展望し、むすびに代えることにしたい。

二　市民社会という視角

中国における〈市民社会〉とは何か。この問題と取り組むため、本節では従来の議論から市民や市民社会をどのように理解し得るのかを確認する。ただし、市民社会論は分野横断的なテーマであり多義的で論争的なトピックでもあることから、ここでは本稿が依拠する市民社会という視角を確認し、中国の〈市民社会〉を検討するために必要な範囲で予備的考察を行うにとどめたい(9)。

まず、市民とは古典古代から概念的変遷を辿りつつも実在した歴史的記述であると同時に、とりわけ戦後日本の社会科学では規範的なモデルでもあったことを確認しておきたい(10)。市民とは経済活動を担う主体なのか、政治活動を担う主体なのか、あるいはその双方を視野に収めて活動する主体なのか、それ自体のあり方をめぐる問いとしても設定され得る(11)。市民に対する理解がこのように整理される一方で、市民社会については国家や市場から区別される空間的で領域的な概念とするほか、国家や市場に依存することなく、むしろそれらから自立した関係を構築する存在として振る舞い自己を規定する主体や、自らの目的に向けた望ましい結合関係のあり方を模索しあう主体から構成されるネットワークパターンを指す場合がある(12)。あるいは思想史の観点から俯瞰すると、ヘーゲルが国家と対立するカウンターパートとして捉え、マルクス主義がそのプロレタリアートへの搾取性を看取し廃棄を目指したbürgerliche Gesellschaftとしての市民社会を指すこともある。そして、このような史的観点からは、二〇世紀後半に起こったソ連崩壊を契機に東欧諸国で起きた一連の市民革命やドイツ再統一を背景に現われたZivilgesellschaftという語によって市民社会は表現されることもある。(13) このように、市民や市民社会という用語は、歴史的に展開されたプロセスや規範的含意それぞれの思潮によって理解が重なったり異なったりしている。

これらを踏まえて、本稿では社会の様々な分野で生じている問題を的確に捉えアプローチし解決にあたるための視角として捉えることで、市民や市民社会を用いることにしたい。(14) 視角として用いるメリットとして、市民社会の枠組は一九六〇年代以降の反戦や反公害といった「新しい社会運動」と関連づけて理解し直すことが可能になる。また、そうすることで、法哲学研究の内にもZivilgesellschaftとしての市民社会を位置づけられるようになるからである。

依然として、「フクシマ」以降の原発やエネルギー利用をめぐる環境問題が深刻な状況に置かれていることに変わりない。だが、いわゆる安全保障関連法案に反対し国会前など全国各地で起きた一連の抗議活動やヘイトスピーチをめぐる差別的言論に抵抗する様々な取組、セクシュアルマイノリティの差別に反対し同性パートナーシップに関する制度を求めて自治体に対して行われた働きかけなどは、近年の日本社会で確認された具体的な問題状況における具体的問題解決に向けた異議申し立てとして評価することが可能であり、現代版の「新しい社会運動」といえる面がある。そして、注目されるべきことに、これら諸々の「新しい社会運動」として確認される実践は、それ自体がエコロジー、マイノリティ、ジェンダー、異議申し立てといったタームをキーワードとする現代法哲学の諸テーマへの架け橋となっている。(15) つまり、Zivilgesellschaftとしての市民社会を結節点とすることによって、現代版の「新しい社会運動」は法哲学上の重要問題として再構成され得るし、問題解決に向けたテーマへと問題を再編する方向に議論をリードしていくことが現代法哲学には可能だし、期待もされているわけである。

もっとも、こうした動向に先立ち、日本法哲学会は二〇一〇年度の学術大会で「市民／社会の役割と国家の責任」を統一テーマに掲げたシンポジウムを開催している(16)。一見して目を引くのは「市民／社会」という表現だが、これは従来の市民社会をめぐる多様な意味内容を踏まえたものにすぎず特に新たな概念ではない(17)。それでもここで注目しておきたいのは、市民や市民社会に対する次の指摘、すなわち「市民／社会」が抱えている「二重性」についての指摘である。それによると、市民や市民社会という用語には様々な意味を読み込み様々な機能を担わせることができるため、一方でこの言葉は「多様な問題への対応可能性」や「内容的豊饒可能性」を含み得るとされる。だが他方でその代償としてこの言葉の「実質」と「方向性」は非常にみえにくくなっているともいわれている(18)。

ところで、この「市民／社会」の「二重性」が含む問題だが、これについては、「市民／社会の役割と国家の責任」というテーマを国家の答責性に関わる問題として主題化する際に、その意味がいっそう明らかになると考えられている。市民社会論が主権論や制度論といった法哲学の古典的問題と直面するということは、一方で各人の関心に応じていかようにでも市民社会論と法哲学は双方の観点から双方の問題を再検討し関係づけていくことができることを意味する。しかし他方でこのことは、当該関係づけがどのようなものであれば適切に関係づけられたことになるのかという問題を新たに招く(19)。市民社会論は常に新たに社会で生じている問題に対して敏感にレスポンスしていく有望な視角になる反面で、それが視角としての妥当性を有するか否かは、そうした視角を用いた法哲学の側が市民社会と自己とをいかに関係づけたのかという問題に依存するよりほかにないからである。

しかも、このように理解された市民社会論が歴史的負荷と規範的負荷の双方を持つ主体としての市民をどのように捉え創出するのかという点については、別途に検討する余地がある。これは、いわば市民の位置づけ方に関わる「二重性」の問題だが、厄介なことに、そこには「市民／社会」の「二重性」も加わってくる。「市民／社会」の

「二重性」が示唆していたのは、多様で豊かな可能性が注目される反面で、その「実質」と「方向性」をどのように捉えるのかという問題であった。だが、経済的主体で政治的主体である市民が bürgerliche Gesellschaft から発展した Zivilgesellschaft とどのように相関するのかは必ずしも見通しがよいわけではない。それにもかかわらず現在の市民社会論は、市民の「二重性」を踏まえた上で、なお「市民／社会」の「二重性」に関する問題を Zivilgesellschaft としての市民社会のなかで考え抜かなければならない状況に置かれている。

もっとも、こうした非常に負荷のかかった状況を解決する糸口がまったくみえないわけでもない。市民と「市民／社会」と二つの「二重性」を抱えた Zivilgesellschaft が自らのうちに適切な理論バランスを見出し、自律的な領域としてそれをコントロールするのであれば、「新しい社会運動」のような具体的な問題状況における具体的な問題解決を図ることで Zivilgesellschaft の「実質」と「方向性」も開かれてくることが期待されるからである。ここに論理的な循環や自己撞着を見出すことは容易い。だが、市民社会論の課題というものは、理屈の上で解決されることが必ずしも現実の問題の解決につながっているわけではないところに見出されることも少なくない。それは、市民社会論という営みが、「市民／社会」において生じた個別具体的な問題を、現実に許容し引き受けられるべき課題へといかに変換し得るのかを問おうとする試みだからであると考えれば足りる。

ただ、このように現代市民社会論の課題を理解するとしても、そこで設定し得る舞台や主体については、様々なヴァージョンがあり得る。たとえば市民を集合体ではなく個人レベルでの主体としてみた場合、自らが市民社会の構成員であることを疑わない者が、自らを政治的市民として必ずしも自覚しているわけではないことは十分にあり得る。これは政治的な面に限らず何をもって経済的な市民であると自認しているのかということにも関わるが、政治性と経済性をめぐる市民の「二重性」の問題とは、いかなる主体として市民を理解するべきかという学問的厳密性が要求される問題であると同時に、個人レベルで引き受けられるべき人々の主体形成に関わる問題だからでもある。したがって、主体としての市民を緩やかに解釈し構成し得るとすれば、個人レベルの市民から成り立つ舞台としての市民社会を理解する幅も拡張し得ることが考えられる。もし市民の「二重性」を引き受ける舞台として国家と市場を両極に置き、そのいずれにも属さぬ領域を市民社会とするならば、NGOは国家と異なるロジックの下で政治的市民によって担われる非政府組織ということになるし、NPOは市場と異なるロジックの下で経済的市民によって担われる非営利組織ということになる。だが、市民が個人レベルでオールラウンドに活動しているケースは、現実的には稀であろう。また、そのいずれにもコミットしていないからといって、学問や芸術、スポーツといった文化活動に打ち込む者を市民社会の舞台から排除するのは不適切である。政治的市民や経済的市民には還元し得ない市民が文化活動を通じて具体的な問題状況にコミットしつつ具体的な問題解決を志向し取り組んでいるということは十分にあり得るからである[20]。しかも、こうした形で市民社会を構想し「実質」と「方向性」を見定めていくとすれば、国家と市場に親密圏を加えた三極構造のなかで、市民社会という舞台を再解釈し再構成する可能性も開けてくる[21]。したがって、市民社会に期待されるのは、個人レベルとして各人が自己実現を達成し得ると同時に市民相互の共同性を模索し実現していく舞台としての役割ということになるだろう。

本節で行った検討をまとめると、第一に、市民社会論における市民と「市民／社会」にはそれぞれにそれぞれの「二重性」が確認されるということ。第二に、市民社会論の課題とは、具体的な問題状況のなかでの具体的な問題解決を可能にする、そのような市民と社会の布置連関を模索していくということ。第三に、こうした課題と取り組むことを通じて、市民社会論は法哲学にとって重要な視角になることが確認されるということになるだろう。次節では、中国の〈市民社会〉について検討を加えることにしたい。

三　中国における〈市民社会〉

中国の〈市民社会〉をめぐっては、近時これを正面から取り上げた石井知章・緒方康・鈴木賢編『現代中国と市民社会――普遍的《近代》の可能性』（勉誠出版、二〇一七）がある。[22] そこで本節では、本書に収められた数編の論文を糸口として、現代中国の市民社会論を通じて〈市民社会〉に対する理解を深めることによって、中国における〈法〉の行方を展望するための準備としたい。本書は専攻を異にする一九人の執筆者が市民社会論について寄せた浩瀚な論文集だが、その問題関心は本稿と重なり合うものが少なくない。たとえば、先に一節で言及した現代中国における〈市民社会〉と〈法〉をめぐる問題が西洋近代の市民社会と法実践に関わる問題とパラレルな構造をなしていることは、編者の一人である石井によって次のように受け止められている。「現代中国「市民社会」をめぐる最終的な問いは、いかにして自由、民主主義、そして法治といった近代的規範性のともなう「普遍的価値」を創造（あるいは自己の内部に発見）し、それを中国独自の個別具体的な土壌に根付かせることができるのかにある[23]」、と。

現代中国の市民社会論は、一九八九年の天安門事件による民主化運動の挫折と一連の東欧革命と呼応しつつ現在に至ること、[24] また、中国における〈市民社会〉の概念も多義的であることから軽々にそれが何であるかを規定し議論を進めていくことはできない。[25] しかしながら、共産党による一党独裁体制の下、ヘーゲルが「欲望の体系」と表現しマルクスが克服を目指した bürgerliche Gesellschaft、すなわち有産階級を市民とみなした西洋近代の香り漂う市民社会が中国で肯定的に捉えられていたとは考えにくい。むしろ、bürgerliche Gesellschaft をストレートに訳したブルジョア社会としての市民社会は否定的に受け止められその克服が目指されたと想像される。したがって現代中国の市民社会論が採り得る方向性も、改革開放以降の市民の躍進に合わせて bürgerliche Gesellschaft としての市民社会の名誉回復を図るのか、その克服を試みるのかということになる。実際には、bürgerliche Gesellschaft は civil society へと読み替えられ、「民間社会」や「公民社会」と訳出されるに至った。「民間社会」は、主に台湾の市民社会論で用いられている civil society の訳語だが、鄧正来にしたがえば、そこには中国の伝統的用法による「民は官に反する」という「民」の「官」に対する反抗精神を読み取ることが可能であり、「民主的な参加、社会運動、自発的な団体結成および世論による影響を通じて、国家の政策決定に関わり影響を与えようとする方向性」を見出すことができる、それも伝統的資源に結び付けて翻訳する「方向性」を看取することができるとされる。(26)

それに対する「公民社会」とは、主に中国大陸で東欧発のものとして受け止められた civil society から大きな影響を受けて成立した訳語である。仮に civil society を「市民社会」と訳せば、これは否が応にも bürgerliche Gesellschaft としての市民社会、すなわち資本主義経済における有産階級を中心とした社会を連想させる。それゆえ「公民社会」という訳語にはそのような経済的意味に限定することなく政治的なものに関わることへの肯定的な意味づけを与えようとする意図が込められている。(27) さらに兪可平によると、「公民社会」とは「国家あるいは政府のシステム、および市場あるいは企業システムの外に存在するあらゆる民間組織あるいは公民の関係性の総和」であるところの「民間公共領域」を指すとされる。(28) その構成要素は「公民による権利保護組織、各種業界団体、民間の公益組織、コミュニティ組織、利益団体、同人団体、互助組織、趣味を媒介にした組織や自発的なある種のアソシエーションを含む」とされ、それらは「政府部門（第一部門）」や「経済部門（第二部門）」に属さない、「政府と企業の間に介在する「第三部門」」である。こうしてみると、中国においては、わたしたちがいわゆる市民社会として観念するところのものを「公民社会」として表現していると理解されよう。

　このような「公民社会」の領域は現代中国の文脈において決定的に重要な意味を持つようになっている。馬長山は[29]、その理由として「二〇〇〇年以降、改革が徐々に「深層領域」に踏み込むと社会の質的転換にともなう各種の矛盾や問題が顕現し、民衆の権利主張や利益追求が増え、同時にさまざまな非政府組織（ＮＧＯ）も急速に立ち上がってきた」こと、「国家管理からの解放や発展から出現した私人領域、私人利益問題ではなく、政治参加、権利主張、法治秩序に照準を合わせた問題に向かい、「公民社会」という用語はまさにこの変革と転換の理論的な反映だった」ことを挙げる。つまり、「公民社会」という用語が徐々に流通するようになってきたということは、共産党以外の立場から一党独裁体制に対する異議申し立てを可能にするディスコースもまた少しずつ整えられるようになってきた事態を示しているわけである。もちろん、こうした動向が改革開放の前後における中国の体制転換や社会変動期を通じて限定的に現われたことも確かである。しかし、「公民社会」としての市民社会を構成し創造することを通じて統治の客体から政治参加を伴う権利利益を主張する主体への転換が図られたとすれば、「公民社会」が中国にもたらした変動の持つ政治的意味というものが、いかに大きなものであったかは明らかであろう。したがって、この政治的含意に着目するならば、中国の〈市民社会〉は「公民社会」と出会うことでZivilgesellschaftと非常に親和的なところに近づきつつある[30]。ただ、このように「公民社会」をZivilgesellschaftに引きつけて理解することができるとすれば、中国に特殊な〈市民社会〉が新たな政治的局面を切り開こうとするなかで、西洋近代を源流とする市民社会とも重なり合う何らかの要素を含むことになるかもしれない。特に「政府と企業の間に介在する「第三部門」」として〈市民社会〉を捉えるという発想は、西洋近代を淵源とする現代市民社会論が措定する市民社会と相似形をなしており、市民社会と「公民社会」の距離が極めて近いことを示唆している[31]。

　ただし、西洋の市民社会と比べた場合、「公民社会」としての〈市民社会〉には以下のような特徴があることについても、注意をしておく必要がある[32]。第一に、「公民社会」における民間組織の圧倒的多数が、政府によって創立され政府の指導を受けているということである。また重要な非政府組織の経費も政府の財政から支出されており、法的にも財政的にも「公民社会」で活動する組織を政府抜きにして考えることはできない。第二に、現在の「公民社会」は、政府の指導と統制に服する合法的な民間組織から政府の指導をまったく受けずに自主的に創設された非合法組織まで種々の様態があるということである。過渡的現象としてこうした現状が広がっているとされるが、「公民社会」は激動する中国の社会秩序を映し出す鏡であるのかもしれない。第三に、民間組織の規範化プロセスはレベルにおいて様々である。工会と呼ばれる労働組合や共産主義青年団、婦女聯合会のように高度に行政化された社会団体がある一方で、商業聯合会や消費者協会のように相当程度で行政化されている社会団体もあり、学会のように基本的には民間化された学術団体もあれば、中国管理研究院、中国開発研究院、中国文化研究院のような行政化の程度が低い極めて特殊な民営非企業組織もある。第四に、民間組織の影響力や地位などその内実には大きな差があることが挙げられる。たとえば村委員会や居民委員会の動向は社会に大きな影響を及ぼすが、それぞれ組織法が整備されており法的地位が明確に定められているのに対し、一般の民間組織にはそうした法的保障が及ばない。その他、伝統文化とのマッチングや集金力に基づく経済力の差と人的ネットワークの有無が民間組織の様相をいっそう複雑なものにしている。

こうしてみると、「公民社会」とZivilgesellschaftとの親和的関係を必ずしも楽観視することはできない。「公民社会」の特徴として挙げられた右の四点は、いずれもZivilgesellschaftとしての市民社会に馴染むようなものではない。Zivilgesellschaftとは、二節で確認したように市民と「市民／社会」の「二重性」に関する問題を引き受け、「新しい社会運動」のような具体的な問題状況における具体的な問題解決という実践を通じて自らの「実質」と「方向性」を見定める理論視角であった。確かに「公民社会」の発展プロセスは馬長山が指摘したとおりの可能性を秘めたものであるし、そこで展開される活動は共産党の一党独裁体制に対する異議申し立てを可能にする潜勢力にもなり得たはずである。だが、「公民社会」が顕在化し「政府と企業の間に介在する「第三部門」」として確固たる地位を獲得するには至っていない。第一部門である政府との関係に注目すると、bürgerliche Gesellschaft としての市民社会は政府からは自立したものとして理解されていた。だが、この肝心な政府との距離について「公民社会」の側からこれを主導し調整する可能性を、先に検討した中国の「公民社会」の特徴から見出すことは難しい。また次節で検討するように、そうしたことを可能にする法的基盤が中国においては決定的に欠けている。それゆえ、「公民社会」としての市民社会、すなわち中国の〈市民社会〉が置かれている状況は前途多難であるといわざるを得ない。

しかしながら、中国の〈市民社会〉が政府と市場という強力な二極から挟撃されつつあることが確かであるとしても、やはりそこには中国の「公民社会」版ではあれ Zivilgesellschaft の萌芽を見出すことが不可能なわけではない。一例ではあるが二〇〇八年は、四川大地震の救援に全国各地から多数のボランティア団体や環境ＮＧＯが集まり活躍したことから、「公民社会の成熟を象徴する年」として今や人々の間で広く記憶されている[(33)]。ただし、その後の中国市民社会論に姿を現わしたのは、政府と市場、国家と社会の二元論を克服しようと格闘し、両者を受け止める「第三部門」としての「公民社会」を確立する議論ではなかった。むしろ中国社会に姿を現わしたのは「民族」という鍵概念の下で国家と社会の「救済」を目指す「中国の夢」であり[(34)]、国家と社会の間で社会に権限賦与する方向での理論深化は委縮を余儀なくされてしまった面も否定し得ない。したがって、以上のように振幅の大きい文脈のなかで現在の中国市民社会論にとってもっとも重要な問題設定とは何かを考えるならば、「社会主義的市場経済への移行を決断した」ことが、「市場の論理に不可分一体のものとして内在している「法治」と「人権」への決断」であることを理解できるかどうか、このような「決断」を支援し得るかどうかということになるのではないだろうか[(35)]。人権や自由の要求が、市場の論理を通じて発展してきた市場に内在する価値であることを理解することができるなら、今や中国でも異論の余地なく認められている「法治」を推進する際に人権や自由の要求を拒むことは自己矛盾以外の何物でもないことになるからである。(36) そこで問題の焦点を「公民社会」としての市民社会から「法治」の問題、すなわち〈市民社会〉から〈法〉をめぐる問題へと移し、検討を続けることにしよう。

四　中国における〈法〉

〈市民社会〉との関係から中国における〈法〉の問題を検討するに際しては、まずもって国内の者が社会団体を設立しようとする際に関わるべき法律が存在せず、国務院の行政法規である「三大条例」によってコントロールされていることを確認しておかなければならない。(37) 中国で団体が組織として合法的に活動しようとする場合は、社会団体登記管理条例、民営非企業事業体登記管理暫定条例、基金会管理条例に見合うハードルを越える必要がある。その特徴は、第一に「二重の管理システム」といわれる独特のシステム、すなわち、業務主管部門から設立許可を得ることを前提とした上で、さらに民政部門での審査を経て登記が認められて、はじめて合法的な地位を得られるという点にある。(38) 第二に、各団体には「分級管理」という名の活動地域に対する制限が設けられていて、各団体は登記された地域でしか活動が許されていないことが挙げられる。つまり、全国規模で活動する団体は中央の民政部門、特定の地方で活動する団体はその所在地の民政部門に登記し、地域を超えた活動をする場合には複数の地域に共通したレベルの民政部門に登記するといったことが定められている。第三に、同一目的を持つ社会団体は一地域に一団体のみ認められるといった制約があることから、団体間での自由競争が認められていないということを指摘することができる。したがって、このような社会組織法制を法学的な角度からみると、そこには非常に大きな問題がある。まず、国務院の行政法規という低いレベルの法令により憲法三十五条が保障する結社の自由を大幅に制限しているということ、そして、登記を認められなかった団体に対しては法的救済を求めて争う方途が閉ざされているということである。結論として、未許可・未登記組織は、すべて非合法組織ということで括られることになる。こうしたことから、憲法上の規定は有名無実のものとなり下がり、「実態としてはむしろ原則として結社は禁止されており、ごく例外的、偶然的に組織を設立し、活動することが許されることがあるに過ぎない」とさえいわれている。(39)

もちろんこうした〈市民社会〉を取り巻く〈法〉の状況は、わたしたちからみれば理解困難に感ぜられるかもしれない。だが、外部の視点から一方的に切り捨てず適切に法現象を把握しようと努めるならば、なぜそのような問題状況が導かれるに至ったかについての内部事情にまで踏み込まなければならない。

第一に考慮すべきは、そもそも中国では「公民社会」としての〈市民社会〉は——これまでもそしてこれからも——、必ずしも国家のカウンターパートとして想定されているわけではないということである。というのも、国家に対抗する形で〈市民社会〉を捉えるとすれば、「『国家が社会を優越する』という主張が中国の改革に伴って力を持ってくる」ことが不可避な中国の特殊状況下では、かえって「民主政治の実現を含む中国の近代化にはそぐわない」事態を招くことになりかねないからである。(40)むしろ、中国の〈市民社会〉に関しては、強大な実力を独占する対国家との関係上これまでの革新的な市民社会論が模索してきたように、「良質な相互作用説」に基づき国家と〈市民社会〉との良好な関係の構築を進めていくことにも、一定の意味が認められることを理解しておく必要がある。(41)しかもこうした理解は、実力を持たない学界から国家へと向けられた、必ずしも一方的な忖度ではない。〈市民社会〉の側からみれば、「二重の管理システム」の統制下で国家による恣意的な取り締まりに遭う危険と常に隣り合わせである以上、ときには煙幕を張って自ら「〝お助けマン〟を演じ、少なくとも〝撹乱者〟ではないことをアピールする」ことにも十分な意味があるし、「政治の風向きを嗅ぎ分ける鋭い嗅覚が必要となる」からである。[42]

また、国家の側も、一方的な政策推進姿勢を修正し、〈市民社会〉との「共同建設、共同享有」に向けて相互作用と相互構築を実現しようと試みている。[43] もっとも、国家主導の「共同建設、共同享有」は開発独裁と構造的に相似した形になるわけだから、そこに〈市民社会〉にとっては望ましくない一定の副次効果がもたらされるかもしれないことについては、慎重に注意をすべきであろう。その他、注目されるべきこととして、二〇一三年に一部の社会団体に対して業務主管部門の許可を得ず民政部門へ直接登記申請が認められるようになったことを受け、「二重の管理体制」に対して「風穴」を空けたものとして期待する向きもあるが、これについては「一党独裁体制の維持に必要であり、プラスになると踏んでいる」かどうかという基準にしたがって、[44]「抑制一辺倒から選別的緩和措置への一定の転換がおきている」にすぎないとの見方が正鵠を得ているように思われる。[45]

視線を「海外非政府組織国内活動管理法」（二〇一六年四月二八日採択、二〇一七年一月一日施行）に転じてみると、本法は中国独自の社会組織や民間組織という概念ではなく国際的に通用しているNGOという概念を初めて法律レベルで採用し点で注目される。だが、登記機関は民政部から公安部へと変更されたほか、活動分野と業務主管部門の対応表が作成されたことによって、結果的にこの対応表に見合う業務主管部門を見つけられるかどうかが団体の命運を握ることになった。したがって、今後、多くの国際NGOは業務主管部門を見つけられずに撤退を余儀なくされ、違法団体には公安から査察が入ると見込まれるほか、国外NGO通じて行われていた国内NGOへの海外からの資金提供が難しくなると予想されている。[46]

第二に考慮しなければならないのは、現行の八二年憲法が前提とし制度化している統治構造を示す三つのキーワード、すなわち人民民主主義独裁、社会主義国家、民主集中制である。[47] 改革開放以降、市場経済システムが導入され階級闘争が主要な矛盾ではなくなった。だが、矛盾がなくなり階級闘争を指導する必要がなくなったにもかかわらず、中国では共産党による支配を正当化し正統化するため、党による指導と政権担当および社会主義体制は予め憲法に先立つ国制として定められている。そして、これら人民民主主義独裁と社会主義国家、民主集中制が憲法の基本原理として定められていることを踏まえなければ、外部の者が中国の〈法〉を正確に理解することはできない。民主集中制を採る国家機構は、立法機関（人民代表大会）、行政機関（国務院・各級人民政府）、裁判機関（法院）、検察機関（検察院）の四つの機関から構成されるものの、すべての権力が最高の権力機関である全国人民代表大会に集中していることから、中国の制度は三権分立体制と異なるロジックで成り立ち動いていることを理解する必要がある。(48) また、あらゆる国家機構は人民民主主義独裁の原理にしたがい人民の前衛である共産党の委員会と密接不可分の関係にあり、かつ党からの指導を受ける立場にあることも忘れてはならない。(49) 中国ではあらゆる権力の源泉が共産党にあると同時に、共産党が「常に先進的な社会生産力の発展の要求、先進文化の前進の方向、幅広い人民の根本的利益を代表する」ことは憲法上の基本原理であり国是にもなっている。(50) したがって、こうした事情が現在に至ってもなお「この国の法のありかたは外部の者の目からは異様としか言いようのない」といわせる所以であり、(51) 三権分立を前提とする法秩序に照らせば「共産党による一党制を維持しつつ、法により権力を制御させようとするのは根本的な背理」ということにもなる。(52) だが、かような批判があたっているとしても、それが当該批判のように少なくとも中国の〈法〉を取り巻く背景と問題状況に対する一定以上の水準による理解の上でなされるのでなければ、それは単に外部の者による外部の視点から裁断した一方的で非生産的な議論にしかならないであろう。

以上の議論を踏まえた上で、次に中国における〈法〉の問題を「社会主義的法治国家」との関係から言及しておくことにしたい。(53) 中国では「人治」を否定し「法制」が目指された経緯のなかで、国家が主導する「法制」を「法治」と読み替えることで〈法〉の意味転換が模索されてきた。(54) 問題は、「法治」ということで何を表現し何が目指されたのかである。この点に関して、日本では戦前のドイツ流の「法治国家」、すなわち形式的法治主義（rule by law）が問題視され、それを補完するような形で戦後ドイツの実質的法治主義や英米法にみられる法の支配（rule of law）が目指されたことを想起しておきたい。形式的法治主義下で重要なのは、法が手続に則っているかであり法内容に何が含まれるかを問われることはなかったが、実質的法治主義や特に法の支配の下では基本的人権を保障するために国家権力を制約し法内容の適正さを含めて手続を尊重することが求められ、しかも人権を憲法の下で実効的に保障するための制度として司法の独立と違憲審査権が認められることになった。つまり日本では、rule by law と rule of law を峻別した上で、rule of law としての法の支配が目指されたわけである。しかしながら、現在の中国では両者が混淆されたまま自在に用いられている。特に問題なのは、中国では司法の独立が認められていないにもかかわらず、憲法が規定する「社会主義的法治国家」を意味する「法治」に対して、rule by law ではなく rule of law の訳語を与えるのが普通になっていることである。[55]

けれども既にみたとおり、「社会主義的法治国家」の下で進められている「法治」とは「依法治国」という形式的法治主義に相当するもの、すなわち rule by law にすぎず、これを法の支配と結びつけることは原理的に不可能である。このように原理的に不可能なものを可能であるかのように称する辺りに、中国の〈法〉をめぐる根本的な問題が象徴的に現われているといえるし、外部の者が〈法〉をめぐる問題を理解しようとする際の大きな障壁となっている。結局のところ、〈法〉が将来どのような道を辿るのかをめぐるビジョンは現状の問題に対する関心や認識の違いに応じて千差万別であり得るし、このような同床異夢とでも呼ぶべき状態が中国の〈法〉を語る内外の論者たちの様相を示している。もっとも、同床ということでその共通の基盤をなすのが、豊かな〈法〉理解をもたらす多様性であればともかく、一部で喧伝されるようなそれぞれがそれぞれに解釈した中国に固有の、そして独自に発展した〈法〉について語らう自己意識だけであるとすれば、問題はいっそう深刻であるといわなければならない。

五　むすびに代えて

今後、中国の「公民社会」としての〈市民社会〉において「法治」はどのように発展していくのだろうか。これまで検討してきた限り、〈市民社会〉からみた〈法〉の問題は現行憲法で規定された「社会主義的法治国家」をどのように実現していくのかという点に帰着する。だが、「社会主義的法治国家」を進めることと同じかそれ以上に後戻りできないのは、市場経済システム下での社会発展である。かつての成長ペースが衰えをみせたとはいえ、今後も中国経済が発展していくことは疑い得ないし計画経済へと回帰することはあり得ないであろう。それゆえ、今後も中国では市場経済の発展と「法治」の双方を実現していくことが重い課題として求められることに変わりない。ただ、「市場は等価交換を媒介する契約関係を通してあらゆる当事者を対等化するというメカニズムをもっている」ことから[56]、市場経済の発展にとっては平等な契約主体間における法的関係の発展が不可欠であるとみることは決して不可能ではない。平等な法的契約関係が発展していくためには、「契約当事者は、交換するべき「物」をもつ「私的所有者」であり契約を締結する意志を持つ「人」であることを、相互に承認しあい、平等な法主体として措定し合う（ママ）ことが不可欠である[57]。したがって、たとえ不完全であったとしても、そのような「平等な法主体」の権利に対して法的保障を及ぼし得るかが問題となる。

もちろん、中国においても憲法上の権利保障制度がないわけではない。ただ、憲法上は「市民の基本的権利および義務」と規定されるにとどまっていたところ[58]、二〇〇四年の改正によって「人権」という語が三三条三項において正式に登場することになった。この「人権入憲」と呼ばれた画期的な出来事に対して、マルクス主義の建前を採る以上ブルジョア的人権を全面的に認めるわけにはいかないものの、憲法に明記したことによって「人権には階級を超えた普遍的な側面があることを一定程度承認する立場へ転じたもの」として評価することもできる[59]。この「人権入憲」という方向に〈法〉の流れがシフトした背景には、中国の人権軽視政策に対する国際的な批判もあったほか、既に二〇〇一年には、ある民事訴訟で憲法の規定を根拠とし加害者に損害賠償を命じた司法解釈が最高人民法院によって下されるという事案もあったからである。この事案として知られる、いわゆる斉玉苓事件や、法令の憲法適合性が問題とされた孫志剛事件などは、「憲法の司法化」を図ったケースとして耳目を集め、憲法保障のあり方について学界でも活発に議論が展開されることになり、立憲主義に対する関心が大いに高まった。ところが、二〇〇八年に最高人民法院はこの司法解釈を廃止し、さらに二〇〇九年には訴訟時に憲法を適用して事件を処理することができないとする司法解釈を出すことによって、現在では憲法の裁判規範性を明確に否定してしまった[60]。それゆえ、現段階では「人権入憲」によって憲法保障の基盤が固まったとはいえず、おそらく当面の間は〈法〉の行方も「まだら模様のジグザグとした」プロセスが続くものとみられている[61]。

しかし、もはや「人治」から「法治」へと進められた改革の方向性が後戻りすることはない。そしてこの不可逆性を認めるならば、中国の〈市民社会〉と〈法〉はともに「社会主義的市場経済への移行を決断した」ことが「市場の論理に不可分一体のものとして内在している「法治」と「人権」への決断」であったということを正面から受け止めるよりほかに道はない。問題は、従来に増して社会統制手段である法の果たす役割に対する期待が高まっているなかで、いかに〈市民社会〉と〈法〉を西洋近代に由来する市民社会や法と突き合わせつつ、その接続を図り、中国に根ざした「法治」の実質化を着実に進めていくかであろう。人権や自由の要求が市場の論理に埋め込まれているという理解は、西洋近代の呪縛に囚われず、しかしそのことが直ちに中国に固有の状況に合わせた「本土化」を意味するわけでもないという理解を経ることで、中国における〈市民社会〉の問題を個人レベルでの権利問題として再構成する際の基盤になる可能性を秘めているのではないだろうか。

また、同じく非西洋である日本の市民社会論を参照するのであれば、そこで具体的に現われた人権思想や自由の要求を検討することによって、中国における〈法〉の特殊性とそれを超えた法の普遍性を展望することにもなるだろう。反対に日本の側からみれば、中国における市民社会論を学ぶことによって、これまで築いてきた自らの法に対する立ち位置や法の支配をめぐる眼前の政治問題などを反省し再考する絶好の機会になることが期待される。このようにみることなく、自らの〈法〉を西洋近代のそれと安易に同一化してしまうようなことは慎むべきであろう。西洋では、市民社会が近代法を生み発展させていく際に決定的な役割を果たした。それゆえ、そうした法を継受するということは、確かに継受をする側にとって西洋近代オリジナルなものに対する十分な内在的理解が求められることを意味する。だが、そうした理解は単なる継受を超えたクリエイティヴな法発展を期するための前提であるし、国家法レベルを超えた新たな法概念の枠組を構想するのであれば不可欠な条件でさえある。したがって、日中双方の市民社会論に目を配り、今後の相互交流を求め深めていくのであれば、わたしたちはいつでもこの問題の入口に立つことができるというべきであろう。本稿の冒頭で掲げた法とは何かという問いを柔軟に受け止め、再帰的に問い返していくべき理由がここにある。

（1）　標準的な中国法の教科書では、現在の中国に存在する法令をもって法が「ある」と答えたとしても「なぜ役に立っていないかのような印象を与えるのか」という問いは残るし、「では、法以外にいかなる秩序が存在しているのか」という問いに答えなければならないことに変わりないとされる（高見澤磨・鈴木賢・宇田川幸則『現代中国法入門〔第七版〕』（有斐閣、二〇一六）ⅳ頁、その他、小口彦太・田中信行『現代中国法〔第二版〕』（成文堂、二〇一二）四七五頁にも同様の趣旨の「あとがき」がある）。ただ、中国法をめぐってこの種の疑念が生じるのは、常に正しい絶対的存在である中国共産党が、立法機関である全国人民代表大会と司法機関である人民法院を一元的に指導することが国制の前提になっているからでもある。したがって中国法の問題を考える際には、この独特の「党の指導」がどのように関わっているかについて考えなければならないことも確かである（田中信行『はじめての中国法』（有斐閣、二〇一三）一－六頁を参照。ただし著者の力点は中国法を正しく理解することに置かれている）。

（2）　たとえば、中国では社会団体登記管理条例や集会デモ行進示威法、集会デモ行進示威実施条例などによって、憲法上の表現の自由が実質的に保障されているとはいいがたい状況がある（高見澤・鈴木・宇田川『現代中国法入門〔第七版〕』九七頁以下）。なお、中国法の「条例」とは日本法と異なり、憲法や法律に基づいて国務院が制定する行政法規で裁判の根拠となる（同書一〇八頁）。

（3）「中国では法は常に権力者が何かを実現するための道具とされ、一貫して道具主義的法観念が支配的であり、法はあくまで政治の従属変数にすぎなかった」とされる（高見澤磨・鈴木賢『中国にとって法とは何か――統治の道具から市民の権利へ――』（岩波書店、二〇一〇）二二七頁）。

（4）たとえば『現代社会学事典』（弘文堂、二〇一二）所収の杉山光信による「市民社会」の項目には、こうした動向を敏感に察してか、次のような説明がある。一九八〇年代以降、アジアにおいても中産階級の成長に基づき権威主義的支配の体制に対する批判が高まり市民的自由が求められるようになったが、「依然として党＝国家のきびしい管理下にある中国での中産階級の成長と結びついた市民社会の行方に関心がもたれている」。この理解が注目されるのは、西欧の市民社会が主に産業化の進展に伴う中産階級の成長との関連において発展してきたことをモデルとして、ようやくアジアでも類似した動向がみられるようになったという見方がベースになっているからである。

（5）そうした理解を平明に説明したものとして、たとえば李妍焱『中国の市民社会――動き出す草の根ＮＧＯ――』（岩波新書、二〇一二）が挙げられる。

（6）馬長山によると、中国法学界においても社会における水平な多元的権利のバランス・メカニズムと国家と社会を垂直に串刺す権力制御メカニズムを構築するため、民主と法治を推進してきた面を無視すべきではないとされる（馬長山（中村達雄訳）「中国市民社会論研究の現状と課題・展望」（石井知章・緒方康・鈴木賢編『現代中国と市民社会――普遍的《近代》の可能性』（勉誠出版、二〇一七）八一頁））。なお、本書については三節以下で改めて検討するが、ここで馬長山が水平的であるということの意味は、今井弘道によって指摘された「自由で独立した諸人格の間で自発的に取り結ばれる対等な関係によって編成される社会」における契約形式を基礎とした人格関係のあり方を指していると考えられる（今井弘道「「市民社会」と現代法哲学・社会哲学の課題――第一次〈市民社会〉派の批判的継承のために」（今井弘道編『新・市民社会論』（風行社、二〇〇一）三六六頁））。

（7）中華人民共和国憲法五条には「法治」についての規定がある。

（8）このような問題関心は、三節以降で改めて扱う石井・緒方・鈴木編『現代中国と市民社会――普遍的《近代》の可能性』（勉誠出版、二〇一七）所収の石井論文「中国における「市民社会」論の現在」に多くを負っている。

（9）市民社会論を俯瞰する文献として、たとえば植村邦彦『市民社会とは何か――基本概念の系譜』、吉田傑俊『市民社会論――その理論と歴史』（大月書店、二〇〇五）を参照。また、市民社会における市民が「有徳で政治的な存在」であると同時に

「利己的で経済的な存在」という本稿も注目する「二重性」を有する存在であることをフォーカスし、マンフレッド・リーデルの議論に即して市民社会論を思想史的な観点から概観したものとして、今井弘道・古矢旬「市民とは何か」（今井弘道編著『「市民の時代」――法と政治からの接近』（北海道大学出版会、一九九八））を参照。その他、本稿とは異なる関心から市民社会論を取り上げたものとして、拙稿「市民社会における「コミュニケーション」の意義とその哲学的基礎」（『北海学園大学法学研究』四七巻三・四号）を参照いただければ幸いである。

（10）山口定は、西尾孝司「市民」（『政治学の基礎概念――日本政治学会年報一九七九年』（岩波書店、一九八一）一〇―一一頁）に言及した上で、松下圭一が市民を「規範的人間型」（松下圭一「〈市民的〉人間型の現代的可能性」（松下圭一『戦後政治の歴史と思想』（ちくま文庫、一九九四））として捉えていたことに着目し、「課題あるいは目標としての「市民社会」」を構成する（山口定『市民社会論――歴史的遺産と新展開』（有斐閣、二〇〇四）九頁、二四―二五頁）。

（11）今井・古矢「市民とは何か」では、注(9)でもみたとおり市民が「二重性」を有することを理解するとともに、個人レベルではこの「二重性」が正面から引き受けられるべき主体の問題として捉えられている。なお、この点についてリーデルは、市民という用語をフランス語ではブルジョワとシトワイヤンと明確に区別したヘーゲル『法哲学』に触れて、ドイツ語でこのような市民の二重性、すなわちホモ・エコノミクスとしての「市民」とホモ・ポリティクスとしての「市民」を使い分けることがいかに困難であるかということについて言及している（M. Riedel, “Bürger, Staatsbürger, Bürgertum”, in: *Geschichtliche Grundbegriffe*, hrsg. von O. Brunner/ W. Conze/ R. Koselleck, Bd. 1, S. 707-708 Klett-Cotta, 1972（マンフレット・リーデル（河上倫逸・常俊宗三郎編訳）『市民社会の概念史』（以文社、一九九〇）一七九―一八〇頁））。このことは一九七〇年代においてドイツ語による市民社会研究がなお困難である要因を用語法に求めたものとみることはできるが、むしろ「新しい社会運動」との関係でいえばホモ・エコノミクスとしては語り尽くすことができないホモ・ポリティクスとしての「市民」が現実に現れてきているし、そうした「市民」に対する新たな理解枠組が必要であることを示したものとして評価することができる。

（12）市民社会とは、たとえば「自由で独立した諸々の人格の間で自発的に取り結ばれる平等な関係によって編成される多元的な構造を持つ社会」を指すとされる（今井弘道「日本における「市民」問題」（今井弘道編『「市民」の時代』一三四頁））。

（13）今井弘道／阿部信行「“Zivilgesellschaft”の社会哲学・法哲学――各論文の概観を通して」（今井編『新・市民社会論』）は、ヘーゲル哲学以降の市民社会概念を読み直し、単に経済的であったり単に政治的であったりするだけではなく自らが自らを反省的に支配する「Zivilgesellschaft としての市民社会」へと展開させることで、ハーバーマスの議論へと接続させていこうとする試みである。この点、山口定は今井／阿部によるヘーゲル市民社会論の理解には無理があると指摘するが、結論として「われわれの想像以上に「市民社会」の演じるべき役割を取り上げて検討しているといえる」と述べるので（山口『市民社会論』二二三―二二四頁)、今井/阿部によるものも「Zivilgesellschaftとしての市民社会論」に対する理解としてみれば双方の主張に大きな隔たりが必ずしもあるわけではない。なお、Zivilgesellschaftの用語が使われるようになった歴史的背景との関連については、谷喬夫「ドイツ市民社会論の思想史的素描」(『法政理論』四五巻一号)一五―一六頁や佐々木政憲「市民的ヘゲモニーと歴史的選択――グラムシの市民社会論と現代」(今井編『新・市民社会論』一一五頁)などを参照。

(14) 大野達司は「市民/社会は法哲学の基本概念というより、問題にアプローチする一つの視角」であると指摘するが(大野「シンポジウムの概要」(『市民/社会の役割と国家の責任』―法哲学年報二〇一〇』(有斐閣、二〇一一)一二八頁)、本稿の観点もこの見方の延長線上にある。

(15) 今井「「市民社会」と現代法哲学・社会哲学の課題」(今井編『新・市民社会論』三七〇頁)。なお、今井は戦後民主主義の代表的理論家であった内田義彦による議論を引き受けつつも、そこで残された最大の課題がbürgerliche GesellschaftをZivilgesellschaftとしての市民社会論へと十分に展開できなかった点にあるとみなし、そこで残された課題と取り組むところに法哲学と市民社会論とが出会う基礎を見出している。

(16) シンポジウムの概要については、大野達司「シンポジウムの概要」(『市民/社会の役割と国家の責任』)を参照。

(17) 大野達司「「市民/社会の役割と国家の責任」について」(同上書一―二頁)。

(18) 同上五頁。

(19) 同上九頁。

(20) この点に関連して、那須耕介は現代の市民社会論が市民性の概念を政治的側面に限定し狭く捉えていることに異を唱え、市民的自由の概念を政治的自由だけに限定すべきではないという立場から次のように指摘する。「第一に、今日の市民社会を政治的側面だけに限定する見方はあまりに偏狭であり、国家、市場、親密圏のいずれにも収まらない中間的な圏域としての真価をとらえそこなっている」、「第二に、市民による非政治的、非公共的な実践(とそれへの批評の応酬)を苗床にした公民的徳性の生成可能性を軽視することは、長期的には市民社会の政治的潜在力を深刻に損なうだろう」(那須耕介「市民社会とその非政治的基盤について」(前掲『市民/社会の役割と国家の責任』八三―八四頁))。

(21) 国家の極に政府、自治体、政党を置きこれを公権力の行使が追求される場とみなし、市場の極に営利企業を据えこれを利潤が追求される場とみなし、親密圏の極では家族、恋人、友人を想定しこれをインフォーマルな人間関係が形成される場とみなした上で、市民社会とはそのいずれとも異なる原理から構成される残余の部分として図式化される(坂本治也「市民社会論の現在――なぜ市民社会が重要なのか」(坂本治也編『市民社会論――理論と実証の最前線』(法律文化社、二〇一七))。また、現代社会において人々の緊密な結合としての親密圏が果たす役割を重視し、国家と市民社会の二元論ではなく、そこに家族を含めた三元論としてヘーゲル哲学を再評価した上で市民社会論を再考する可能性については、山口『市民社会論』第七章を参照。なお前注で挙げた那須の議論も、市民社会の概念を緩やかに理解することで市民社会の領域を拡張し、拡張された市民社会という見方が現代の市民社会論と法理論にもたらしうる意義を展望するものとして評価される。このように市民社会を拡張し、これまでの市民社会論がその動機と裏腹に対応し切れていなかった社会問題に対して目を向け適切に応答すべしとする那須の発想は、既存の法概念論の前提を中国の問題状況から反省的に振り返りつつ、これまでの法概念論が対応し切れていなかった問題に対して目を向け適切な応答を志向する本稿の問題関心と、構造的に重なるところが少なくない。

(22)　二〇一七年四月二二日、明治大学現代中国研究所において「出版記念シンポジウム『現代中国と市民社会－普遍的《近代》の可能性』」が開催された。当日は、石井知章・緒方康・鈴木賢編『現代中国と市民社会——普遍的《近代》の可能性』（勉誠出版、二〇一七）（以下本書は『現代中国と市民社会』と略記する）の出版を記念し、二つの記念講演と一部の執筆者による報告が鈴木賢所長の司会でなされた。フロアとの間で活発な議論が展開された各講演と報告のテーマは次のとおりである。講演1：馬長山（中国・華東政法大学法学院教授）「中国市民社会論研究の現状と課題、展望——中国市民社会が成長していくための現実の道程」、講演2：水田洋（名古屋大学名誉教授）「中国と『国富論』」、報告1：湯浅赳男（新潟大学名誉教授）「革命の社会学再論」、報告2：内田弘（専修大学名誉教授）「東アジアにおける市民社会の形成」、報告3：今井弘道（中国・浙江大学光華法学院特聘教授）「非キリスト教起源で市場社会形成起源の「人格の尊厳」——拙論への補充的報告」、報告4：福本勝清（明治大学商学部教授）「アジア的生産様式と市民社会——専制主義は如何に近代を生き抜いたのか」、報告5：鈴木賢（明治大学法学部教授）「権力に従順な中国的∧市民社会∨の法的構造」、報告6：王前（東京大学グローバル・コミュニケーション研究センター特任准教授）「フランスの思想家から見た中国と市民社会（Civil Society）——モンテスキューを中心に」。

(23)　石井知章「中国における「市民社会」論の現在」（『現代中国と市民社会』）一七頁。

(24)　九〇年代から二〇〇〇年代に至るまでの中国の市民社会論については、たとえば齊藤哲郎「現代中国市民社会論についての省察」（『広島国際研究』一〇号、二〇〇四）を参照。

(25)　『現代中国と市民社会』を一瞥すれば、〈市民社会〉をどのように概念規定し定義づけを与えるべきか、多くの中国研究者が苦労を強いられている事情を容易に窺うことができる。たとえば兪可平の表現を借りると「公民社会」としての〈市民社会〉は、依然として「曖昧模糊」なものであり「一部の重要な範疇や概念について一致した見方がほぼ存在していない」状況にとどまっている（兪可平「中国公民社会の制度的環境」（『現代中国と市民社会』）一〇二頁以下を参照）。

(26)　鄧正来（本田親史訳）「国家と社会——中国における市民社会研究の回顧」（『現代中国と市民社会』）四五－四六頁。石井「中国における「市民社会」論の現在」七－八頁にも同様の指摘がある。

(27)　馬長山「中国市民社会論研究の現状と課題・展望」(『現代中国と市民社会』)七九頁。

(28)　以下に示す「公民社会」の定義は、兪可平「中国公民社会の制度的環境」(緒形康・本田親史訳)(『現代中国と市民社会』一〇四頁以下)を参照。また、兪は「公民社会」を構成する主体について、「非政府組織」(NGO)や「非営利組織」(NPO)のほか政府管理部門によって好んで用いられている「仲介組織」、現行体制の下での特定の政治的意味を持つ「人民団体」や「大衆団体」、その他「社会団体」を総称し、「民間組織」とする。政党や宗教団体については学界でも異なる見方があるとのことだが、中国の実情に即して兪は「民間組織」から除外して考える。

(29)　馬長山「中国市民社会論研究の現状と課題・展望」(『現代中国と市民社会』)七七－八二頁。

(30)　石井知章「中国における「市民社会」論の現在」(『現代中国と市民社会』)六頁。

(31)　たとえば、マイケル・エドワーズもマイケル・ウォルツァーを引き合いに出しながら、市民社会が国家や市場と異なる非営利的な「第三セクター」であるとみて、これは家族と国家との間に位置し、そのメンバーになることや活動自体がボランタリーなものので、ボランタリーなネットワークに基づくものであると捉えている(エドワーズ(堀内一史訳)『「市民社会」とは何か――二一世紀のより善い世界を求めて』(麗澤大学出版会、二〇〇八)五〇頁以下を参照)。

(32)　兪可平「中国市民社会の制度的環境」(『現代中国と市民社会』)一三六頁以下。

(33)　緒形康「中国社会理論は何を前景化したのか？」(『現代中国と市民社会』)五一九頁。

(34)　同上書五三二頁。二〇一二年に習近平体制へと移行してから提起された「中国の夢」が「中華民族の偉大な復興の実現」であり、「国家富強、民族振興、人民幸福」という中国流ナショナリズムに依拠した政権維持の正統性根拠として位置づけられ拡張される軍事力とも平仄が合うことを想起すれば(高見澤・鈴木・宇田川『現代中国法入門〔第七版〕』六一－六二頁)、ここでの緒形の議論が「「中国の台頭」時代における紛れもないファシズム理論であることに論を俟たない」ことも十分に理解されるところである。

(35)　今井弘道「脱西欧中心主義的な「市民革命」の発展と平等主義的自由主義」(『現代中国と市民社会』四七九－四八〇頁)。

(36)　王前もハーバーマスが二〇〇一年に北京で行った講演を紹介しつつ「西洋社会と共通の問題を抱えることになった以上、東洋社会も同じルールを守るべきだという」論法を支持する(「フランスの思想家から見た中国と市民社会(Civil Society)」(『現代中国と市民社会』)五六八頁)。

(37)　以下の記述は、鈴木賢「権力に従順な中国的「市民社会」の法的構造」(『現代中国と市民社会』)五三八頁以下に負う。

(38)　「二重管理」について、兪可平は業務主管部門を「姑」にたとえ、民間組織の側は自らの条件に合う「姑」を探しているという(兪可平「中国公民社会の制度的環境」一四四頁)。

(39) 鈴木「権力に従順な中国的「市民社会」の法的構造」（『現代中国と市民社会』）五四三頁。
(40) 鄧正来「国家と社会」（『現代中国と市民社会』）五七－五八頁。
(41) 馬長山「中国市民社会論研究の現状と課題・展望」（同書）九〇頁以下。
(42) 鈴木「権力に従順な中国的「市民社会」の法的構造」（『現代中国と市民社会』）五四二頁。
(43) 馬長山同上論文（『現代中国と市民社会』）九二－九三頁。
(44) 鈴木「権力に従順な中国的「市民社会」の法的構造」（『現代中国と市民社会』）五五九－五六〇頁。
(45) 同上五四九頁。
(46) 同上五五四－五五八頁。
(47) 高見澤・鈴木・宇田川『現代中国法入門〔第七版〕』六八－七八頁。
(48) 小口・田中『現代中国法〔第二版〕』五三－五四頁。高見澤・鈴木・宇田川『現代中国法入門〔第七版〕』七九頁も次のように説明する。「結局、このシステムは全国人代をあらゆる国家機関の母体となり監督を行う権力機関と位置づけるもので、三権分立制の下での議会の役割にとどまるものではない。俗に全国人代を「日本の国会にあたる」などと説明することがあるが、原理的理解を欠いたものといわざるをえない」。
(49) 小口・田中同上書四七－五三頁。
(50) 高見澤・鈴木・宇田川『現代中国法入門〔第七版〕』六九頁。憲法上の四大原則にも加えられた「三つの代表」については、小口・田中同上書四八頁も参照。
(51) 高見澤磨・鈴木賢『中国にとって法とは何か』七七頁。
(52) 同上書一一〇頁。
(53) 以下の議論については、拙稿「書評：高見澤磨・鈴木賢『中国にとって法とは何か――統治の道具から市民の権利へ』」（『社会体制と法』一二号八四－八五頁）および拙稿「二一世紀東アジアにおける法学的寛容論に向けての覚書」（『北大法学論集』六一巻一号一一三－一二〇頁）を参照。
(54) 鈴木賢「ポスト「文革期」中国における変法理論の転換」（今井弘道・森際康友・井上達夫編『変容するアジアの法と哲学』（有斐閣、一九九九）三三三－三三七頁を参照。
(55) 二〇〇九年九月に北京で開催された第二四回ＩＶＲ（Internationale Vereinigung für Rechts- und Sozialphilosophie＝法哲学・社会哲学国際学会連合）世界大会の統一テーマは「全球和諧与法治（＝グローバルな調和と法治）」であったが、これに対する英訳は“Global Harmony and Rule of Law”であった。

(56) 今井弘道「脱西欧中心主義的な「市民革命」の発展と平等主義的自由主義」(『現代中国と市民社会』四七三頁)。
(57) 同上四七六頁。
(58) 鈴木賢「中華人民共和国」(初宿正典・辻村みよ子編『新解説世界憲法集第四版』(三省堂、二〇一七))を参照。なお「公民」ではなく「市民」と訳出することについての解説は、高見澤磨「中国」(高橋和之編『〔新版〕世界憲法集第二版』(岩波文庫、二〇一二)五二三頁を参照。
(59) 高見澤・鈴木・宇田川『現代中国法入門〔第七版〕』九五頁。
(60) 以上の司法解釈と事案については、高見澤・鈴木『中国にとって法とは何か』一二〇―一二五頁、高見澤・鈴木・宇田川『現代中国法入門〔第七版〕』一〇五―一〇六頁(司法解釈については同書一一〇―一一一頁)のほか、憲法に規定される「憲法監督」の観点から本事案を詳細に検討したものとして土屋英雄『中国「人権」考――歴史と当代』(日本評論社、二〇〇二)一九八頁以下を参照。
(61) 同上二二七頁および拙稿前掲書評八二頁以下を参照。なお紙幅の都合上、辛亥革命の前後から中華人民共和国が成立に至る政治体制の変動の激しさとそれにともなう中国近代法史の紆余曲折としたプロセスについては、本稿で触れることができなかった。本来であれば、中国における〈市民社会〉と〈法〉の行方を尋ねるため、この領域も検討すべきであったが他日の課題としたい。なお、中国の近代をめぐる思想史上の問題については石井知章「K・A・ウィットフォーゲルの「市民社会」論」(『現代中国と市民社会』)のほか、その下敷きになっている姉妹編として石井知章『K・A・ウィットフォーゲルの東洋的社会論』(社会評論社、二〇〇八)と石井知章『中国革命論のパラダイム転換――K・A・ウィットフォーゲルの「アジア的復古」をめぐり』(社会評論社、二〇一二)を参照(後者については、筆者による書評も参照(『社会体制と法』一四号)。また、近時のものとして石井編『現代中国のリベラリズム思潮――一九二〇年代から二〇一五年まで――』(藤原書店、二〇一五)もある。いずれ改めて論じる機会を持ちたい。

二　自立・自律・存立——人間の尊厳と「共に生きる」ケア

河見　誠

一　はじめに

近代以降、自立を中核に置く人間観に基づき社会と法は形成されてきた。そこでは意思能力、行為能力、事理弁識能力、責任能力などの能力を十全に備え、社会活動を自由に展開できる成人が、一人前に自立した主体モデルと位置づけられてきた。そのなか、権利主体とされながらも社会の周縁に置かれがちであった自立できない事態にあると見なされる人々から出されるようになった承認要求もまた、自立、自立支援という概念を用いるものであった。しかしそこで主張される自立、自立支援は、自立を中核に置く人間観に基づく場合の自立概念とは異なるものを含むと思われる。本稿は、この重なりながらも同床異夢的な側面を持つ自立概念の多義性の検討を通して、従来の人間観の行き詰まりに直面しつつある現代社会において、法の前提に据えるべき人間理解と人間関係（ケアのあり方）の問い直しへのヒントを模索するものである。

二　自立を中核に置く人間観への疑念

ケアには重層構造があり、それは人間の存在構造に基づく、ということを別稿で論じた[1]。一般に近代憲法が前提にするとされる人間観（自由への平等な権利を有する「自立」した個人）に基づく場合でも、人間である以上ケアは必要とされる。

自立できない事態がどんな人にも生じうることは、人間的事実である。例えばロールズの正義論もまた、無知のヴェールにより自立できない事態を全ての人が考えに入れ、引き受け、支えあわなければならないことをあらわにしようとした試みである。ロールズによれば、本来的でないと人々が考えている自立できない事態が、どんな人にも人間的事実として起こりうることを念頭に置かなければならない。自立は常に現実であるわけではないという人間存在に関する事実は、自立を中核に置こうとする人間観においても、前提にせざるを得ないのである。

しかしその人間観において念頭に置かれるのは、「自立支援としてのケア」である。自立が本来のあり方であると考える人間観に基づくならば、自立できない事態は望ましくなく可能な限り克服されるべきである、あるいは補完して自立に近づけるべきであるというスタンスに基づいてケアが展開されることになる。しかしこのケアのスタンスは、自立できない事態が常態である者、その事態が深刻であり回復を見込みがたい者（例えば認知症患者、末期患者）をケアの対象とするとき、矛盾あるいは限界を露呈する。すなわち、補完的な自立支援のモデルでは関係性の看過によってしばしば事態をより悪化させてしまう矛盾、そしてそもそも自立の「回復」あるいは「維持」という目標自体の実現不可能性あるいは不適切性という限界である。自立はその実現条件として関係性を必要とすること、また人間の存在目的が自立であるならば自立できない（自立を目標とすることができない）人は存在目的が失われることが、浮かび上がってくるのである。自立できない事態が常態である者にとっては、「自立支援としてのケア」とは異なるケアのあり方が求められることになろう。

そして日本において現在、少子高齢化が急速に進むことにより、自立できない事態が常態である者が決して例外的でなく、またたとえ現在自立していても将来自立できない事態に至ることが相当の可能性をもって予測される社会状況が生じてきた。長寿社会は人間が理想として追求してきたものであるが、高齢化はガンや認知症をはじめとする疾病を長期にわたり慢性的、恒常的に抱える人の増加をもたらす。自立できない事態が常態であることが例外的でなく、むしろ遅かれ早かれほとんど誰にとっても生じうる事態であるという認識は、そもそも自立が人間の本来のあり方、すなわち存在目的、あるべき姿、目指すべき姿でよいのか、という疑念を生み出す。その帰結として、「自立支援としてのケア」と異なるケアのあり方が求められるのは、結局全ての人になってくる。オルタナティブなケアのあり方の模索は、自立を中核に置く人間観とは異なる人間理解の模索とならざるをえない。そのオルタナティブな人間理解が明らかになる度合いに従い、オルタナティブなケアのあり方も明らかになってくるであろう(2)。

実際、生よりも死が身近な社会となることで、一人で生きることが一人で死ぬことと表裏となり、自立は自由独立というプラスイメージよりもむしろ、「孤独死」といったマイナスイメージで捉えられる場面も増えてきた(3)。一人で生きることは必ずしも望ましくない生き方という社会的流れは、自立を中核に置く人間観への疑念を更に強くする方向に働く。

三　自立できない事態にあると見なされる人からの自立要求

しかし他方、自立できない事態にある（と従来見なされ）社会福祉の「措置」対象とされてきた人々はむしろ、二〇世紀末以降日本において「自立支援」という文言が社会福祉領域における法及び政策に登場してきたとき、従来のケアの質的量的転換のキーワードとして歓迎し、二一世紀の社会福祉のよって立つ基軸とすら位置づけてきた。例えば障がい者福祉において、当事者からはノーマライゼーションが長く求められてきたところであるが、他者に依存することなく「自ら立つ」ことは、その理念に基本的に合致すると言えよう。二〇〇六年施行の障害者自立支援法は批判の大きいものであったが、それは自立それ自体に対する批判でなく、自立（サービスの選択）の名目の下での応益負担の導入が自立を妨げるという批判であったと解される。(4)

障がい者が「自立」した生活をすることは人間として当然の権利であり、そのために「自立支援としてのケア」が権利として保障される、という論理が明らかにされなければならないのだ。そして「自立」という文言は、日本の社会福祉がようやく権利としての社会福祉に転換することを表すのだ。このような考えは、おそらく障がいを持つ当事者、関係者に共有されるものではないだろうか。「自立」要求の背景の一つは、障がい者が健常者と同等の権利主体として認知されることへの社会的要求にあると思われる。

同様の動きは、高齢者福祉においても見られる。措置から契約へ、というスローガンは一九九七年介護保険法制定において最もよく表れた。介護保険法第一条では「自立支援」が謳われている。例えば従来、社会福祉施設である以上老人ホームにおいて相部屋が当たり前（個室はぜいたく）という認識があったが、二一世紀に入り、特別養護老人ホームにおいて個別の空間を確保するユニットケアが登場し始めた。[5] その理念は、プライバシーの大事さであり、これを「自立した時空の確保」と捉えるならば、高齢者福祉の現場からの「自立」要求の証左となろう。

高齢者医療の専門家であり、介護保険制度の構想にも関わってきた医師である岡本祐三は、以下のようなホームの多床室における入居者の行動調査に基づき、「人々の暮らしにとって、プライバシーというのはかくも重要だったのだ、ということにあらためて気付かされる。」と述べている。

入居者の容態の急変は、ほとんど同室者によっては発見されておらず、巡回してきた職員が発見するケースがほとんどである。多床室における同室者間では、同室者の容態が急変しても分からないくらい互いに無感覚、無関心になることによって、逆に多床室内に自分の空間が確保されているのである。多床室ならば交流があり、入居者同士の安全が保たれるという説はまさに幻想であった。

では実際に居室を個室化しさらにユニット化（一〇人以下の規模の単位に建物を小分けした構造）施設では、入居者にどのような変化が起こっただろうか。一日の内ベッドにいる時間が約六八％から四〇％に大幅に減少。共有の場（リビング）で過ごす時間が一七％から、何と四三％に増えた。しかも個室化に伴って家族や友人の訪問も増えた。[6]

四　自立の多義性——三つのレベル

1　自立の多義性

但し、この引用からも分かるように、「自立」（プライバシー確保という意味での）が単純にそれ自体のみで価値があるというよりも、それがベッドから起き上がること（但し、これは自力で活動しようとするという意味で最も本来的な「自立」を意味するかも知れない）、共有の場で過ごすこと、家族や友人との交流の増減が、個室化の効果の尺度として挙げられている。とするならば、施設におけるケアが「自立支援としてのケア」であるとしても、支援の対象となっている「自立」は単なるプライバシー確保だけを内容としていないように思われる。

また、上述のように、障がい者福祉においても、障害者「自立」支援法を批判しつつも「自立」を求めることが根拠あることだとするならば、そこで用いられている「自立」という概念は多義的であり、（悪しき）名目としての自立と、（望ましい）本当の自立がある、という前提に立っていると言えよう(7)。

自立を中核に置く人間観への疑念は、自立が当たり前でなくなった社会状況から生じてきているのであるが、逆に自立が困難と見做される人たちは自立を重視する。しかしそこで求められているのは、「自立を中核に置く人間観」における自立と必ずしも同じ意味ではなさそうである。自立は多義的であり、自立支援もその定義によって意味内容が変わってくる、ということであろう。しかしそうするとむしろ問題は、「自立」という概念によって何が意味されようとしているかである。そこで、自立が困難である人たちへのケアを展開している現場が、自立という概念を用いながらケアにおいて何を重要視しているのか、より詳細に検討してみることにしよう。

2　行為の自立と決定の自立

岡本は、自立概念について、本来の定義は「行為の自立」であるが、「決定の自立」というレベルもある、とする。

自立の本来の定義は、あることを個人が決定し、それを実行する能力である。すなわち「行為の自立」である。しかし自立には「決定の自立」というレベルもある。後者の意味は、人の助けがなくては実行や達成ができない内容であっても、独自の好みと価値観を持つことができることを、まず自立と考えるのである。でないと、長期介護施設にいる高齢者の多くは、知的にも意欲的にも自立的ではあっても、それを独力で実行できないことが多いから、「行為の自立」はそもそも不可能であって、そういう意味でのみ自立を考えるなら、高齢者の多くは自立的存在でないと見なされることになる。……入所者が脳梗塞でほとんど動けなくなったとしても、大事な決定を自分でして、それを他の人に実行してもらえばかなりの自立能力を持つことができる。反対に、運動機能に障害のない高齢者でも、大事な決定をする機会がほとんどなければ、自立度は極めて低くなるだろう。(8)

自立の本来の定義が「あることを個人が決定し、それを実行する能力」とし、自立を行為の自立と決定の自立に分けるとするならば、厳密に言えば行為の自立は「実行する能力」、決定の自立は「決定する能力」ということになる。

そして「知的にも意欲的にも自立的」であることは、「自律」(autonomy) と換言できよう。この「決定の自立」のとらえ方に従うならば、自立支援は、「行為の自立」支援だけでなく、「自律」支援でなければならない。つまり、支援は、単に生活が不自由な人の日常生活介助を行うのみでない、ということを意味している。「自立」は自ら自律的に決定したことを自らが実行できるという二重の側面を持つことになる。従って自立支援は、本人の自己決定・自律に従った行為・活動支援である必要がある。

だとすれば、三で扱った「自立できない事態にあると見なされる者からの自立要求」は、「行為の自立ができない事態にあると見なされる者からの決定の自立（自律）実現の支援の要求」と補足できる。つまり、ケアの目的は「自律」支援であることになる。行為の自立支援（自ら行動できるようにすること）は可能な限り追求されるべきだが、それが困難な場合であっても、自己決定（自律）が支援されるべきである。自律こそが行為の自立支援の目的である。こういった考えは、二で扱った「自立を中核に置く人間観」と矛盾するものでなく、むしろ共通の基盤を有すると言える。すなわち、人間において最も中核に置かれるのは「自律」であり、行為の自立は、自律の実現のための手段である、という考え方である。自らの行為による（独自の好みと価値観の）実現は、自律の本旨から言って理想的であるが、次善策として他者の手を借りる場合でも、自律が損なわれるわけではない。措置から契約へという流れも、また障がい者側からの障害者自立支援法における批判も、まずはこの行為の自立と自律（行為の自立がさらに目的とする決定の自立）の違いから説明できそうである。(9)

3　自立の限界事例に出てくる尊厳

しかしさらに自律（決定の自立、知的にも意欲的にも自立）が通常の意味では不可能な状態にあるように見える人、例えば「認知障害の進んだ高齢者」は自立的存在と言えるか。岡本は立場が分かれる、とする。否定的立場は、「自立するためには、効果的な決定行為をし、長期にわたる目標を維持する知的能力と工夫が必要」であり、こうした人々の（決定の）「自立を促進しようとするのは誤りであり、かえって危険を招きかねない」とする。対照的に肯定的立場は、「自立の価値はこのようなグループにとって極めて重要であ」るとするが、その場合、自立概念「の中に『尊厳ある生活を維持する権利』が含まれるように定義し直すべきだ、というのがその主張である。(10)」

しかし、これらの内容を「自立」にまとめ上げようとすることはかなり無理があるように思われる。このことは岡本自身も自覚しており、「あいまいさへのこだわり」と表現する。

自立の概念を論ずるには、そのあいまいさにこだわることが重要で、すっきりしすぎる一面的な自立の定義に挑戦してみる必要がある。これは長期ケアの分野ではとりわけ重要になる。病院の急性期ケアの世界から持ち込まれてくる、介護施設や在宅介護の現場にはふさわしくないような、単純明快な自立の定義と戦わなければならないからだ。(11)

このように岡本は、自立の限界事例とも言うべき長期ケアの分野、すなわち行為の自立、決定の自立いずれも困難な人に対するケアの分野においてこそ、自立の定義に挑戦する形ででも「自立」概念にこだわることが必要であり、その際、「尊厳ある生活の維持」を自立に含ませなければならない、と言うのである。その「こだわり」を解明するために、自立の限界事例において登場してくるところの、（岡本の言うところの）自立のもう一つのレベルとされる「尊厳ある生活の維持」がどのようなものであるのか、他の二つのレベル（「行為の自立」「決定の自立」）との関係がどのようなものとなりうるのか、探ってみることにしよう。

なお、概念の区別をより明確にし、議論を分かりやすくするために、以下、「自立」を広く用いつつも、「行為の自立」を「（狭義の）自立」、「決定の自立」を「自律」と表現することにする。

五　尊厳と存立

ホスピス医山崎章郎もまた、末期ガン患者のホスピスケアは自立を支える関わりであるとすると共に、自立には身体の自立と心の自立（本稿の表現に従えば、狭義の自立と自律）というレベルがあると述べている。そしてさらに人間には、たとえ（狭義の）自立も自律も困難であるとしても、なお「尊厳」ある存在、という側面があることが指摘される。岡本と同様、自立の限界事例において尊厳が登場してくるのである。

ホスピスケア（緩和ケア）とは何かと問われれば、僕は「様々な職種の専門家やボランティアがチームを組み、自力だけでは自立（自律）することや、自分の尊厳を守ることが難しくなってしまった人々の、自立（自律）を支え、尊厳を守り、共に生きること」と言いたい。それらケアの過程で多くの方が身体の自立は困難でも心の自立である自律を回復する。さらには自律を回復した人々は、その後の生の長短によらずに、人間としての尊厳を回復し、ひどいと思える身体状況の中でも、その時を生きる意味を見いだすようになる。(12)

ここで回復される人間の尊厳ある存在性とは、どんな状態にあるとしてもなお人間として自らが「生きる意味」を見いだすこととされる。すなわち、生きる意味を有する存在、生きるに値する存在として改めて生きようと自ら立ち上がることと言えよう。この側面は、（行為のための身体の）「（狭義の）自立」、（自らの生き方、「独自の好みと価値観」を自ら形成し決定できる）「自律」に対応する表現で言えば、例えば（生きること、「存」在すること自体に意味があることを自覚し「立」ち上がるという意味で）「存立」と言うことができよう。(13)

そしてこの「存立」のケアにより、山崎は、人は改めて「自律を回復」することとなる、と述べる。ただ、次の引用から分かるように、ここで回復される内容は、端的な自律（「決定の自立」）とは質の異なる状態である。

前回、治癒することが難しい末期がんになってしまった場合、病状が進み、自力だけでは日常生活が困難な状態になってくると、たとえ痛みが解決されていたとしても、「もう生きる意味が見えない」と訴える患者さんは少なくないと報告した。もはや自分が尊厳のある自立（自律）した存在ではないと感じることが、生きる意味を喪失させるのだ。

我々にはその患者さんの身体的苦痛を和らげることは出来ても、残念ながら病状が進行した結果の身体状況を改善することは出来ない。しかし、我々は、その変更不可能な状況で、生きる意味がないと嘆き悲しむその人に、寄り添い共感することは出来る。その悲痛な訴えにこころから耳を傾けることも出来る。その方の人生を共に振り返ることも出来る。その方と共に迫り来る死や死後の世界を語り合うことも出来る。死までの道程の苦痛緩和を約束することも出来る。その方のために祈ることも出来る。そして、その人がもはや生きる意味が無いと追い詰められることになった困難な日常生活を丁寧に誠実にケアすることも出来るのである。

そのような交流の後に、こんな状態ではもう生きる意味が無いと嘆くのではなく、その都度のケアにありがとうとほほえむようになる人々に出会うのである。絶望的とも思える状態の中に、そのときを生きる意味を見いだすのだ。自立は困難でも、自律した尊厳のある存在であることを周囲との交流の中で再確認できるからなのだと思う。(14)

存立のケアを通して回復される中身は、「こんな状態ではもう生きる意味がないと嘆く」状態から「その都度のケアにありがとうと微笑むようになる」ことであり、それは、主体的な心の働き、意思表示が再び回復されるという意味では「自律の回復」と言えなくもないが、回復されるのは、将来の目標を設定して「独自の好みと価値観」を実現していくために自己決定していく生き方ではない。「その都度」を生きる生き方、「その時を生きる意味を見出すこと」、つまりその時その時を自らの生として生きようとすることであり、一言で言えば生きる意欲である。(15)

髙橋紘士は、ケアとは「様々な状態にあるケアを必要とする人への生存の維持およびその人の尊厳の保持を目指した働きかけ」であり、その際、意欲という要因が重要な要素であるとする。「生活機能を維持するにも意欲を引き出すケアなしには考えられ」ず、「尊厳とか自己決定とかいう概念は、この意欲という要因と大きな関係がある」。「看取りでスピリチュアルケアが重要な役割を占めるのもこのことと深くかかわってい」る、と言う。(16)この「意欲を引き出すケア」に関する髙橋の記述に従えば、意欲は自律（自己決定）の基盤である。さらにたとえ自律困難な状態でも（将来に向けた目標設定、目標実現が、精神的身体的に、また現実的に困難な末期状態においても）生への意欲自体は形成可能であり、この基盤的部分に人間の尊厳がかかっている、ということになろう。

生きる意欲を、「意欲としての自律」とか「基盤的自律」と言うことも可能かも知れないが、達成されるべき状態の違いに着目してやはり自律とは異なる「存立」状態、と捉える方がより適切であろう。自律が、自分の生き方を自らが定めて方向づけることであるのに対して、生きる意欲は、生きること自体、人間として存在すること自体の意味を見出し、生きようと立ち上がることを内容とする。

六　存立のケアの特徴――「共にいる」ケア

このように、存立は（狭義の）自立・自律から質的に異なる人間の存在側面である。従って、存立のケアもまた、（狭義の）自立・自律支援とは異なった特徴を持つ。以下、存立のケアがどのようなものであるか、看取りの現場の実践からその特徴を明らかにしていくことにしよう。（狭義の）自立・自律ができない事態にあると見なされ存立のケアが必要な人に対し、（狭義の）自立・自律を中核に置く人間観に基づいた自立支援が展開される場合、却って人間としての存在性を毀損してしまう恐れがある。逆に存立のケアが十全に展開されたときに、諦められていた（狭義の）自立・自律が回復することもありうる。それ故、このケアの相違を明らかにする作業は、実践上も重要である。

ホスピスのさらなる展開として、宮崎でホームホスピス「かあさんの家」を立ち上げた市原美穂は[17]、看取り（すなわち終末期ケア）は「暮らし」を支えることであると言う。

「看取りは生活のなかにあるもの」……「『ホスピスは一般病棟とは違う』といってもやはり病院。そこにいるとどうしても病人になってしまう。二十四時間パジャマで過ごすのは病人」ですから「なごみの家」では、朝起きたらみんなきちんと着替えてリビングに出てきます。そこには、入居者が最期までできるだけ自立して、普通に暮らすことができるよう、共に支えあって生活する「家」でありたいという思いがあります。[18]

「家」という考えのもとに生活を支える（支えあう）のであるが、それはしかし単なる狭義の自立支援（生活支援、ADL改善）、また自律支援（自己実現支援）ではない。上記の「最期まで自立して」の「自立」は狭義の（行為の）自立にとどまらないものと考えられる。ここでの支援は、「暮らすことができる」ようにするための支援と読み取ることができる。実際に市原は「暮らし」の基盤性と、暮らしの支援の要点について次のように述べている。

「暮らし」という言葉には、生き方や死に方を含めた幅広い意味合いがあると思います。「生活」はそれを成り立たせているものではないでしょうか。「暮らし」にはBeingの意味合いがあり、「生活」はDoingの意味合いが濃くなるように思います。ホームホスピスの「暮らし」を成り立たせるためには、生活のリズムを整えていかなければなりません。認知症や重篤な病いを抱えた人の生活は、健常者よりもずっとその基本によるところが大きくなります。つまり、食べること、排せつすること、眠ること、この三つの生活の基本が整えられて、暮らしは穏やかに安定したものになります。[19]

そして、認知症ケアで大きな関心を集めている「ユマニチュード」と共通して、「回復をめざす」「機能を保つ（悪化しないようにする）」「共にいる（そばに居て、穏やかに死を迎える）」ことがホームホスピスでの「暮らしの基本」とされる。驚くほどの機能回復が見られる事例がユマニチュードにおいて注目されているが、それは「共にいる」(being beside) ケアにより、結果として可能となる。市原は、そこでの基本的ケアである「見つめること、話しかけること、触れること、立つことは、すべて生活の中にある」とする。[20] ユマニチュードでは、見つめること(時空的つながり)、話しかけること(関係のつながり)、触れること(物理的つながり)の基盤の上に、現実に立ち上がること(狭義の自立)が実現していく。前三者はbeingのケアであり、暮らしのケアの内容と言えよう。

立ち上がることは、立とうという本人の「意欲」がないと実現しない。その意味で、暮らしのケアは(残された能力を発揮して積極的に)生きようとする「意欲」を引き出すケアと言うことができる。そのようなケアによって、ユマニチュード同様、ホームホスピスでも(狭義)の自立、そして自律も回復していくという。[21]「食べること、排せつすること、眠ること」という生活の基本が暮らしのケアの中心的現場であり、それらが「整えられる」とき暮らしの安定をもたらすということであるから、たとえ生存維持において特に問題のない生活介助がなされていても「暮らし」の安定をもたらさないとすれば、暮らしのケアとは言えない。生活の基本が「整えられる」ケアがなされてはじめて、生きる意欲(=立つこと)が生み出される。そのためには見つめること、話しかけること、触れること、すなわち「共にいる」ケアが求められる、ということである。存立のケアとは、この共にいるケアであると言うことができよう。

七　「共に居続ける」ケアと人間の尊厳

このように、「共にいる」ケアは、(狭義の)自立・自律の一定の回復につながることもあるが、それは、生きる意欲を生み出すことによる。しかしたとえそれらの回復が叶わなくなった状態に陥ったとしても、共にいるケアはなお生きる意欲を生み出すことができる。この観点から、共にいるケアのさらなる特徴を明らかにすることができよう。

山崎章郎は、米沢慧との対談で、ガン患者において、生きる意欲が失われる「スピリチュアルペインに到達するとき」があり、その時に「どういうケアをするか」が問われる、と述べる。

……少なくとも、亡くなる一カ月前後に急速に体力が低下してきますので、その段階で明日が見えないような状況に直面するのだと思います。そして絶望的な気持ちになっていきます。「どう考えてみても改善していく余地がないし、このままの状態が続くのか、もっと悪くなるのか」とか、「もう他者の力を借りなければ生きていけない、迷惑をかけるんだな」という具合です。

……患者さんたちがスピリチュアルペインを感じるのは、死が近いことだけではなく、むしろ衰弱した結果として、自律した尊厳ある存在としての自分の日常生活が破綻したことに起因することが多いのです。そして、その場面を嘆きながら過ごしていきます。

決定的だなと思うのは、自力でトイレまで行けなくて、途中で失禁してしまったりすることです。やむなくベッド上での排泄を余儀なくされたり、オムツをせざるを得なくなったりします。……その結果としての、自力によるトイレでの排泄の破綻は、やはり自律と尊厳の喪失にとって決定的だと思います。[22]

適切なケアのもと、その人がもっているスピリチュアリティがきちんと機能しているとすれば、とはいえベッド上で身動きが取れなくて排泄はすべて人任せにならざるを得ない状態にいるわけですが、その中にも生きる意味を見出すことが可能だということですよね。もちろん、生きる意味を見出せたとしても、紙おむつに違和感を覚えなくなるということではありません。しかしながら、生きる意味が感じられていれば、自分が置かれている状態そのものは受け入れ難いとしても、もう一つのスピリチュアリティの部分で、身体にとらわれない、社会性にとらわれない、あるいは人間関係にとらわれないステージに移れます。ステージが変われば、そこにいる意味を見出し得るということだと思います。

くり返しになりますが、身体の衰弱の結果、自立した生活が破綻してきたときに、意味を見つけられなければ、「早く死にたい」と言うことになります。しかし、日常の具体的なケアを誠実におこなっていくことで、かつ並行しておこなわれる傾聴を中心としたケアを継続していくことで、もう死にたいとは言わなくなってくる人が多いんです。状況が悪化しているにもかかわらず、「早く死にたい、生きる意味が感じられない」という表現が消える。代わりに、毎日自分のところに来てくれる家族や看護師への〝ありがとう〟という表現に変わっていくことも多いのです。……

つまり、その人にとっていま生きていることに意味を感じられれば、いつ死ぬかはあまり問題でなくなってきます。たとえば、亡くなる前日になっても、自分がここにいま生きている意味がしっかり感じられればそれでいい。もし次の日死ぬとしても、死は終わりではなく、一つの通過点だととらえられます。死という通過点に意味を感じられれば、そこも通過していけるのだろうと思います。[23]

ここでのスピリチュアルペイン（「苦悩」[24]）へのケアは存立のケアと同義と言える。確かに排泄をはじめとした日常の具体的ケアを行うという意味では一定の行動・活動を伴うケアであるけれども、（狭義の）自立の回復をめざすdoingのケアとは質を異にする。

五における二つ目の引用の第二段落における山崎の叙述は、存立のケアの例示である。すなわち「寄り添い共感すること」「悲痛な訴えにこころから耳を傾けること」「その方の人生を共に振り返ること」「共に迫り来る死や死後の世界を語り合うこと」「苦痛緩和の約束」「祈ること」そして最後に「困難な日常生活を丁寧に誠実にケアすること」とされる。[25] これらは、何らかの目的の有無、目的実現可能性の有無にかかわらずその人が今ここに存在すること自体を支えるケアであり、どんな状態にあろうとその人が関わり続けるに値する存在であることを前提として行われるものである。そばに居続け、支え続けることをやめないという意味で、本質的に「共に居続ける」beingのケアと言える。そのなかで「自力だけでは日常生活が困難な状態」における「日常生活のケア」もまた、上記の

「寄り添い共感すること」からはじまる「共に居続ける」ケアの一環であり、[26] その本質は「（狭義の）自立」がかなわなくとも「丁寧に誠実にケアすること」による尊厳の尊重にある。

このように存立のケアにおいては、ケアされる人が存在すること自体に絶対的価値がある。このケアを通して、たとえ（狭義の）自立・自律が実現できなくとも、自身が生きる価値、今ここに存在する意義があると自覚するに至ったとき、ケアされる人は生きる意欲を、それまでとは異なったレベルにおいて獲得するのである。

（狭義の）自立・自律に関わりなく存在すること自体に意義があるということは、伝統的には「人間の尊厳」を意味するであろう。山崎自身の表現を、再度引用しよう。

……日常生活が困難な状態になってくると、たとえ痛みが解決されていたとしても、「もう生きる意味が見えない」と訴える患者さんは少なくない……しかし……その人がもはや生きる意味がないと追い詰められることになった困難な日常生活を丁寧に誠実にケアすることも出来るのである。そのような交流の後に、……その時を生きる意味を見出すのだ。……尊厳ある存在であることを周囲との交流の中で再確認できるからなのだと思う。[27]

これは、ユマニチュードにおけるケアにも通じる。ユマニチュード（Humanitude）という言葉は、「一九三〇年代から、パリに集まったフランス領植民地の黒人知識人たちが、自らの〝黒人らしさ〟を取りもどそうと起こした文学運動である『ネグリチュード（Negritude）』を起源に持ち、〝人間らしさを取りもどす〟あるいは〝人間の尊厳の回復〟という意味を込めて生まれた造語」ということである。[28]「尊厳のある存在」として生きること、立つことすなわち「存立」が、（狭義の）自立・自律の基盤に位置づけられるとき、認知症が進行した高齢者に対しても、また自立した生活が大きく破綻し始めたガン患者に対しても、人間的なケアの可能性が開けてくると言えよう。

そしてさらに、そのdoingとは異なるbeingという「共にいる」「共に居続ける」ケアは、（狭義の）自立・自律モデルとは異なる生き方のモデルを、ケアする側にもケアされる側にも生み出す。すなわち、自立から存立に向けてケアの内容が転換していくにつれて、ケアの性質が、支える、支えられるという「支援」を超えて「共に生きる」という関係への道を拓くことになっていくのである。

八　「共に生きる」ケア――支援から「受けとめ」「共に揺れる」関係へ

「尊厳ある生活の維持」という「存立」の内容は、生きる意欲を持って生きることと言える。それではケアする人の「共にいる」「共に居続ける」ケアが、どのようにケアされる人の生きる意欲に結びついていくのか。この関わり方の様相を具体的に見てみると、存立のケアは、支援を超えてさらなる関係性に向かうものであることが明らかになってくる。すなわち「共に生きる」というスタンスである(29)。このスタンスは、従来の人間理解、ケア理解の根本的転換に結びつく可能性を持つと思われる。最後にこの点を存立のケアの重要な特徴として検討しておこう。

米沢慧は一九九一年にいち早く認知症の人たちの居場所を実現した福岡の「宅老所よりあい」におけるケアの関わり方を、「老揺（たゆたい）」、「身寄り」という言葉で表現している。

「第二宅老所よりあい」の村瀬孝生さんが『ぼけてもいいよ』（西日本新聞社）という本を出された。この言葉は大きいです。いま、ぼけちゃいけない、ぼけたらどうしようという不安が蔓延しているなかで、……無条件に「ぼけてもいいよ」っていう受けとめ方をしているということなんです。認知症を支えるっていう発想じゃない。「老揺（たゆたい）」、これは私の言葉なんですけれども、自分の意思ではなにもできなくなった認知症の人たちのすがた・かたちを無条件に受けとめていくいのちの受けとめ方なんです。「支える」んじゃないです。……「宅老所よりあい」の活動指針……には「介護」という概念がないのです。

これは私の言葉でいいますと、「介護」ではなく「身寄り」ということです。「身寄りになる」という考え方です。……「身内になる」といったら間違いになる。「身」っていうのは、貝原益軒の『養生訓』に出てくる「五官」です。目、耳、鼻、口、手のいわゆる五感。この五感の機能を支えている体が「五官」、その姿を「身」と呼んでいます。認知症の人たちは、この身がくずれていく姿なわけです。この「身」に寄りそうこと。ですから身寄りになるということは家族になるということじゃないんです。身寄りになる家、老揺期に入ったら家族も「身内」という意識よりも「身寄りになる」、そういうかたちの受けとめ方がいいのではないかとおもいます。(30)

米沢の言う「老揺（たゆたい）」は、本人が揺れていることに合わせて、ケアする人が一緒に揺れていることを表すと思われるが、村瀬は前者（本人の揺れ）を「辻褄合わせ」、後者（ケアする人の揺れ）を「戯れ」と表現している。

「老いる」とか「ぼける」、「認知症」ってすぐ言っちゃいますけど、結構、みなさん、一所懸命なんですよね。時間と空間がおぼろげになっていく中で、常に辻褄が合わなくて、その辻褄合わせに奔走している。そのすがたっていうのは、一方では非常に滑稽ですし、一方ではやっぱり、なんていうんですかね、無くなっていく、機能が低下していったり、失われていくっていうことに対する悲しみですかね。そういうことと、懸命に辻褄を合わせながら、今、その瞬間を乗り切ろうとする、その力強さだったりですね。そういうところを、米沢さんがおっしゃったとおり、すぐ「認知症」という枠の中に入れて、いとも簡単にこう、病気としての理解で乗り切ろうとしている社会の方が、何かかなりヤバいなという感じを受けていますし。それから僕らは、本当に、お年寄りと「戯れている」と言いますか、戯れているその世界というか、そういう雰囲気を阻害するものが社会にありそうだというようなところで、意識して本を書くときはもちろん……あるんですけど。[31]

「支える」というよりも、本人の「身寄り」として本人の揺れを受ける「受けとめ手」となり、共に「揺れる」関わり。このスタンスが、「共にいる」「共に居続ける」ケアが生きる意欲に結びつくための鍵と言えよう。それは、末期ガン患者のホスピスケアにも共通して言えることである。[32] 三〇、四〇年にわたる日本のホスピスが何を生みだし、どこに向かうべきかということについて、米沢は、ホスピスを日本に紹介した写真家岡村昭彦（『定本ホスピスへの遠い道』）を参照しながら、次のように述べる。

ホスピスとは「死の過程に敬意をはらうこと」であり「いのちの受けとめ手になること」。そしてなによりも、死んでいく人の世話を通して死にゆく人から学ぶことだといっています。そういう市民の運動にならなければならない。その長い道程を『ホスピスへの遠い道』と呼んだのではないかとおもいます。

そして二一世紀に入って、「いのちの受けとめ手になること」がやっと切実になってきました。長寿社会、少子高齢化社会になってはじめて地域社会を基盤にした、運動としてのホスピスという機運が出てきたのです。[33]

このように見てくるならば、ケアする人とケアされる人の、尊厳ある存在同士としての「共にいるケア」「共に居続けるケア」の関わり方は、単なる「支援」（支援する者が支援される者を支える）にとどまるものではないことが明らかになってくる。それは、「受けとめ」て、「身に寄り」添って、「共に揺れること」である。もっとも、本人が中心に置かれることは変わりない（従って、広い意味ではなお「支援」と言うことはできなくはない）。本人は、尊厳ある存在として中心に置かれている。但し、ケアする人は本人を包むようにして、本人の揺れと共に揺れる、いわば円の構造のなかにある。本人を中心にした円は本人だけに閉じたものではなく、開かれた円である。つまりケアする人もまた（身内でなく）「身寄り」として、本人の内に完全に入り込むのではないが円のように包み寄り添って一緒に揺れる当事者である。その意味において、共にいるケアは、「共に生きる」ケアでもあると言えよう。

拙著において、本人と家族等の関係について、家族等の自己満足モデル、本人の自己決定中心モデル、人格共同展開モデルの三つの分類を行ったことがある。そしてそこでは安楽死・尊厳死において本人の代弁・推定的意思判断を正当に行使しうるのは、自己満足モデルはもちろん自己決定中心モデルの家族等でもなく、人格共同展開の中にある家族等のみであることを論じた。[34]この分類に基づくならば、「共に生きるケア」は「存立共同展開」と言うことができる。

人間の存在構造に応じた自立の多義性と相互関連を明確にするために、名称はともあれ、「存立」という枠組みを確保しておく必要があろう。[35]そしてまた、その存立のケアは（狭義の）自立・自律支援とは支える対象、支え方、そして本人との関わり方が大きく異なってくる。この相違に留意するために、「存立共同展開」といったような位置づけが常に念頭に置かれる必要がある。[36]

三で扱った「自立できない事態にあると見なされる者からの自立要求」は、もちろん四で見たように（狭義の）自立・自律への要求である場合も多いであろうが、自立できない事態が深刻になるほど、存立への要求があらわになってくる。但しそれは何か明示的具体的要求というよりも「揺れ」（生きることの意味の喪失、辻褄合わせ）というかたちで現れてくる。この存立要求をどのように汲み取るか。それが明確に言語化しきれない、いわば「存在の叫び」のようなものであるがゆえに、「受けとめる」ことがケアの内容・姿勢になるのであろう。そして「受けとめる」ためには存立共同展開が必要であり、この点が存立のケアの、（狭義の）自立・自律「支援」との根本的相違である。

ここからさらに、「受けとめ」において、「身体の声」に耳を傾ける重要性、ということも論じる必要があろう。特に終末期において、生きる意欲と言うよりも死へのプロセスを歩もうとする身体の意欲（例えば、延命に抗おうとする身体の主張。これも広い意味では人間らしく生きる意欲、生を全うする意欲と言うことができるかも知れない。）にどのように耳を傾けるか、どのように身を寄せ受けとめて共に揺れるか、ということが課題となるが、これはまた別の機会に扱うこととしたい[37]。

（1）河見誠「ケアの重層構造と法――介護保険とホスピスから考える」日本法哲学会編『法哲学年報2016――ケアの法　ケアからの法――』（有斐閣、二〇一七年）八三－九七頁。

（2）前掲拙稿では、スピリチュアリティを中核に置く人間の存在構造理解に基づき、ケアの重層構造の提示を試みた。

（3）NHKスペシャル「無縁社会――無縁死三万二千人の衝撃」（二〇一〇年一月三一日放映）は、日本において孤独死が特別なことではなく、地縁、血縁、社縁の崩壊により常態化しつつあることを明らかにした。NHK「無縁社会プロジェクト」取材班『無縁社会』（文藝春秋、二〇一〇年）参照。

（4）長年、社会保障審議会の障害者部会長を務めてきた京極高宣は「もちろん、自立支援法が内容的にみて万全で議論の余地がなく改善が不必要なものだということでは決してない。……しかし、それは徐々に解決していくべきことであって、基本的には自立支援法は障害施策の歩みのなかで歴史的な巨歩だといっても過言ではない。」と、障がい者福祉における自立支援への方向性を評価する。すなわち、「今、二一世紀を迎え、わが国の社会保障全体が大きく動いている。……社会保障のあり方については、時代の変遷とともに、政府だけでなく、地方行政、企業、地域社会、住民がそれぞれの力を結集し、社会連帯の力で社会保障を守っていかなくてはいけないという考え方になってきた。……『社会保障体制の再構築（勧告）』（平成七年（一九九五年）七月）……［においては社会連帯に］加えて、これからの社会保障は、社会的弱者を選定し、そこに国家が保護として給付するのではなく、国民の自立した生活を支援するという考え方（自立支援）が一層重要になってくることが強調された。介護保険制度においても社会連帯と自立支援が大きな柱となっている。……やはり「国家保護」プラス「弱者救済」ではなくて、「社会連帯」プラス「自立支援」というのが、これからの社会保障のあり方であろう。」（［　］は河見による補足）『障害者自立支援法の課題』（中央法規、二〇〇八年）一五－一七頁。

（5）武田和典「ユニットケアの現状と展開」宅老所グループホーム全国ネットワーク編『宅老所・グループホーム白書2002』（CLC、二〇〇二年）九九頁。
（6）岡本祐三『介護保険の歩み――自立をめざす介護への挑戦』（ミネルヴァ書房、二〇〇九年）一四三―一四四頁。岡本は続けて次のように述べる。「移動することに不自由さのない我々は、実は好きな時間にプライバシーを自分で守れるから、よほど厚かましい人間と出くわさないとそのことが実感できないでいるのだ。可能な限り自分で自分の時間と空間を支配できること、これこそが尊厳ある生活の基礎というものだ。」
（7）障害者生活支援システム研究会は、「過去六〇年、日本の障害者福祉の目的は『社会参加』に向けて進んできたことは明らかです。障害者自立支援法は目的を『自立した日常生活又は社会生活』とし、無理に自立・自己責任へと回帰させようとしています。……従って、この法律は『社会参加』を目的とし、『障害者社会参加支援法』へと解消すべきです。『自立』は『目的』から『手段の一つ』に役割を限定することになります。」と批判する。ただ、自立自体を否定するわけではないと思われる。続けて「『自立』は日常生活動作や家事などの日常生活関連動作の自立、就労を含む社会生活の自立、自己決定・主体性の発揮という意味での自立と、少なくとも三つの意味もつ多義的概念です。明確な定義を欠いたままで目的条文に記述されるべきではありません。」と述べるのであるが、社会参加は社会生活の自立に繋がるものと考えられ、また社会参加の目的、意義は自己決定・主体性の発揮とも言えるからである。問題は、自立の定義次第、ということになろう。『どうなるどうする障害者自立支援法』（かもがわ出版、二〇〇八年）二〇―二一頁。
（8）岡本・前掲一三二頁。
（9）この批判は上記のように、悪しき自立（応益負担）と善き自立（自律）の違いというかたちで説明可能となろう。
岡部耕典は、介護保険制度においては「『自律による自立』という考え方が欠落し、それは障害者自立支援法にも継承されている。」と批判する。「障害者運動により獲得されてきた『介助（パーソナルアシスタンス）』を中心とする『自立的福祉』……が前提としていたのは『交渉決定』により獲得された公的給付を用いて、ケアの利用者自らが『ケアの自律』を行うことであ」る、とする。『ポスト障害者自立支援法の福祉政策――生活の自立とケアの自律を求めて』（明石書店、二〇一〇年）二一―二二頁。
（10）岡本・前掲一三五頁。
（11）岡本・前掲一三七―一三八頁。岡本は続けて「反復するが、人の助けがなくては実行や達成ができない状況であっても、独自の好みと価値観を持つことができることを、まず自立と考えるべきである。」と述べ、例えば、摂食拒否における経管栄養の是非判断において「『正当性』を判断するカギになるのは、抽象的な合理性ではなく、本人の過去の生活との一貫性を示すような、周囲の人々にも納得のゆく具体的事実である。」とする（一三八―一三九頁）。これは「独自の好みと価値観」に基づく決定の（パターナリスティックな）推定によって、「決定の自立」でカバーできる領域を拡張しようとする試みと言える。本稿はこの趣旨を否定するものではないが、それでもなお限界があると考える。まず、行為も決定も自立していた時期の「好みと価値観」が、自立が困難となり深刻化していく時期のそれと同じとは限らず、従ってたとえ親しい家族と言えども推定できるとなぜ言えるかが問われなければならないこと。そしてさらに深刻度が増して「独自の好みと価値観」すら持ち得なくなった（あるいは持てなくなっていく）事態をどう考えるかということ。この二点を念頭に置いて「自立の限界事例」を検討するとき、「尊厳」の重要性が浮かび上がってくる、というのが本稿の立場である。

(12)　山崎章郎「在宅医を生きる――東京・小平の現場から（その6）」朝日新聞、二〇〇六年三月六日。

(13)　もしこれを広い意味での自立の一つのレベルと位置づけるとすれば、身体の自立（狭義の自立＝行為の自立）、心の自立（決定の自立＝自律）に並ぶかたちで「存在の自立」（存立）と概念づけることも可能ではあろう。

(14)　山崎章郎「在宅医を生きる――東京・小平の現場から（その5）」朝日新聞、二〇〇六年三月三日。

(15)　この存立のケアから循環してくる場合、自律（決定の自立、心の自立）のケアにおいて生きる意欲それ自体が目標になることと並行して、狭義の自立（行為の自立、身体の自立）のケアにおいても、何かの能力回復ではなく、日常生活の世話それ自体が目標となる。

(16)　髙橋紘士「ホームホスピスの未来」市原美穂『暮らしの中で逝く』（木星舎、二〇一四年）一五二―一五四頁。

(17)　「人生最後の居場所として……空いている民家を借りて入居者を募り、そこに在宅医や訪問看護師、ヘルパー、ボランティアなどさまざまな職種のチームが入るという構想」に基づき、二〇〇四年六月、宮崎に「かあさんの家曽師」が開設されたのがホームホスピスの始まりで、今や、全国に広がりつつある。対象はガン患者に限らない。市原美穂『ホームホスピス「かあさんの家」のつくり方――ひとり暮らしから、とも暮らしへ』（木星舎、二〇一一年）九頁参照。

(18)　市原・前掲『ホームホスピス「かあさんの家」のつくり方』七八―八〇頁。ここでは「かあさんの家」をモデルとして開設された神戸の「なごみの家」を扱っている。

(19)　市原美穂『暮らしの中で逝く』（木星舎、二〇一四年）一八―一九頁。

(20)　市原・前掲『暮らしの中で逝く』一九頁。

(21)　「私たちは、ホームホスピスを運営していく中で、暮らしのもつ力に気づかされました。日々の暮らしのケアを丁寧にすることで、入居者は徐々に生活者に復帰します。それとともに変化が起きてきます。

　認知症が進み表情を失った人に笑顔が戻って、言葉が出るようになりました。胃ろうがとれて、口からものを食べるようになった人、来た時は寝たきり状態だったのが、車椅子に座れるようになり、みんなと食卓を囲むようになった人、余命半年と言われて入居して、それから四年、大きな支障なく穏やかに過ごしている人など、暮らしの中では、日々傍で見ている私たちも驚くほどの変化を見せてくれます。」（市原・前掲『暮らしの中で逝く』一八頁。）

「食べることによって、立ち上がろうとする動作が見え、スタッフとのやり取りも言葉が出るようになりました。……徐々に筋肉がついてきて、立ち上がれるようになり、今は車椅子を外して、食卓には普通の椅子に座り、歩行器で歩いています。排せつも昼間はオムツを外してトイレに行きます。リハビリテーションの意味は、その人がその人らしさを取り戻し生きる権利を回復すること、そしてその人の尊厳を回復することだと思います。」（同上・二七頁。）

「暮らしの中の小さな希望をかなえること、その時は無理なことに見えても、一歩一歩目標に向けてスタッフや多職種の人を交えて近づいていくことは、その人の他者に対する信頼につながり、自信を取り戻すことになります。それが尊厳を支えることだと思います。その人の希望にできるだけ丁寧に応えること、支えることが、本当の意味の『個別ケア』だと思います。」（同上・三四頁。）

(22)　山崎章郎、米沢慧『新ホスピス宣言』（雲母書房、二〇〇六年）一五二－一五四頁。
(23)　山崎、米沢・前掲一五九－一六一頁。
(24)　スピリチュアルな苦しみは苦「痛」（pain）というよりも、自己の存在意義に関わる苦「悩」（suffering）と表現するのがより正しいであろう。拙著『自然法論の必要性と可能性——新自然法論による客観的実質的価値提示』（成文堂、二〇〇九年）二一三－二一四頁。
(25)　山崎・前掲「在宅医を生きる——東京・小平の現場から（その5）」。
(26)　この点は、六で取り上げた市原の『暮らし』にはBeingの意味合いがあり、『生活』はDoingの意味合いが濃くなる」、そして「暮らしを成り立たせるためには、生活のリズムを整えていかなければな」らない、というケア理解に共通する（前掲『暮らしの中で逝く』一九頁）。
(27)　山崎・前掲「在宅医を生きる——東京・小平の現場から（その5）」。
(28)　NHK取材班望月健『ユマニチュード——認知症ケア最前線』（KADOKAWA、二〇一四年）二八頁。
(29)　「共に生きるケア」という表現は、五における山崎の第一の引用に既に現れている（前掲「在宅医を生きる——東京・小平の現場から（その6）」。そこでの「ホスピスケアとは何かと問われれば、僕は『……自立（自律）を支え、尊厳を守り、共に生きること』と言いたい」という山崎の説明のなかに、本稿の「共にいるケア」「共に居続けるケア」「共に生きるケア」の三つを読み取ることができる。

また市原美穂の著書の副題のなかの「とも暮らし」も「共に生きるケア」に結びつくものである（前掲『ホームホスピス「かあ

さんの家」のつくり方――ひとり暮らしから、とも暮らしへ』)。

(30) 山崎章郎、二ノ坂保喜、米沢慧『市民ホスピスへの道――〈いのち〉の受けとめ手になること』(春秋社、二〇一五年)一八―二〇頁。

(31) 米沢慧『いのちを受けとめるかたち――身寄りになること』(木星社、二〇一五年)九二―九三頁。

(32) さらに末期ガン患者に限らず(狭義の)自立、自律が困難な状態にある者のケアに共通のものでもある。米沢は次のように述べる。

……ホスピスというのは長寿の時代に出現した、「いのちの受けとめ手になる」という試みの中にある……。実は「いのちの受けとめ手になる」ということばがおもわず口をついて出たのは、二〇一一年の三・一一の東日本大震災の時のことでした。……映像では、背中だけでわからなかったんですけど、炊き出しでカレーライスを盛り付けている人が「このカワイソウを分けてもらわないと生きていけない」ってつぶやいていたんですよ。……支えるってことじゃないんですね。その人達の思いを受けとめるんです。受けとめ手になるということ。そのことによってはじめて、支えるという一歩を踏み出すことができる。こうした足場から市民がホスピスへの道を拓くにちがいない、そう思ったのです。(前掲『市民ホスピスへの道』三七頁。)

(33) 山崎、二ノ坂、米沢・前掲『市民ホスピスへの道』七―八頁。

(34) 河見誠『現代社会と法原理――自由、生命、福祉、平等、平和のゆくえ』(成文堂、二〇〇二年)一三一―一四四頁。家族「等」には、要支援者の生き方に深い関わりを持ってきた人、そして医療者や社会福祉従事者なども含まれる。「人格の共同展開における『対話』者が家族以外の者であることもありうる」し(一四〇頁)、そして「医療者や社会福祉従事者その他の第三者が、家族などのケアの関わりを『支える』(『福祉の実現』に従事する)だけでなく、家族などと共にあるいは家族などに代わって直接的に『ケアの関わり』を展開する(『福祉』に従事する)こともあり得る。その場合、『全体としての人間』へのケアのまなざしを持っていなければならないことが重要であるが、要支援者の生き方への関わりが今までなかった以上、『関わり』の範囲や程度には十分な注意を払う必要があると思われる。」(一五〇頁、注三八)。

(35) 注(13)で述べたように、概念上、存立を「存在の自立」として最広義の自立に含ませることは可能かも知れないが、その場合でも同様である。

(36) 存立のケアを広く「支援」と呼ぶことは可能かも知れないが、その場合でも同様である。

(37) 端緒として、拙著・前掲『現代社会と法原理』第2章第2節、『自然法論の必要性と可能性』第四章第三節3。

前巻特集へのコメントとリプライ

1 川口論文へのコメント

小林憲太郎

一　はじめに

川口浩一「例外状態に関する思考実験としての『トロリー問題』」『法の理論35』（成文堂・二〇一七）三頁以下（以下、本論文という）は、私見を体系的に論証するタイプの論文ではない。そうではなく、むしろ、アポリアに対する既存のアプローチに対し、鋭い批判的分析を加えようとする典型的な、いわゆる「問題提起型」の論文である。したがって、評者としても著者と同様のスタンスに立ち、本論文の怜悧な指摘を個々にとりあげ、それらに対し、（評者の能力の及ぶ限りで）さらに批判的な検討を加えることとしたい。

二　本論文の指摘およびその検討

(一)　事例の選別方法

まず、議論の大前提として、「無関係な他人に対する危難の転嫁」と主題化されている事例軍が、やや広きに失するのではないかと思われる。たとえば、たびたび出てくる転轍手の事例においても、かりにポイントが頻繁に切り替わっており、たまたま暴走列車がそこを通過する直前には右の軌道に向いていた、というのであれば、これを先のように主題化するのは適当でない。その場合には、右の軌道上の人と左の軌道上の人とでそのおかれた状況が容易に互換されうるのであり、左の軌道上の人を「危難とは無関係な運命が待ち受けている」人と評価することがただちにはできないからである。そして、かねてより評者は、このような場合を「準危険共同体」とよび、むしろ、防御的緊急避難と同一の原理により規律すべきである旨、主張してきた。

もっとも、これは検討対象とする事例を絞ろうという話であるから、やや本筋から外れている。したがって、この先の論述においては脇においておくこととしたい。

(二)　評者に対する批判

著者は評者に対し、事例一一を「数を考慮」して違法と評価することが「差別の典型例ではないだろうか」と批判する（一三頁）。しかし、評者自身は、この批判は的を失しているのではないかと思う。

そもそも、差別とは数を考慮することを意味するのではない。そうでないと、多数決は常に差別にあたることになってしまう。むしろ、差別というのは、数を考慮する際の重みづけを、合理的な根拠なく――典型的には、多数決にさらすべきでない私的な価値観を理由に——人によって変えることを意味しているのである。たとえば、同事例で行為者が仏教徒、被害者がキリスト教徒であるときは、行為者が「正しい」信仰内容を有しているとして「命の重み」に3をかけ、2より大きいから適法であるなどとすることが、まさに「差別の典型例」なのである。したがって、著者が「少数者の多数者による」差別と強調するのも（一三頁）、実は必ずしも本質的ではない。数の多寡それ自体に意味があるのではなく、ただ、たとえば、宗教的多数派は少数派に対し、多数決をとおして自己の「正しい」信仰内容を押しつけてしまいがちであるから、差別に至らないよういっそうの警戒が必要である、という関係が存在するにすぎない。

そうすると、数を考慮して生命侵害を緊急避難により正当化することのもつ真の問題は、それが差別につながることではない。そうではなく、むしろ、差別ではないのだけれども、いかに重要な目的——より大人数の救命を含む——を達するためとはいえ、人の命というかけがえのないものを犠牲に供する行為は禁止されるべきではないのか、ということなのである。

この問題に対しては幾層かの応答が可能であり、おそらく、学界において最もさかんに論じられているのは、「一億人VS一人でも同じだと突っぱねられるか」という素朴な疑問であろう。そして、この極限的な問いに答えることは実定法学者のよくするところではないが、事例一一を違法と評価するだけであれば、別の層における対処が不可能ではない。それが「事例一一は防御的緊急避難の事例だ」ということである。

これまで、「人の命を犠牲にして自分だけ助かることは許されるか」が議論されるときは、まさに本論文がそうであるように、主として攻撃的緊急避難の事例が念頭におかれてきた。つまり、危難とはまったく無関係な他人の運命をねじ曲げ、自分の悲運と強制的に交換してしまうことの評価が問題とされてきたのである。これに対して事例一一では、まさにその「他人」が危難を構成してしまっている。それは畢竟、自分の運命がねじ曲げられるのを防いでいるということであり、ただ、危難そのものも正当な利益を担っている――被害者が息をして生命を維持することは正当な利益の擁護である――ことから、正当防衛まではなしえないというにすぎない。

こうして、事例一一では利益衡量の枠組みを用いることが許され、先述のように、数を考慮することそれ自体は差別ではないところから、「2∨1」であるとして違法と評価してよいであろう。

(三) 不作為犯論・義務衝突論の性質

著者は、功利主義的観点を考慮する緊急避難論との関係が問題となるべき不作為犯論・義務衝突論に関し、それら「においては基本的に義務論的な立場がとられている」という（二〇頁）。しかし、評者の理解する限り、それは刑法理論の正当な評価であるとは思われない。

まず、不作為犯論についてであるが、著者が主として念頭においている不真正不作為犯とは、「他者の自由を積極的に縮減する」という不法を、ただ、不作為という消極的条件の設定によって実現するという、作為犯とはその現象形態において差があるにすぎない法形象にほかならない。そして、不作為を「他者の自由を積極的に縮減する」という不法のもとで作為と同置することが許されるのは、不作為が「あらかじめ作為により創出された危険が不法へと実現するのを妨げない」という形態をとる場合に限られる。このような理論的関係が存在するのである。

著者は、あるいは、不作為犯の不法が作為義務違反と称されることをもって「義務論的」と評しているのかもしれないが、作為義務違反とは、単に、あらかじめ作為により危険を創出した者（これを保障人とか作為義務者という）がその不法への実現を妨げなかったという、不作為の客観的帰属の別表現であるにすぎない。したがって、もし作為義務違反ということで「義務論的」な印象を与えてしまうのだとすれば、むしろ、そういうのを今後はやめるべきであろう。

次に、義務衝突論についてであるが、これもまた、複数の客観的帰属を行為者が択一的にしか回避しえない場合において、その一方を回避することにより他方を回避しなかったことが不法を構成するか、という義務論とは何の関係もない問題領域にすぎない。ただ、定義上、客観的帰属を回避する「義務」という表現が用いられているだけである。そして、本論文で主として念頭におかれている作為義務と不作為義務の衝突においては、前者の履行である作為を第三者が行えば違法と評価されるべき場合には、後者が優先されることになろう。それは別段、「義務論的」解決というわけではなく、作為義務者と第三者を分けるのが、その実現を防止すべき作為が義務づけられる危険を作為義務者は創出しているのに対し、第三者はそうでないという違いだけであるからにほかならない。したがって、「ドイツの通説的見解によれば、法益同価値の……場合には不作為義務の方が優先されることになる」というのも（二三頁）、ドイツ刑法典においては、そのような場合に作為が正当化的緊急避難を構成しないからである（三四条を参照）。

(四) 緊急事態における例外

著者は「トロリー問題」などを「緊急事態に関連した諸事例」と特徴づけ、「考えられる解決の方向としては、通常時に妥当する法原則（例えば生命の衡量禁止原則）と緊急時にその法原則を修正する『例外』（例えば生命衡量による正当化）が認められる場合があることを認め、そのような例外が認められる要件を状況に応じて検討するという方法が考えられよう」と分析する。そして、このような視点から、ヤコブスの「敵に対する刑法論」やシュミットの「例外状態論」を再検討すべきだというのである（二四頁）。

たしかに、「緊急事態」の観念は法学界における流行のテーマであり、近年、数多くの論稿が公にされている。しかし、それは、民主主義的基礎をもつ「法」を超えた価値を国家が創出する、などといった議論ではない。そうではなく、その対処を民主的決定にゆだねていたのでは、むしろ、長期的に見て民主的決定の基盤が不可逆的に損なわれてしまうような事態を想定しつつ、そこで出てくる非民主的決定を、あらかじめ、民主的決定に基づく「法」により規律する方策を探る、という種類の議論なのである。したがって、「トロリー問題」において行為を違法と評価すべきか否かは、いうところの「緊急事態」とは何の関係もない。

また、シュミットの「例外状態論」は刑法学者である私のよく語るところではないが、少なくとも、ヤコプスの「敵に対する刑法論」は「トロリー問題」における行為の評価と関係がない。というのも、「敵に対する刑法論」とは、共同体のアイデンティティを構成する規範を共有しない者——典型的には、すべての価値決定をその信仰する宗教的教義に依拠し、他者の生命~信仰を尊重すべきとする規範を内在化していないテロリスト——を遇するにあたっては、刑「法」ではなく、闘争による殲滅や無害化がふさわしいとする考え方だからである。たとえば、二名を救うために軌道を切り替え、一名を犠牲にした転轍手はそのような「者」ではない。

むしろ、本論文の提起する問題を解決するにあたって必要なのは、既存の「法」理論の批判的レベルにおける検証であろう。たとえば、なんらの帰責性もない者の生命を侵害する正当防衛を、致命的防衛行為に対する一般的な制約のもとで許容してよいか（事例六）、不作為に対する正当防衛（緊急救助）が人格的自律の侵害に及ぶとき、拷問を生命侵害と同様の規律のもとにおくことで足りるか（事例七）、生命に対する攻撃的緊急避難の禁止は、たとえば、一人の特殊な体質をもつ被害者を殺害し、その臓器から解毒剤を作製することにより、全国に蔓延する致死的な感染症から一〇〇万人を救命しうるときでも妥当し続けるか（生命の衡量）、などといった問いかけに対し、「直観」に基づくのでないやり方で、説得的な法解釈論的回答を与えていかなければならない。

三　おわりに

以上で、本論文において行われている具体的な指摘ないし分析に対し、批判的な検討を加えてきた。もっとも、厳密にいうと、本論文の指摘・分析を網羅的にとりあげたわけではなく、単に、評者が批判的な検討を加えられそうなものを選んだにすぎない。また、本論文の指摘・分析は失当であると評した部分もあるにはあるが、それは当然、本論文の学術的価値をいささかも損なうものではない。むしろ、本論文のように、われわれ実定法解釈学者が日々、いわば漫然と使っている法理論に対し、批判的レベルにおける再考を迫る作品はきわめて貴重である。

近年、刑法学界においては、既存の法理論の精緻化から自生してくる新たなパズルを解くタイプの論文か、または、比較法という手法から導かれる立法論を内容とする論文の、いずれかに分類されるものが非常に多くなっている。もちろん、そのような論文が高い学術的価値を備えていることは明らかであるが、本論文のような作品がもう少し供給されないと――「緊急事態」ではないが――いざというとき困るのではないかと思われる。

2 緊急救助(正当防衛)の主体となる国家とその構成員達
——松生論文に対するコメント——

飯島　暢

私人に許容される正当防衛は、国家による実力独占の例外である。官憲の援助を得ることのできない、不正な侵害の急迫性が認められる状況において、自己の権利を守るためになされる正当防衛行為については、たとえ構成要件該当性が肯定されたとしても、その違法性は阻却される。このような正当防衛の権限は、助けを得られない緊急状態下に置かれた個々人に当然に認められる権利として想定されるものであるのかもしれない。しかし、正当防衛権を純粋に「個人主義的」に把握することはできない。何故ならば、緊急救助という形態で、急迫不正の侵害に晒された者のために第三者が正当防衛を行うことも可能だからである。ここからは、正当防衛権は、隔絶的に助けのない状況に取り残された個々人の権利というだけでなく、国家的法秩序における例外でありながらも、他者との「連帯性」・「社会性」という性質を帯びたものであることが見て取れるのであり、この点が正当防衛権の法的基礎づけの際にも当然に考慮されなければならない。そして、国家そのものが危険防御という形態で緊急救助の主体になり得ることが、話を更に複雑にする。しかし、国家が国民を犯罪その他の危険から守ることは、国家の当然の任務であり、それ自体は国家的法秩序において正常な事柄のはずである。となると、法秩序の例外たる正当防衛は、国家による緊急救助においては例外たり得なくなるのであろうか。

まさに松生論文[1]は、この国家と緊急救助の関係に焦点を当てながら、もっぱらドイツの議論に依拠して、国家による実力独占の例外として私人による正当防衛が許容されている根本的な意義を明らかにすることを試みるものである（三七頁）。いわば、国家による緊急救助という周縁部から逆照射を行うことにより、私人による正当防衛という中心部の再考を迫る方法論（しかも、国家の実力独占という観点の下では、中心と周縁は入れ替わる）が根底にあるわけであり、個々の結論はさておき、松生論文で示された思考過程の多くは私からしても受容できるものである。

まず、松生論文は緊急救助の正当化根拠の検討から始める（三七頁以下）。正当防衛の正当化根拠に関して、個人の利益・法益の保護に着目する個人主義的基礎づけ、或いは法確証や法秩序の防衛を重視する超個人主義的基礎づけのどちらかに依拠する一元説と両者を併用させる二元説の対立がある。いずれの立場も自説の理論的耐久性を示すためには、被攻撃者ではなく第三者が行う緊急救助についても、その正当化根拠を提示する必要がある。松生論文は、被攻撃者の意思に反して第三者が緊急救助を行い得るのか否かを問う「押しつけられた緊急救助」の論点[2]に特に注意を払いながら、この点に関するドイツの議論を丹念に追い、いずれの立場も緊急救助の正当化のための十分な論拠をこれまで示してこなかったとの結論に到達する。その際の批判の手法は、解釈学的な具体的妥当性を念頭に置いたものというよりは、いわば正当防衛の権利性と国家が有する固有の権限（危険防御・刑罰に関する権限）との関係に係る、各説が前提とする法秩序観の是非を規範論の観点から問うものであるといえよう。

そこで、自然状態に類する例外状態である緊急状態においては、規範主体としての人格の存立基盤そのものが脅かされる点に着目して、その回復に緊急権全般の正当化根拠を求める見解への依拠が表明される（四五頁）。この規範主体としての地位の回復は、緊急避難・正当防衛に共通する正当化の基盤であり、緊急避難では、危険に陥った者が共同体の成員全員に回復を要求できるのに対し[3]、正当防衛では、攻撃者の高められた答責性が理由となり、回復のための負担が攻撃者に負わされて、この者に対する反撃が可能になるという相違があるに過ぎなくなる。そして、規範主体としての地位の回復は、被攻撃者のみならず、他者からしても重大な関心事であるとされ、この点から緊急救助の正当化が導き出されている。規範主体としての地位の回復に緊急権の正当化根拠を求める松生説のメリットは、（私人による）正当防衛と緊急避難を法秩序における例外状態として統一的に把握することを可能にする点にある。確かに、従来からも利益衡量の観点に基づく統一的な把握は主張されてはいたが、利益衡量の思想は「人格の独立性に基礎をおいた社会には相容れない」ものであることから退けられている（四四頁以下）。

法秩序の構成者を自由な人格として想定して、その規範主体としての地位の回復に正当防衛及び緊急救助（更には緊急避難）の正当化根拠を求める松生説には賛同できる。但し、そのような基礎づけの際には、自由な人格の規範主体としての地位を法秩序においてどのように位置づけるのかが問題となろう。松生説においては、規範主体としての地位の回復は「超個人主義的次元」の問題であるとされている[4]。同回復は、被攻撃者だけでなく、第三者も関心を有することから、緊急救助の正当化が基礎づけられている。従って、これを純粋に被攻撃者の個人的な利害に関わる事柄に限定するのは不適切であるとするのであろう。しかし、そうなると、規範的な主体性が実際の法秩序の構成者である個々の人格から切り離されることなく、間主体的に基礎づけられるような法秩序の構想が前提とされなければなるまい。私見によれば、そのような法秩序の構成は、暫定的に自由な人格同士の間主体的な相互承認的法関係の観点から可能であり[5]、その際には、各人の自由な人格性は相互に自由な人格である他者の存在に負っていることから[6]、緊急救助の正当化も基礎づけられ得ると解されるのである。そもそも、松生説は、正当防衛の正当化根拠に関する一元説・二元説の双方を批判して、規範主体としての地位の回復に正当化の論拠を求める結論に到達していたわけであるから、「超個人主義的次元」の意味も、従来の個人主義的基礎づけと超個人主義的基礎づけの対立を超えた次元に求められなければならないはずである[7]。そうであるのであればなおさらのこと、法秩序とその構成者を対立的に捉えずに、個々の自由な人格を出発点にして法秩序を捉える立場が前提とされなければならないように思われるのである。

次に、松生論文は、国家的な危険防御、つまり国家が主体となる緊急救助と私人による正当防衛及び緊急救助の関係を取扱い、国家による実力独占の意義を問う（四六頁以下）。ドイツの通説は、国家的な危険防御は私人による防衛に優位し、私人による正当防衛及び緊急救助は補充的なものであると理解している。つまり、法秩序における実力行使は本来的に国家にのみ許されており、私人による実力行使である正当防衛は、あくまでもその例外であるとの立場がその根底にある（四八頁）。国家による実力独占の原則からすれば、官憲が現場に居合わせて緊急救助（危険防御）が可能である限り、これは私人の正当防衛に対して原則的に遮断効を有すると考えるわけである。しかし、ドイツの通説はこの原則を貫徹しない。この点につき、松生論文は「国家的な危険防御の侵害強度がより強い場合」（五七頁以下）、「国家機関が現在しているが、行為権限がないあるいは行為意思がない場合」（五九頁以下）、「国家的な危険防御により高い失敗の危険がある場合」（六二頁以下）、「国家機関が現在しないが、呼んで来ることができる場合」（六四頁以下）の四つの類型を巡るドイツの議論を詳細に検討し、「ドイツにおける多数派は国家的危険防御の優位性という原則を堅持して私的な防衛の補充性という立場をあくまで放棄しないという姿勢をとりながら、侵害されようとしている被攻撃者側の実質的な利益保護との調整を図ろうとして、防衛行為の侵害強度や国家機関の現在性、あるいは防衛行為を控えることによる不利益などの視点を考慮に入れることにより、国家的危険防御の遮断効を制約しようとしている。しかし、これは、解釈論的には国家的危険防御の優位という視点が一貫性を欠くものであり、正当防衛を限界づける基準として役に立たないことを示しているとともに、結論志向の解釈論といわざるを得ない。」（六五頁）との手厳しい評価を下している。松生説からすれば、緊急事態下における正当防衛（緊急救助）を通じた規範主体としての地位の回復は、例外状態として、国家による実力独占が妥当しないものであるとされているのであるから、当該の実力独占に基づいて国家的危険防御に優位性を認めて、これを正当防衛の認定に持ち込むこと自体が、カテゴリー的に異なる問題を混同させるものとして疑問視されざるを得ないのである（五六頁以下、六六頁参照）。

私見からしても、国家的緊急救助との関係で主張される正当防衛の補充性は否定されるべきである。この点では、松生説に完全に賛同できる。人格の独立性に基礎を置く社会（四五頁）を前提にして法秩序を構想すべきだとすると、自由な人格の存在から法秩序を構成し、法秩序の役割・目的を自由の保障に求めることが必須となる。私見によると、各人は法秩序の構成以前から自由な人格として想定され、その暫定的な自由が法秩序においてより確固に保障されるのである。法秩序の構成以前の自然状態も完全に法のない状態ではなく、自由な人格が相互的に他者を自己と同等の存在として承認しあって正当な行動を行い得る潜在性を備えた仮想的な法状態（カント的にいえば私法状態）であり、当該の状態において、各人には自己の自由を他者の攻撃から守るために強制力を行使する権限が認められる。この強制力も暫定的には法的な性質を備えたものであるが、（公法状態である）法秩序の構成に伴って、この法的強制（Rechtszwang）の権限も国家に譲渡されることになる。つまり、国家が独占する種々の実力もそれは本来的には各人に帰属する諸権限に由来する。

急迫不正の侵害により、それを禁止する法秩序の規範の効力が侵害され、具体的な被攻撃者の自由が危険に晒された場合に、この被攻撃者の視点からすれば、当該の状況は、自然状態への例外的な立ち返りに他ならず、その限りでは、本来的に自らに認められていた法的強制の権限を実行し得るのである。これが正当防衛である。そして、自然状態においても、相互に他者の人格性に依存しあう法的な関係性は認められるため、第三者も法的強制の権限を急迫不正の侵害に対して実行し得ることになる。これが緊急救助である。但し、ここでは自然状態への完全な立ち返りではなく、法秩序の大部分は確固として現存しているのであるから、あくまでも法秩序としての密度・濃度が当該の局面においてのみ希薄化した状況であることが前提とされなければならない。それ故に、正当防衛行為に対する国家による（刑法の規定を通じた）規制も未だ意味をなし、各人も正当防衛の条文（例えば、日本刑法三六条）に適った形で防衛を行う義務があるのである。

正当防衛状況は、被攻撃者の視点からすれば例外状態である。しかし、危険に晒された各人を不法な侵害から守ることは、国家の任務に当然に属するのであるから、被攻撃者のための国家的な危険防御は、国家の側からすれば法秩序における正常状態に他ならないのである。このような例外状態と正常状態の重なり合いこそが、正当防衛状況のそもそもの特徴であるともいえるのであり、完全な自然状態ではなく、国家的法秩序が希薄化した状態であるとの記述によって、この点は適格に表現されよう。国家の実力独占といっても、様々な段階のものがあり、その程度も質も状況によって異なり得る。実際に被攻撃者の権利（法益）としての自由の領域が危機に晒される限り、本来的に各人格に認められた法的強制の権限が例外的に顕出して、国家による実力独占がいわばその限りで相対的に後退し得ることは、国家権力は各人格に由来するとする法秩序観の下では当然に想定された織り込み済みの事柄であるといえよう。従って、国家による危険防御が現に可能であったとしても、これにより、私人による正当防衛がおよそ排除されるという遮断効が生じることはなく、国家が私人に対して要求できるのは、正当防衛の規定に適った方法で防衛行為を行うことでしかないのである。勿論、国家的な危険防御の現在によって、私人による正当防衛における急迫性や必要性といった各正当化要件の充足の有無に係る判断が影響を受けることはあり得るが、これは事実上の問題でしかない。

最後に、松生論文は、国家的緊急救助に対する刑法上の正当防衛規定の援用の可否という論点を取り扱う（六六頁以下）。この点につき、ドイツにおける通説的見解は、緊急避難を含めて刑法上の正当化事由を無制限に高権的行為に適用しようとする。このような「刑法説」と呼ばれる見解の論拠としては、警察法上の緊急権留保規定の存在、私人による正当防衛と比較した場合の結論の妥当性が挙げられている。松生論文は、ここでの刑法上の正当防衛規定の援用の可否については、当該規定が国家機関に対する侵害授権の基礎たり得る条件を満たすか否かが決定的であるとし、その条件たる明確性の原則の観点から否定的な結論を導き出している。正当防衛の規定では、国家に対する侵害授権の対象、内容、目的及び程度が不明確であり、十分な予測可能性を与えることができないからである（六九頁以下）。ドイツにおいては、更に、この刑法説を限定的に解する見解、折衷的な見解、公法と刑法で違法判断を分離させる見解が唱えられているが、これら全てが松生論文では論駁されている。そして、最終的な結論として松生論文が依拠するのが、刑法上の正当化事由は国家的緊急救助の授権のためには援用できないとして、公法的な権限規範に違反した行為は刑法上正当化され得ないとする、つまり、公法上禁止されていることは刑法上も禁止されていることを無制限に認める「純粋な公法説」である（七八頁）。従って、公法上の権限規範に違反した行為は当然として、そもそも当該の権限規範が存在しない場合につき、たとえ被攻撃者が不法な攻撃に晒されており、国家機関が緊急救助によってその者を助けることができたとしても、刑法上の正当防衛規定の適用を通じた正当化はおよそ遮断されるのである。

しかし、このような結論には疑問を提起せざるを得ない。確かに、明確に公法上の権限規範がある場合に、それに反する国家的行為に対して正当防衛規定を適用して、その正当化を認めることは否定されるべきであろう。しかし、実際に危機に晒された被害者がいるにもかかわらず、全く想定されていなかった事態であるがため、或いはその他の種々の理由から該当する公法上の権限規範が規定されているべきであるはずなのに、それが存在しないという事態はあり得る。このような場合でも、やはり被害者を救助することは、国家の正常な任務に含まれるであろう。また、そもそも事柄の性質上、例えば救助のための拷問の事案のように(8)、公法上の権限規範を規定しておくことが忌避されざるを得ない状況もあり得よう。これらの場合においては、正当防衛規定の適用を通じて、国家による緊急救助を正当な行為として認める可能性を最初から排除すべきではないと私は考える。国家が実力を独占し、危険防御という任務を行う権限の源泉が、個々の諸人格が本来的に有していた法的強制の権限である限り、国家的緊急救助も私人による正当防衛（緊急救助）も目的は同一であり、被攻撃者（被害者）の権利及びそれを保障する法秩序における規範の効力を不法な攻撃による侵害或いは動揺から守る点にある。但し、正常な国家におけるその任務の行使と例外状態における私人によるその者本来の権限の行使であるから、正当化のための諸条件の基準及び内容は当然にそれぞれ異なることになる。そこで、実際に不法な攻撃を受けて危険に晒された被害者がいるにもかかわらず、公法上の権限規範が存在しない場合には、その不存在は当該の被害者の責に帰すべきものではないのであるから、比例原則の内容を正当防衛の必要性・相当性といった要件のなかに読み込むことにより、例外的に国家的な緊急救助を正当化する余地を認めるべきであろう[9]。ここでは、法律の留保の原則に抵触する問題があることは否定しがたい。しかし、規定しておくべき公法上の権限規範が存在しないことは国家に帰すべき問題であり、被害者がそれによって国家から見放されて放置されることにはやはり躊躇を覚えざるを得ない。

しかし、松生説においても、正当化の可能性は全く排除されているわけではないのかもしれない。何故ならば、国家の立場からしても、もはや正常状態ではなく、例外状態といえる状況が生じている場合には、主権による正常状態の回復の範囲内では、その回復のための国家的行為の正当化の可能性が認められているからである[10]。国家の側からしても例外状態であり得るというのは、一体どのような場合であろうか。さすがに、地球そのものが消滅の危機に晒されているような ticking time bomb 状況ぐらいでないと肯定されないというわけではないのであろうが、少なくとも、実際の個々の被害者を犯罪者から緊急救助によって防衛する事例（争いはあるが、救助のための拷問もこれに当てはまる）は含まれないことになる。主権による正常状態の回復の範囲内で正当化されるといっても、その主権の捉え方次第では、国家を構成する個々の人格の自由・権利の保障という本来的な出発点が等閑視されざるを得なくなるかもしれない。また、「例外状態」の存在の有無でまず限定をかけてバランスをとるのかもしれないが、正当化の要件についても不明確さが残る。規範主体としての地位の回復が、そのような国家的例外状態に限定されるとしたら、回復されないまま放置される被害者の存在を肯定せざるを得なくなる。これも国家における正常な出来事として我々は語らなければならないのであろうか。

（1）　松生光正「国家と緊急救助」竹下賢他編『法の理論35』（二〇一七年）三五頁以下。なお、松生論文の内容を紹介する際には、該当する頁数を本文中の括弧内に記載する。
（2）　この点については、松生光正「押しつけられた緊急救助」『続・例外状態と法に関する諸問題』（関西大学法学研究所研究叢書第五四冊、二〇一六年）一五頁以下も参照。
（3）　基礎にあるのは、「緊急状態においては、法共同体全体が制度的に救助の責任を負うところを、法共同体の代表者としての侵害相手が疑似制度的に受忍義務を負担することになる」とするPawlikの主張である。松生光正「緊急状態による正当化」『例外状態と法に関する諸問題』（関西大学法学研究所研究叢書第五〇冊、二〇一四年）七八頁参照。
（4）　松生「押しつけられた緊急救助」（前掲注(2)）四七頁参照。
（5）　飯島暢『自由の普遍的保障と哲学的刑法理論』（二〇一六年）一〇四頁以下、一六六頁以下等を参照。
（6）　飯島暢「自殺関与行為の不法構造における生命保持義務とその例外的解除」井田良他編『山中敬一先生古稀祝賀論文集［下巻］』（二〇一七年）七三頁以下参照。
（7）　正当防衛の正当化根拠に関する私見については、特に飯島『自由の普遍的保障と哲学的刑法理論』（前掲注(5)）一六九頁参照。
（8）　救助のための拷問の問題、特にドイツで起きたダシュナー事件の概要については飯島『自由の普遍的保障と哲学的刑法理論』（前掲注(5)）一七三頁以下参照。
（9）　この点については、飯島『自由の普遍的保障と哲学的刑法理論』（前掲注(5)）二一〇頁以下参照。
（10）　詳細については、松生光正「例外状態と正当化」ノモス（関西大学法学研究所）三〇号（二〇一二年）二四頁以下、同「例外状態と国家的行為の正当化」刑法雑誌五三巻一号（二〇一三年）一〇〇頁以下、特に一〇六頁を参照。

3

緊急事態、非常事態及び例外状態に関する法理論の探求に寄せて

――若干のコメント――

山中倫太郎

一 はじめに

法理論としての例外状態論は、古く、そして、常に新しいものとして立ちあらわれ、通常時の法秩序に対して根源的な視点を提供してきた。その理論は、法規範の限界と欠缺、法と法実現、また、法と政治に関わる問題の一環を成し、憲法学の観点からすれば、主権論、法治国家論、そして国家緊急権論及び緊急事態法制論など、極めて広範な問題と交錯する。

本稿は、刑法学者である安達光治教授の論考「例外状態と緊急事態条項――二〇一二年自民党改憲草案の法理

論的検討」（本誌三五号九五頁以下。本文中では、同論文のページが指示される。）において取り組まれた論点が占める法理論的地位を明らかにしつつ、その考察の意義と課題を明らかにする。そのことを通じて、筆者に課せられたコメンテーターとしての役割を果たし、緊急事態、非常事態及び例外状態に関する法理論の更なる探求の端緒を明らかにする。もっとも、安達教授が論じられた内容は、法理論にとどまらない内容を多岐にわたって含み、それに対して網羅的な検討をすることはできない。そこで、本稿では、安達教授が提示された法理論的検討に対する、若干のコメントに必要な限度にとどめ、その際、憲法の観点に特に重点を置き、憲法理論的な検討を中心に据えることとする。なお、二〇一二年の自民党憲法改正草案から既に五年が経っており、現実の政治過程において新たな憲法草案が提案されることも予想される。しかし、その改正草案に対する分析——とりわけ法理論的分析——のいくつかは、以降の草案を解析及び評価するに際しても、意味を失うことはないであろう。

二　緊急事態、非常事態及び例外状態

㈠　例外状態としての非常事態？

日本の憲法学において、緊急事態及び非常事態ということばの間のニュアンスの違いが意識されることはあったかもしれないが、両者の意味が理論的観点から明確に区別されることはなかったと見受けられる。しかし、近時、愛敬浩二教授が、芦部信喜教授による国家緊急権の定義における「平時の統治機構をもってしては対処できない非常事態」という部分を厳格に解釈して、「緊急事態」は、「平時の法制度・法運用とは異なる対応を必要とする事態を広く含む」が、「非常事態」は、「『平時の統治機構をもってしては対処できない』程度の緊急事態のみを指す」[1]とされ、非常事態という言葉により狭い意味のみを認めるという用語法を提唱された（狭義の非常事態）。安達教授

は、かかる狭義の用法に依拠して、「『非常事態』においては、定義上、平時の統治機構では事態に対処しえない、換言すると、通常状態における法秩序の妥当力を確保できないことから、ここでいう『非常事態』（＝通常に非ざる状態）とは、真正な『例外状態』を意味することになる。」（九九頁）と述べられ、非常事態ということばに「例外状態」の意味を担わせることを提唱された。

確かに、時間的な切迫性のニュアンスが前面にあらわれる「緊急事態」に対して、通常性を欠いている状態（安達教授の表現では、「通常に非ざる状態」）という含意をもつ「非常事態」を区別し、非常事態を例外状態の意味で理解するという発想は、非常事態ということばのニュアンスによく馴染む。今後、緊急事態と非常事態を理論的にも明確に区別して非常事態を例外状態として理解する用語法が日本の憲法学において定着してゆくかは、注目される。もっとも、緊急事態が非常事態・例外状態と区別されるとしても、平時の統治機構による対処可能性という区別基準が理論的に適切なのかは、更に先の問題であって、この点については後述することにしよう。

(二)　緊急事態と例外状態の間

以上のように、安達教授は、非常事態ということばの意味を、最近の憲法学で提唱されている、一つの用語法に関連付けて探求することを通じて、緊急事態との関係で例外状態（＝（安達教授の定義における）非常事態）が憲法理論において特有の意味をもっていることを強調された（この場合、緊急事態⇔例外状態（＝非常事態）という対比がなされている）。この点は、非常事態という用語の意味に関する問いにも増して、憲法理論的な内実にとって重要である。

安達教授は、「平時の統治機構を持ってなお対処可能な『緊急事態』と、それがもはや不可能な『非常事態』＝『例外状態』」と述べられ（一一三頁）、「平時の統治機構による対処可能性を区別基準とする立場」（一〇一頁）に基づいて、緊急事態と例外状態を区別された。この場合、「平時の統治機構による対処可能性」の有無の判断基準が更に問題となるが、この点につき、安達教授は、「平時における国家の統治機構の全部または枢要部分の壊乱という前提」によって、「平時の統治機構――とりわけ立法ないしは司法――は、本来の機能が損なわれているはずである。だからこそ、かかる非常事態に対応するための措置として、立憲的憲法秩序――とりわけ権力分立――の一時的な停止が必要となる。」（九九頁）と説かれ、立憲的憲法秩序の一時停止の必要性、特に統治機構論の文脈において、その構成原理である権力分立原理の一時停止の必要性という観点が挙げられている。そこには、統治機構の構成原理との関係における例外状態の概念構成という視点がみられることに注目したい。かかる観点が一般憲法理論の次元において重要であることは、自明である。権力分立原則の暫定的・一時的な停止の有無に対応するからである。もっとも、立憲的憲法秩序、特に統治機構の構成原理の一時停止という観点が例外状態という事態の定義の次元で問題とされなくてはならないかは、講学上の概念構成上の問題として別途問題になると思われる。その点はさしあたりおくとして、次の点について、一つのコメントを試みたい。安達教授は、いくつかの箇所で、カール・シュミット（Carl Schmitt）の「例外状態（Ausnahmezustand）」の議論を自身の見解に関連付けようとされた。シュミットの主権論・例外状態論の理論的性格及びその援用の是非それ自体が論争含みであることには注意しなくてはならないが、ここでは、そのような大問題はひとまずおき、例外状態論との関連付けのあり方についてのみ問題としたい。

シュミットは、「正常時に効力をもつ法規たる一般規範は、絶対的例外を決して把握することはできず、従って真の例外事態の存否の決断を完全に基礎づけることはできない」、「例外とは包摂不能を意味し、一般的把握の埒外の存在であるが、なお決断という特殊法学的形式の要素を絶対的純粋性において示す。…すべての一般的規範は、条文の形で適用・規制の対象となりうる正常な生活関係の形成を前提としている。規範は等質的媒体を必要とする。この事実の正常性は、法学者の無視しうる『外的前提』ではなく、内的妥当の本質的要素をなすものである。」[2]と述べた。この場合に問題とされたのは、規範（Norm）が前提とするノーマル（normal）な状況が欠落した事例に関わるいわば法外状況の問題であって、かかる状況との関係で主権の本質が解明されている。他方で、安達教授によれば、「平時の統治機構」による対処の不可能性、また、統治機構の構成原理の一時停止という観点が例外状態の定義において強調され、シュミットがその本質の解明に取り組んだ、①法規範・憲法規範の限界問題というよりも、②統治機構の構成原理の限界問題が前面に押し出されているようにみえる。しかし、①と②の観点の同一性の有無、及び両者の関係は必ずしも自明ではなく、理論的解明を要する。というのは、次の理由からである。確かに、平時の統治機構の限界問題は、統治機構の構成原理という憲法原理の限界問題と重なるので、その問題を広い意味で憲法規範の限界問題として位置付けることができるかもしれない。しかし、憲法規範の限界問題は、必ずしも統治機構の構成原理の限界——安達教授は、特に「停止」について問題にされた——の問題に尽きない。そのことは、平時の統治機構の構成原理が有効性を維持している場合でも、憲法規範の限界＝法外状況が生ずる場合があること（例えば、憲法的手続に反する超法規的措置や基本権の超憲法的一時停止）、逆に、平時の統治機構では事態に対処しえないような状態についても、法、特に憲法の限界問題が後退する場合もあること（統治機構の構成原理の憲法に従った一時停止（例えば、大陸法の戒厳））をどのように位置付けるかという問題もあるからである。後者については、四で再び触れる。

三　緊急事態と法理論・憲法理論

(一)　通常状態と緊急事態

かつて小林直樹教授は、広義の緊急権は、「緊迫性」・「例外性」の段階に応じて、①「全体としては平常時の体制を維持したまま、事態に対応して制度の臨時的な機能化を図るもの」、②「憲法みずからがより緊迫した非常事態を予定し、立憲主義を一時的に停止して、一定条件のもとで独裁的権力を認める場合」、③「極度の非常事態において、憲法の一切の枠や授権をこえて、非法の独裁措置を行う場合」に分類された。(3) 安達教授がその論考の三で「『緊急事態』における国家権限の行使」(一〇三頁以下)について論じられた場合、「『緊急事態』においては、たしかに個別の事態に対し平時の立法・法運用とは異なった対応が必要かもしれないが、立法、行政、司法という国の統治機構自体は機能しており、その枠内での対応ということになる」とされ(一〇一頁)、①の問題に焦点をあて、②と③の問題は例外状態の問題として除外されていることに注意したい。

以上のように整理できる緊急事態につき、安達教授が、「『緊急事態』の通常性」(安達論文の二(三))を指摘されている点は、興味深い。いわく、「かかる状態は、少なくとも理論上は、依然として通常状態に位置付けることが可能である。」(一〇一頁)。確かに、例外状態との対比では、通常状態及び緊急事態のいずれにおいても立憲的憲法秩序が一時停止されないので、両者を理論上同一のものと位置付けることには理由がある。しかし、他方、上記①においても、立憲的憲法秩序の構成原理が効力を維持することを前提としつつ、「制度の臨時的な機能化」(「通常の機構の臨時的なモディフィケーション」)が加わることに注意しなくてはならない。安達教授が指摘されたように、「『緊急事態』が、人々の生活利益を大規模に侵害し、それにより人心に多大な混乱が生じる恐れがある場合、それが国の統治機構の作用に深刻な影響を及ぼすことも考えられ得る」（一〇三頁）からである。その場合における「制度の臨時的な機能化」は、憲法原理の一時停止とまではいかなくとも、限られた要件の下で、緊急事態に特有の法理（緊急事態の特例法理）によって憲法的に基礎付けられる。かかる法理が発動されうる要件を限定し、それが通常状態に侵食してその状態自体を変質させることを避けるためには、通常事態と緊急事態の厳格な区別が必要であり、特段の事情がない限り、両者の違いを相対化すべきではないことになるのではないか。

(二)　緊急事態の憲法理論

安達論文の「『緊急事態』における国家権限の行使」（安達論文の三）では、緊急事態についての憲法理論的分析がなされ、それは上記の分類のうち①の問題領域に属する。これについて、いかなる憲法理論が妥当するであろうか。

緊急事態においては、立憲的憲法秩序の構成原理（安達教授が着目された統治機構の文脈では、特に権力分立原則）が有効性を維持し、それが一時停止されることがないことが前提とされる。安達教授が、正当にも、「前掲の芦部の定義にある『立憲的憲法秩序』は、『緊急状態《〔ママ〕》』においてこそ可能な限り維持されなければならない。」（一〇三頁）と述べられたことも、立憲的憲法秩序の構成原理が一時停止されないことの法理上の帰結である。かかる前提があるので、緊急事態においては、立憲的憲法秩序の構成原理と緊急事態の対処の目的、緊急性及び必要性との関係における衡量の問題が緊急事態特有の「例外」――この場合、立憲的な憲法規範及び憲法原理の有効性が前提とされていることに注意――の問題としてあらわれると同時に、衡量に服さない絶対的な憲法規範及び憲法原理がありうるかという根本問題に直面し、衡量論に還元できない特段の問題を提起する。

㈢ 緊急事態の「憲法化」

さらに、安達教授は、緊急事態と例外状態・非常事態の理論的区別という視角に基づいて、正当にも、二〇一二年の自民党改憲草案における緊急事態条項が緊急事態の次元の問題に属することを指摘された（一一三頁）。かかる位置付けの下で、安達教授は、日本国憲法の文脈における緊急事態の法制化の可否に関する法政策上の問題に取り組まれ、現行法律で緊急事態に対処することが可能であるので、日本国憲法改正によって緊急事態条項を設けることは、①不要であるし、むしろ②有害であるという結論に至られた。

① 「憲法化」の必要性・有効性

安達教授は、「『緊急状態』《ママ》における法制度は、わが国ではすでにかなりの程度整備されている。それゆえ、必要なことは、それらの制度が具体的状況において十分に機能するかの検証と、不備が認められる場合の立法ないし運用上の改善のみである。」とされ（一〇四頁）、緊急事態条項を憲法に定める必要性を疑問視された。大きな方向性としては、基本的に正当な指摘として賛同したい。けれども、同時に、次の二つの観点について問題提起をしてみたい。

一つは、法律も最高法規である憲法の枠を超えてはならない以上、法制の具体的な検証と改善を突き詰めてゆくと、法律の改正が必要ではあるが日本国憲法上の制約ゆえに法律では法制化することが許されないような問題に突き当たるかもしれない。その可能性の有無を検証するためには、戦争、激甚災害及び重大テロなど、様々な緊急事態について、立法政策論と同時に憲法解釈論上の検討――現行日本国憲法の解釈論として、どこまででき、どこからはできないか――を統治機構論から人権論にわたり各論の機微にまで立ち入って詰めることが不可欠であろうが、そのような検証の積み上げを踏まえた上での結論であろうか。

二つ目に、緊急事態条項の導入の要否は、日本では、改正推進論・反対論のいずれの側からも、緊急事態対処の法的能力を憲法改正によって拡張する必要性の有無という観点から問題とされがちであって、一つ目のコメントは、かかる観点に即したものである。しかし、緊急事態における国家権力の行使に最高法規としての憲法を通じて特別の憲法的制約を課する必要性も、「憲法化」の必要性を基礎付けうる。例えば、緊急事態の布告の実質要件の記述、権限分配（例えば、布告権の議会留保）、手続規律、及び布告効果の地域的・時間的限定（例えば、布告の地域指定及び布告の自動失効方式）などの制約が考えられるし、緊急事態にも絶対的保障が貫徹されるべき人権（例えば、拷問や検閲の絶対禁止など）の特定は、実体的観点からの規律に属する。それらを――法律ではなく――改正手続きが厳格な憲法典に規律し、緊急事態の混乱と必要性の圧力の下で容易に改正できないようにすることにも、多様な緊急事態の対処権限の内容を詳細かつ具体的に憲法で規律することに向けられた批判、すなわち、「憲法という法規範の性質に馴染まない。」（一〇五頁）という評価が同様にあてはまるであろうか。

②　「憲法化」の問題点・弊害

さて、①で問題になったのは、緊急事態の法制化の規律形式に関する問題であり、いずれの規律形式によることが必要かつ有効かという問題に関わっている。他方、より効き目が大きな薬がより大きな副作用をもたらすことがあるように、いずれの規律形式によることがより問題性をはらみ有害かという問題が存在し、「憲法化」の必要性・有効性との関係で総合的な考慮が必要になる。

安達教授は、「一般的に言って、たとえば戦争、内乱、恐慌、大規模自然災害といった個別の緊急事態ごとに多様に要請される政府の対応について逐一規定することは、憲法という法規範の性質に馴染まない。」（一〇五頁）と述べられた。確かに、緊急事態における政府の対処権限を具体的かつ詳細に規律することが不可能であることは、正当にも多くの論者によって指摘されてきたし、不備に対してその都度憲法改正を必要とすることは、柔軟性や事態即応性の観点からも問題が残り、硬性憲法における規律として不適切であるという安達教授の指摘には、十分な理由がある。しかし、かかる議論が二〇一二年の自民党憲法改正草案の緊急事態条項への批判の論拠となり得るかは、大いに疑問が残る。というのは、その改正草案はかなり包括的規定の方式になっていて、具体的かつ詳細な対処権限の規律は、かなり広く法律に委ねられているからである。

他方、安達教授は、「憲法に『緊急事態』への対応措置を行政府の長に対し委任する包括的な規定を設けること」（一〇六頁）の問題性を指摘された。そこには、包括的な立法委任、又は緊急命令の制定の許容性の問題が含まれ得るが、現行憲法下ではいずれも違憲となるので、それを認める法政策論上の必要があるのであれば、憲法改正によらざるを得ない問題である。これにつき、安達教授は、その必要性を否定されると同時に、「ここでいう『緊急事態』への対応がなお、大前提としては権力分立を基礎とする立憲主義の制約の下にあることからすると、決して許されるものとは言い難い。」と述べられた（一〇六頁）。緊急命令の濫用の危険性を決して軽視できないことは確かである。しかし、緊急事態において権力分立原則が一時停止されず効力を維持するという理論的前提があることは先に検討した通りであるにしても、そのことから直ちに緊急命令を導入することが憲法改正として許されないとまでいえるかについては、疑問が残る。もちろん、緊急命令権の導入が憲法改正の限界を超えていないと解される場合でも、緊急命令制度――比較憲法的には多様である――の問題性及び濫用の危険性が憲法政策構想において不当に軽視されてはならないことは、いうまでもない。

以上の議論においては、二〇一二年の自民党憲法改正草案における緊急事態条項の問題点及び弊害が問題とされ、安達教授が論じ残した問題も少なくない。他面で、現行憲法を改正しないでおよそ法律によって緊急事態を規律する方式が問題及び弊害を免れているわけでもない。緊急事態の急場の必要性の圧力に現実に直面してしまうと、法律による制約がその時々の法律によって変更されてしまうかもしれず、緊急事態においても踏み超えてはならない一線を死守する方法としては、余りにも脆弱ではなかろうか。

なお、安達教授のように、現行法律の改善で緊急事態に対処できることを確認して「憲法化」の必要性を否定するという議論に立つ場合であっても、それだけでは不十分である。その場合には、現行憲法を前提とした憲法解釈論のレベルで緊急事態に関する憲法的制約の内容を解明する試みにより負荷がかかることも、指摘しておきたい。

四　例外状態と法理論・憲法理論

(一)　例外状態と主権者の諸次元

安達教授の定義によれば、例外状態においては、緊急事態とは異なって、立憲的憲法秩序——安達教授によれば、特に平時の統治機構——が一時停止されていることになる。かかる問題状況においてもなお、例外権力が法秩序、特に憲法秩序との間でいかなる関係を残すかが理論的に問題となり、この場合、その停止が一部停止にとどまるか全部停止に及ぶかによって、また、一時停止される憲法規範及び憲法原理が具体的にいかなるものかによっても、問題状況に違いが生まれることに注意しなくてはならない。

安達教授は、「『例外状態』と主権者をめぐって」（安達論文の四）において、シュミットの例外状態論を引きつつ、例外状態における主権の問題を検討された。ここでも、シュミットの例外状態論の解釈や評価は一様ではなく、その受容の適否自体が法理論的な根本問題であることに注意を喚起しておきたい。その上で、シュミットの議論の理論構造をごく大まかにではあるが内在的に検討し、それを参照した安達教授の論考に分析を加えるにとどめておこう。

シュミットは、例外状態との関係で主権の本質を明らかにし、法規範が前提とするノーマルな状況が存在するか否かを含めて決定する存在である主権者が法を超えて存在し、法秩序の実現を担保していることを示した。このような法の存立構造観との関係でいえば、「主権者とは例外状態についての決断者である（Souverän ist, wer über den Ausnahmezustand entscheidet）」という命題は、仲正昌樹教授が読解されているように、「少しヘンな感じもしますが、彼が言っている『主権』というのが、法典化された『憲法』によって規定される国家の意志のようなものではなく、憲法秩序がいかなるものかを規定する、憲法制定権力的な次元の力を含んだもの、法を超えた権力だとすれば、それなりに辻褄が合います。」、また、主権者は、「ライヒ大統領と同じレベルの権限」を超えて、「既存の法秩序の下で『決断する』だけでなく、何が『例外状況』であるか決めることができる[4]」ということであろう。また、主権を「限界概念（Grenzbegriff）」として定位するシュミットの理論からすれば、主権は、極限的には絶対的例外状態との関係で問題となるので、そこには憲法制定権力（pouvoir constituant）の次元にまで及ぶ権力が含まれ、それが主権の――シュミットが考える――本質を純粋に示すものと考えられる。

　かかる意味における主権が憲法制定権力としてあらわれ、憲法規範を通じて戦争、内乱及び大規模災害などの異常事態にまで憲法規範による規律を拡張してゆけば、その分だけ、絶対的例外状態、そしてそこで顕在化する主権者の決定の問題は後景に退くが、完全には排除されない。シュミットによって、「例外状態を可能な限り詳細に規定しようとする法治国家的傾向の意味するところは、それが法が自らを停止する事態を正確に規定しようとする試みにほかならない。しかし、法はどこからこの力を汲みとるのか、…」、「相互に抑制させ、期限を付し、さらに法治国の戒厳制度のように非常権能を列挙するなどして、例外状態に与えられる諸権能を限定しようとしても、主権の問題は後退するが消滅しない[5]。」と述べられたとき、そのことが含意されていると思われる。

　かかる法の存立構造観に立つ場合、ヴァイマル憲法四八条の「独裁条項（Diktaturartikel）」――当時のドイツ国法学説では、「例外状態（Ausnahmezustand）」と呼ばれ、ライヒ大統領に、その発動要件の充足の有無の判断権及び包括的な非常措置権（及び基本権停止権）を付与していた――に基づくライヒ大統領の権限は、憲法制定権力そのものではなく、その権威に基づいて受託を受けた機関として行動する権力であって、それは、憲法という委託形式によって憲法的に構成されている以上、憲法によって構成された権力（pouvoir constitué）の問題となろう。

㈡　例外状態と「主権者」

以上の整理を踏まえると、①憲法制定権力の次元にまで及ぶ権力と②その受託者として行使される権力が理論的には区別され、安達教授が『「主権者の責任』の問題」（安達論文の四の㈢）について論じられた場合には、憲法による委託の形式をとるかどうかはおくとして、主に②の次元の問題を論じようとされたのではないかと思われる（以下、括弧つきで、「主権者」という場合には、②を指している）。

①　例外権力の担当資格

もとより、例外状態が発生しうる可能性及び蓋然性が各国の歴史的文脈の下で問題となり、それが日本の歴史的な文脈の下で具体的かつ現実的に考え抜かれなくてはならない問題であることは確かである。しかし、その可能性が排除されないとすれば、例外状態における例外権力の担当資格が理論的な問題となるであろう。これにつき、安達教授は、「国民主権原理の下において主権者たる要件は、……徹頭徹尾、国民にアイデンティティを持つことが許される人物であるということになる。これが主権者の要件としてある限り、その人物の形式的な法的立場は問題にならない」と述べられ、形式的な法的根拠にかかわらず、国民主権の下における「主権者」の条件として、「国民にアイデンティティを持つことが許される人物」（「矛盾した態度をとることなく一貫して国民に寄り添うことのできる人物」）を挙げられた（二一〇頁）。

もっとも、安達教授が示されたその資格要件は、理論的には多義的かつ不分明であり、より厳密な規定が更に理論的な課題となるであろう。また、この場合、いかにしてその実質が担保されるかという問題も――形式的な法的根拠の問題とは別に――残され、国民代表機関が残存し活動能力を維持している場合も考えてよいのであれば、その機関による授権又は統制、そうでない場合には、事後の承認又は統制の存在といった条件が、その資格要件の充足にとっていかなる理論的位置を占めるかは、一つの興味深い問題であるといえよう。

② 例外権力の責務

国民主権の下で公権力の保持者は、国民の委託内容を実現する責務及び任務を有し、その重要な内容の一つは、通常時の立憲的憲法秩序が前提とする平和及び安全である。かかる任務は、通常時には、憲法が予定する通常の権限及び行為様態――また、それを基礎付ける憲法規範及び憲法原理――の下で遂行が可能であるが、戦争、内乱又は激甚災害などによって生じ得る例外状態においては、その権限や行為様態ではその任務を遂行できないという「不一致」[6]が生ずる。かかる状況において通常時の立憲的憲法秩序を一時停止することが正当化されることがあるとすれば、通常時の立憲的憲法秩序が前提とする平和及び安全を回復することを目的とし、そのために必要な限度においてである。したがって、例外権力はその目的が実現されるまでの一時的かつ暫定的な性格を有し、それを恒常化することは許されない。

この意味において、安達教授が、「『例外状態』はあくまで『例外』である以上、例外の固定化は許されない。むしろ、『例外状態』における秩序とは、通常状態への復帰に向けた目的合理性を有するものでなければならないはずである。」（一一二頁）と述べられ、「主権者」の例外的権力が通常状態の回復を目的とする一時的・暫定的性格を有するべきことを指摘されていることは、極めて正当である。立憲的憲法秩序が一時停止されている状態においても、かかる制約が課せられることになろう。

さらに、安達教授は、「通説的な意味での国家緊急権の目的とされる『国家の存立』も、また、そのための現行法規定の部分的な停止も、このような人権保障の観点の下においてのみ、正当化な〔ママ〕ものとして承認し得る。」と述べられ（一一二頁）、「通常状態への復帰」が究極的にいかなる意義を担い、例外状態における立憲的憲法秩序の一時停止を正当化するかを、より突き詰めようとされた。かかる問題関心は、緊急事態及び例外状態の両方にまたがり、その対処の目的にかかわる、憲法理論上の根本問題であって、その問題は、様々な論者によって繰り返し問われてきた。しかし、個人の権利を基軸に据えそれを徹底することを目的とする理念的・規範的な国家像がいかにして法‐秩序として実現をみるかという段になると、まさにシュミットの例外状態論において根本的に問われた問題関心に再び逢着し、それにいかに向き合うかが理論的課題となろう。

㈢　例外状態の事前の成文規律？

さて、安達教授は、「『例外状態』について判断する主権者たり得る法的立場を、（憲法、法律という形式を問わず）何らかの法規範によって予め決定しておくことは、『主権者』の概念に馴染まないばかりか、むしろ有害でさえあるように思われる。」と説かれ（一一一頁）、「『例外状態』にあってもなお――というより、『例外状態』＝『非常事態』であればこそ――矛盾した態度をとることなく一貫して国民に寄り添うことのできる人物でなければ、たとえば『非常時に対処する法的権限は内閣総理大臣にある』と主張してみたところで、そのような『内閣総理大臣』は『主権者』たり得ないことになる。」とされ（一一〇頁）、例外状態についての判断権者、及び例外権力の保持者をなんらかの法規範で決定しておくことが「主権者」の概念に馴染まないのみでなく、「有害」であると主張された。「主権者」の概念に馴染むかどうかという問題については、そこでいう「主権者」とはいかなる意味かがポイントになると考えられるが、他方、「有害」であるかどうかは、より立ち入った検討を要する。

ジョルジョ・アガンベン（Giorgio Agamben）は、「西欧諸国のさまざまな法学的伝統における例外状態に関する状況を検証してみると、憲法の条文あるいは法律をつうじて例外状態を規定する法秩序と、この問題を明文的に規定しないほうを好む法秩序とのあいだの――原則的には明確な、しかし実際にはもっと曖昧な――区別のあることがわかる。」と述べ、前者として、フランス、ドイツ、後者として、イタリア、スイス、イギリス、アメリカを挙げ、学説についても、これに対応して二種類の論者に区別している。[7] このような区別からすれば、安達教授の上記見解は、後者と親和的な議論と見受けられる。かかる理論的可能性は、国家緊急権問題について主に欠缺説の立場に立つ論者が「非常事態」における権限の所在と限界を事前の成文規律で明確にしておくことを主張してきた見解を相対化する視点を示している。しかし、そのような解決が危険をより遠ざけるかどうかは相対的な問題であって、例外状態の対処の具体的様態も斟酌しつつ、日本の法伝統・法体系との関係でも検討を要する。

大西芳雄教授は、「権力者は憲法的に規定された国家緊急権制度のないことを絶好の口実として、愛国心の美名の下に国家非常権の行使にとりかかるかもしれない」とされ、「愛国心の美名の下に」という表現を「国民の美名の下に」と置き換えても同様であろうが、これに対して、安達教授は、法規定の有無という形式的な問題に拘泥することは、結局のところ、「『人権保障との関係が切断（あるいは極度に相対化）された『形式的法治主義』のごときもの』に陥ることを覚悟しなければならない」と愛敬教授の議論を引いて批判され、大西教授の問題意識を退けられた（以上、一一一頁）。しかし、例外状態における例外権力の担当者を明文で定めることがなぜ人権保障との関係を切断（相対化）するのかは、本来の愛敬教授の見解とどのような関係になるのかを含め必ずしも自明ではない。また、例外状態について特別のコントロール構造を事前の成文規律――特に成文憲法典――において仕組むことによって、事前の成文規律による場合の弊害及びリスクを緩和するという立法構想を尽くしてもなお、事前の成文規律を放棄することが日本の法体系・歴史的文脈に即して相対的に優れた解決策といえるであろうか。さらに、安達教授が例外状態についての事前の成文規律を否定された場合、例外状態への対処の様態を具体的にどのようにイメージされていたかも問うてみたい。例えば、例外状態は、スイスやイギリスなどの実行でみられるように、不文の法理に基づいて対処される、あるいは、例外状態を法外の事象として合法性の領域から放逐することを前提に、超法規的に対処された場合には、正当な権力行使は事後に免責法で遡及的に免責され、不当な権力行使は事後的な刑事・民事責任追及の対象となるといったイメージであろうか。その具体的な像を積極的に提示することも、理論的な議論の深化に資するであろう(8)。

五　おわりに

本稿では、緊急事態、非常事態及び例外状態に関する法理論的問題、特に憲法理論的問題を指摘し、更なる探求の端緒を明らかにすることを試みた。かかる試みは、刑法学者である安達教授の論考へのコメントという形でなされているが、安達教授自身に余すところのない応答を求めることを意図してのものではない。むしろ、そこには、本来的には、公法学・憲法学においてより探求が深められなくてはならない課題が含まれ(9)、また、かかる課題は、実定法学、基礎法学及び政治思想学など、より広範な学問的広がりを視野に入れた多角的かつ根本的なアプローチも要する。その取組みに際して、政治運動論のぶつけ合いに終始することなく、法理論的な探求が深化されてゆくことに期待したい。他面、例外状態の法理論の応用には注意を要し、慎重かつ堅実な検討が求められよう。

（1）　参照、愛敬浩二「改憲問題としての緊急事態条項」論究ジュリスト一五号（二〇一五年）一四二頁以下。
（2）　カール・シュミット（著）・長尾龍一（訳）「政治神学」長尾龍一（編）『カール・シュミット著作集』（慈学社・二〇〇七年）所収二頁及び七頁。なお、本文では、Ausnahme, Ausnahmezustand 及び Ausnahmefall の部分について、訳を「非常」から「例外」に置き換えている。
（3）　小林直樹『国家緊急権』（学陽書房・一九七九年）四二–四三頁。
（4）　引用部分は、仲正昌樹『カール・シュミット入門講義』（作品社・二〇一三年）一七四–一七五頁。

（5）「政治神学」八頁及び六頁。

（6）エルンスト・ヴォルフガング・ベッケンフェルデ（Ernst-Wolfgang-Böckenförde）は、シュミットとは視角を異にして、例外状態を国家任務遂行とそのための権限及び様態との「不一致（Diskrepanz）」として法理論的に説明している。Vgl. Ernst-Wolfgang-Böckenförde, Der verdrängte Ausnahmezustand, NJW 1977, S. 1886.

（7）ジョルジョ・アガンベン（著）・上村忠男・中村勝己（訳）『例外状態』（未来社・二〇〇七年）一二三頁。

（8）愛敬教授が「法外モデル」を提示され、その理論的可能性を検討されたのは、この点で興味深い。参照、愛敬浩二「国家緊急権論と立憲主義」奥平康弘・樋口陽一（編）『危機の憲法学』（弘文堂・二〇一三年）所収一九一頁以下。

（9）憲法学における最近の理論的検討の成果として、まずなによりも、参照、「日本国憲法研究・座談会　緊急事態条項」論究ジュリスト一五号（二〇一五年）一五〇頁以下、「テロと非常事態を考える」という特集テーマである論究ジュリスト二一号（二〇一七年）。そこでも、本稿で指摘した理論的問題に関して、理論的、比較憲法的にも、数多くの重要な指摘がなされている。

4

秩序の「誰」と「何」

――「例外状況と秩序」へのコメント――

大野達司

一　はじめに

「例外状況」といえば、カール・シュミットの法思想ないし政治思想が思い出される。本企画のなかでは、本論文以外でも安達論文が、その冒頭で例外状況と緊急事態に関するシュミットの区分に、同(4)では、国民と大統領の関係について検討されているが、シュミット思想を直接扱うのが西村論文である。本コメントは西村論文（以下本論文）が対象だが、筆者の制約から本論文のテーマとそこで扱われている文献を基本的に対象・基礎としたものにとどまっており、シュミット論としての意義は最新の事情に通じた専門家の判断に委ねたい。

シュミットの主張には、公法実証主義、規範実証主義、あるいは制定法実証主義に対する批判という側面がある。例外状況論ももちろん同様である。つまり、制定法、制定法としての憲法では捉えきれない問題として、例外状況の存在と意義が強調される。一般に、同時代の法思想や公法学を概観する中では、法実証主義に対する問題提起をした諸議論は、政治的方向（方針）といわれる。スメントや、ヘラー、そしてシュミットも批判面では共通性があるものの、皆が例外状況を必ずしも基礎にしているわけではなく、またそれぞれの実質的主張に相違がある。したがって、実証主義批判の展開の仕方と表裏の関係にある各論者の対案が重要である。たとえば、ヘラーも含めてシュミットへの批判者からは、例外状況で大統領の独裁を認め、友と敵との対立を政治の本質とし、大統領が憲法の番人である、というその主張が問題視される。

シュミット自身は、例外状況で規範的な意味での法は沈黙するが、他方で例外状況の問題は社会学の問題ではなく、法学の問題だという（『政治神学』）。例外状況で法ないし法学は沈黙するのではなく、むしろ法（学）の本質的な役割に直面する。したがって、規範だけが法学の対象ではない。政治など規範以外の要素を法学が取り込まざるを得ないとするなら（その限りでは政治的方向）、それは何を意味するのか。実証主義を代表するケルゼンでも、法の成立と法律の中身に政治的（あるいは意志的）要素が関わることを認める。だが政治的方向の論者は、「法学」からは政治を排除する実証主義に依拠する政治と法の二分論が結果として決定の内容や方向を示さない「不毛性」をもたらしたと、異議を唱える。シュミットの見方では、これは規範主義に決断主義が付け加わったものとなる。この二分論とは異なる方法はどのようなものか。それは例外状況でも機能するのか。

法や法的決定の方向を指し示すもの（実証主義で排除されたとされる）が、法規範の論理的推論（が仮に可能だとして）の外側にあるすべてなら、そこには個別の事例における具体的妥当性、それが代表している政策判断、憲法秩序そのものの存否などと、様々な次元がある。例外状況が関わるのは、最後の局面である。

二　西村論文の要旨

さて、本論文は、副題「カール・シュミットの実証主義批判を中心として」から明らかなように、この批判的観点の検討を軸にしている。その上で例外状況論の理解が目的に置かれ、『独裁』『政治神学』以降の著作につき、主に方法論的観点からそれらの共通点と変化を説明する。そして「例外状況と秩序」という主題が示唆するように、例外状況にも秩序が存在していて、無からの決断を主権者が下すわけではないことが強調される。著者は重要な各テクストの中で規範主義批判にかかわるもの、（具体的）秩序という用語が示されている箇所を拾い上げ説明を加えながら、それらを結びつけシュミットの一貫した立場を浮かび上がらせようとする。以下、念のため本論文を簡単に要約し、その上でコメント（というか質問）をいくつかあげることにしたい。

1では、『政治神学』のホッブズ理解をもとに、「例外状況を成り立たせている秩序」の内容、「シュミットの例外状況論の暗黙の前提」（一二六頁）の検討という課題を設定する。2では『憲法論』における「政治的統一体」が秩序の内容だと指摘する（一三一頁）。3では『法学的思惟の三類型』（一九三四年、加藤新平・田中成明訳、長尾龍一編『カール・シュミット著作集Ⅰ』、慈学社、二〇〇七年所収）で『政治神学』第二版にあらわれる制度的思考が具体的秩序思考として表に現れてくる。それとともに決断主義の性格も明確化され、ホッブズ的決断主義との対立が明確化される。ここでは秩序そのもののありかを理解する上で、純粋に決断で生み出されるのでなければ、それを「誰が」どのように把握するのかが論点になる。（この点につき本論文注(24)大竹弘二『正戦と内戦』二〇〇九年、以文社など：以下本論文注は注(*)とのみ表記）。著者は、具体的秩序「思考」の登場の背景ないし原因を、ナチスではなく、『三類型』で取り上げられているヴァイマル期の司法実務における一般条項の頻用に見る（一三八頁）。そして、「規範の背景に存在する秩序を明らかとするという『政治神学』における例外状況論が有していた意義は、司法実務における一般条項の存在を強調することにより代替され、もはや不要となった」（一四〇頁）と整理する。おそらく、後に不要になったこれが例外状況論の持っていた意義だろう。

すると、「誰が」の問題は、司法でもあり、またナチスの指導者でもあるということだろうか。「何か」については、後述する。4では、第二次大戦後の「ヨーロッパ法学の状況」により、この秩序像を、民族の共通意識が具体的秩序であり、立法、慣習法、学問を通じて法に現れるというサヴィニーの法源論をもとに敷衍する。そして法律実証主義・技術万能主義を押しとどめるカテコーンとして、シュミットがサヴィニー法学を位置づけている「状況」の補遺（一九五七年）に着目する。したがって、ここでは法学が「誰」への答えになっているように見える。また戦後に *due process of law* の意義を強調する点でナチスから変節しているにもかかわらず、これらの学説変化は限定的であり、秩序の存在と規範主義の批判で一貫しているとする（一四六頁）。

三　コメント

シュミットの思想には『法学的思惟の三類型』、つまり規範主義、決断主義、具体的秩序思考という三つの段階があるという指摘がある。少なくとも決断主義と具体的秩序思考との関係がシュミット理解のテーマとされ、またこうしたシュミットの変貌が批判されることもあった。もっとも著者の基本的な立場のように、具体的内実は変貌しつつも、著者のいうように秩序への関心の存在を指摘するものが多い（注(2)(4)参照）。法律実証主義と規範主義への批判は、シュミットの理解として概ね共有されてきた。その意味でこれら著者の基本的主張にも異論はない。著者は『三類型』で確立した具体的秩序思考を一つの完成形とみて、それに先だつ主張を判断する尺度としている。たとえば『政治神学』や『独裁』でのホッブズ的決断主義とシュミット自身の立場との関係は、「シュミット自身の自覚が必ずしも十分でなかったゆえに」、明確に示されていない、とするのはそのためである。たしかに、一連の著作に断絶ではなく、それらに一定の連続ないし発展が捉えられるなら、シュミットの本来の意図があらわになるだろう。著者は規範主義批判という消極面を強調するが、筆者は、規範主義で理解されない「秩序」について、シュミットの各著作や各時期を通じて一貫している部分と変遷した部分はないのかに興味がひかれる。そして一貫した「秩序」観があるなら、それはシュミット思想の基本構造を示すものにならないか、他方で変遷は何によって引き起こされたのか。著者の問題設定、「政治神学の暗黙の前提」（一二六頁）とは、明示されていないが、秩序の「存在」だろうか。もっとも、そのこと自体はシュミット自身が『政治神学』で明言している。また著者の枠組みでは「例外状況を成り立たせている秩序とはなにか」が先決問題（あるいは同じ問題）とされているようにみえる。この点、さらに敷衍していただければ幸いだが、ここでは著者のいう「秩序とはなにか」問題をもう少し見てみよう（⑴）。その上でシュミットの法学方法論（⑵）と例外状況の意義（⑶）という、著者の関連する論点に触れてみたい。

⑴　秩序について

初期よりシュミットが秩序に関心を抱き続けていた点については、後のシュミットの自己理解からも、Gesetz und Urteil, 1912 ですでに具体的秩序思考があったといわれている（同書一九六二年版の前書き）。これは著者のいう一貫性を裏づける。また、和仁陽『教会・国法学・国家』（東京大学出版会、一九九〇年）は、初期シュミットの決断を「制度に支えられた決断」とされている。この決定ないし決断と関係する秩序ないし具体的秩序とは何を指すのかについて、第二次大戦後の著作にまで対象を広げた著者は、「シュミットにとっては、規範の背景に秩序が存在することのみが関心の対象であり」、時代に応じた秩序の中身は「些細な問題であるかのようである」（一四七頁）という。実証主義＝規範主義に対して秩序を対置するという態度が共通し、具体的秩序の中身だけが変化しているのだとする（一四八頁）。すると、先の「秩序とはなにか」の問題については、シュミットは関心がなく、著者の評価としても何もない、という結論になるのだろうか。だが、シュミットが関心のあった秩序をそれぞれの時代に追求したが果たせなかった、という可能性もあるのではないか。本論文は決断の意義についてはそれほど触れていないが（一般に初期より「確定性」に関心があったといわれる）、秩序のなかでどのように決断／決定が行われるのかが鍵となるのではないか（上記和仁氏の再現前と同一性。一般論として権限秩序と決定内容の拘束。論理的推論でも裁量でもない、決定のあり方とは何か）。他方、決断があれば結果として秩序が生まれる、というだけではないという理解を、著者はホッブズとの対比で示している。そこでさらに、著者（ないしシュミット）が秩序として説明しているものを拾い上げてみよう。

「国家」（一二三、一二四頁）、「政治的統一体」（一三一頁）「規範の背景に存在し、規範の前提となる秩序」（一三七頁）「とりわけ一般条項を介して法実務に現れる（善良なる風俗、信義誠実、期待可能性、重大な事由：これら一般条項は秩序そのものを表現するわけではない？）」、「指導者原理」「忠誠、服従義務、規律および名誉というようなただ具体的な秩序と共同体からのみ理解され得る概念」＝具体的な生活秩序・形態の本質的要素」（一三九頁）、「具体的秩序としての法は決してその歴史から切り離すことはできない。真の法は、制定されるものではなく、意図しない展開の中で生成してくる」（一四二頁）「法は、まずは習俗と民族の信仰とによって次に法学によって、生み出される」（一四三頁）「シュミットが具体的秩序と呼んでいるのは、法が民族の確信に由来し、このような法が、立法、慣習、学問といった個々の法源を通じて明らかとされるというサヴィニー法理論における構造」（一四五頁）、市民的法治国、ナチス、ヨーロッパ法、*due process of law*（「法律を根拠にして」と等置、あらゆる法治国に妥当するとされる、Die Auflösung des Enteignungsbegriffs, 1929, in; ders, Verfassungsrechtliche Aufsätze, 1958, S. 116、「特別な決定機関を備えた特別な手続」（一二〇頁）。塩見佳也「カール・シュミットの公法学における『サヴィニーの実証主義』」二〇〇九年『法政研究』七六巻三号三五七−八頁。一方アメリカ連邦最高裁との対比ではDer Hüter der Verfassung, 1931, S. 14. これらと戦後のデュー・プロセス論の関係は？）。

以上からすると、内容的な違いのほか、位相の違いも含まれているようにみえる。あるいは、具体的秩序そのものと、それに関わるものとがあるのかもしれない。その上でなお共通の枠組みはあるだろうか。国家、政治的統一体は同じものだと思うが、それと市民的法治国やナチスは水準が異なる。国家・政治的統一体そのものが秩序なら、市民的法治国、ナチスはその具体的あらわれで、例外状況ではこれらは構造的な問題としては重要ではない。例外状況でなお存在する「秩序」にこれらが含まれないなら、かつそれが無からの決断ではないなら、共通する秩序の核心部分があるのか。決まればよいという単なる平和としての秩序ではないようだ。それでは秩序というのは、社会形成の基礎なのか、決め方の確定なのか。他方、法が生み出される「構造」を指していると思われるものもある。具体的秩序思考（『三類型』）以降は、こちらの意味合いのようで、著者は『政治神学』のころは、国家と同視し、具体的秩序期には法生成の構造とみているようである。秩序発見の論理という位置づけは同じだとしても、「秩序が存在することを明らかとする例外状況」と秩序の中身を生み出していく「具体的秩序（思考）」とは同じもの、同じ位相に属するのだろうか。秩序一般・国家（政治体制）、それに含まれている主に位階や権限を中心にした人間関係の構造、それらをつかみ出し、型を与える人間活動（主権者の決断、立法・司法・法学・法律行為も？）のあり方といったような分類もできなくはない。またこれ以外にも秩序モデルには、カトリック教会秩序、アンシャン＝レジームからフランス革命に受け継がれた近世・近代主権国家、プロイセンの軍人秩序がある。これらを踏まえて、あえていえば集権的で垂直関係のイメージが強い秩序の中身については、それぞれの時期に前提となっている法や政治状況の相違も関わっているようにも思える（政治神学のころは現実が例外状況としかいいようがなかったとか）。シュミットにとって、法は状況の法であり、法学説は論争的なものである。すると、具体的秩序思考をもって、それぞれの状況や論争にどのように関わっていったのか、整理できないだろうか。そしてそれが、シュミットの「理想像」と「実現像」の関係ないしギャップをあらわすのではないかと思うが、どうだろうか。

(2) 法学について

著者は、上記のように、一般条項の登場に関するシュミット自身の状況説明をもとに、それが具体的秩序思考を明確化したきっかけととらえている。たしかに、一般条項の利用は、規範主義的判断をこえ、また自由主義的秩序に対する突破口である。「ここ一〇年」というのは『政治神学』以後のヴァイマル時代であり、その意味では著者の主張を裏づけている。しかしそれ以降も、実質を伴った具体的秩序の存在はむしろ怪しい期間のように思える。また、この時期にシュミットは司法実務をどう見ていたのかの情報があれば、著者の主張はより精密になる。シュミットはこの時期に、増額評価判決などでの一般条項に依拠する司法実務を肯定してはいなかった。むしろ司法判断の法律への厳格な拘束を求めており、自由法論などにも批判的である（Der Hüter der Verfassung, S. 18ff.、注(12)の広渡清吾『法律からの自由と逃避』日本評論社、一九八六年、三〇四頁以下など）。もちろんここには一般条項論と別の、司法の位置づけに関する国家制度的評価軸があるから（司法形態性への評価）、そのことだけで一般条項による判決の頻出をもとに具体的秩序思考が明確になったというシュミットの回顧全体が、すぐ否定されるわけではない。だがそこには一定の留保が必要になりそうである。これとは別の問題に属するが、ここで明確化した具体的秩序思考は、それまでのものと質的に同じなのか。この時期までのシュミット自身の法学活動はどのように理解すればよいか。また具体的秩序の中身もさることながら、具体的秩序思考という法学方法とは、どのような解釈をする方法論なのか。

この問題は、サヴィニーの法実証主義とも関連する。筆者はこの点について素人なので、本論文注(2)の前出塩見佳也「カール・シュミットの公法学における『サヴィニーの実証主義』」の助けを借りることにする（他のところでも参考にさせていただいた）。同論文は、シュミットにおけるサヴィニー法学方法論の影響を次のように整理している。サヴィニーでは、法源論における本来の法である「正規法」と政策的・行政的・国民経済的観点に立った「変則法」の区別に立ち、前者では法曹法として類推などによる補充的形成が認められる。シュミットの立場はこれを踏襲し、通常裁判所での創造的判断を認め、後者にあたる公法系裁判所や増額評価問題では法の継続形成は許容されないとした。つまり、法源論の二重構造をシュミットは受け継ぎ、司法実務への評価に対応させている、という。前者は具体的秩序思考による法的決定だろうか。こうした司法判断の振り分けも、国家制度全体の具体的秩序に関わる。また同論文は、違憲立法審査権論のほか、ヴァイマル憲法一五三条公用収用法理に対するシュミットの解釈（前出の公用収用概念の解体論文）をサヴィニー的解釈方法論の観点から検討しており、上記の問題についても参考になる。なお塩見論文はその上でシュミットの具体的秩序思考とサヴィニーの実証主義の思想的断絶（三六三頁）に着目するが、著者はこの点をどう考えるか。

また、『政治神学』では、「概念の社会学」といわれている。そこにいう事実とのかかわり方は、具体的秩序思考とどのように絡むのだろうか。上記サヴィニーとの関係、司法実務の理解は、学説と実務の重なったところでの主張で、概念の社会学はそれとは異なる位置を占めているようにも見える。扱っている対象にも違いはある。しかし、具体的事実を概念へと昇華させるその方法は、具体的秩序思考と通底しているようにも思われる。

(3) 例外状況論、秩序論の意義

テーマ設定との関係では、その例外状況に関する理解が、とくに法との関係でどのような知見をもたらすのか。法の欠缺と一般条項と、独裁と例外状況。法分野でも民事法から税法・刑法まで、具体的秩序としてあげられているものは分野としても多様である。具体的秩序は様々でありうるが、それにかかわる法学的思考（具体的秩序思考）には共通点があるのだろうか。これは法的決定や法的判断にあまねく関わるとすると、関係者は司法実務や官吏、主権者、そして法学者である。法曹は具体的秩序を念頭に置きながら、規範にのみ拘束されない判断を下し、具体的秩序の形成に関わる。だが法曹の判断は自由ではなく、法曹としての職業的名誉、審級などにより判断の方向性が定められる。そうした法曹共同体そのものも具体的秩序である。主権者もその点では同様である。それでは法学者はどうだろうか。国家意思形成の中で法学者の法制度的位置づけはないように思う。すると法学そのものの中にそれが埋め込まれているのか。

例外状況における決断は、例外状況の中でどのような状況が創出されるのか、ではなく、例外状況であるかどうかの「発端」における決定であり、またそこでの問題は、この点を決定するのは誰かという権限の問題が本来シュミットの考察対象である（長尾龍一「シュミット再読――悪魔との取引？――」『カール・シュミット著作集II』慈学社二〇〇七年、三三三頁以下など）。そしてこの権限問題への関心が、シュミットがここで法学的思考から例外問題を考察していることの特質だとする（誰が決定するかが法律学的具体性という『政治神学』）。著者はむしろ法とは対立する秩序（不文法）に論点を集中する。たしかに規範主義では、主権者（国民）が決めた規範が内容となるという決断主義的な面に、シュミットは批判を投げかけた。この「誰」問題と「何」問題は無関係ではない。（前者から後者へ移行しているようにも思えるが）

憲法論では、このような決断主義的な側面は憲法制定権力として、近代国家に不可避なものと捉えられていた。

前出の和仁『教会・国法学・国家』は、憲法論での絶対的憲法概念について、「政治的統一体［の］前提となる統一的意思」だが、それは「フォルムの中のフォルム」としての具体的秩序であり、「シュミットは『決断主義』から『具体的秩序思考』に転換したというより、『決断主義的秩序』の理想をザッハリヒに維持しつつ、『フォルム』『ゲシュタルト』を『ゲシュタルトゥング』『制度』『秩序』に言い換えたのである」（二八七頁）と整理している。フランス革命に由来する同一性に、アンシャン＝レジーム的絶対国家の再現前を重ね合わせた憲法論の秩序概念が、その後も維持された、という。こうした見方は著者の秩序と例外状況論ではどのように位置づけられるのか。また、それは、著者の大きな歴史観に立ったシュミットの評価にも関係する。これ以外にも、たとえばヨーロッパ公法学への評価は、それぞれの時期でどのように現れていたのかなど。他方、同時代の法や政治の展開（小さな歴史）に対するシュミットの評価もある。それらが重なるところとして、一般条項の頻用はこうした法学の伝統に連なる具体的秩序思考といえるのか。技術の時代のなかでの、こうした一般条項による運用の位置づけはどのようになるか。これとの関係ではカテコーンがある。カテコーンは、著者も指摘するように、シュミットにとってある時期から重要なテーマとなる。それだけに、その他の「カテコーン」たちとの関係で、サヴィニーはどのように位置づけられるのか。これは大きな歴史の枠組みの方だろう。

具体的秩序思考に結実したシュミットの理論・もしくは方法論が当初よりあった、少なくとも萌芽的に存在していた、とした場合、後に不要になった例外状況論は、この思考法から見た場合、どのように解釈し直せるのか。「誰」問題にかかわる審級制度は一つの具体的秩序ともいえそうだが、具体的秩序思考が不十分だったから例外状況に頼ったのか、例外状況を介さないといえないことがあったのか。規範主義の批判や経済的・技術的思考への抵抗はいわれるが、もう少し具体的なきっかけは何だったのか。

以上、感想のような質問ばかりになってしまったうえで、制約のある論述にさらに要望のようなものまで付け加えるのは非礼かとも思うが、シュミットが関わった論点とそれへの態度、それからそこでのシュミットの変遷を通じて、法学史を振り返り、そのなかで例外状況論を位置づけるというやり方もあったかもしれない。もっとも、これは本企画の論文としては無い物ねだりである。しかし、例外状況と法というテーマに対して、シュミットの秩序を対置することがどのような意味や射程を持つのか。そこには法思想史的観点からと、現代の問題状況に対するものとがある。双方無関係ではないが、これらの点に関する著者の見解については、本企画枠内での質問も許されると思う。著者の全体的見通しのなかで、ご教示いただければ幸いである。

① 飯島コメントへのリプライ

松生光正

一　はじめに

拙稿「国家と緊急救助」（本誌三五号）に対して飯島暢氏により適切な紹介と非常に有益なコメントをいただいたことに対し感謝を申し上げるとともに、ここでは指摘された問題点に対し可能な限りお答えし不十分な点を補足しておきたい。

二　正当防衛・緊急救助の正当化根拠

拙稿がテーマとした「国家と緊急救助」をめぐる問題は正当防衛の正当化根拠にまで遡って考察をくわえなければ最終的な解決を導き出し得ないものであり、これに関する従来の議論に反省を迫るものと言える。なぜなら、国家による危険防御と私人による正当防衛の関係も国家による正当防衛も、そもそも国家による実力独占の例外としての正当防衛の存在理由に深く関わるはずだからである。この点に関して拙稿において、例外状態としての緊急状態においては、規範主体としての人格の存立基盤そのものが脅かされているのであるから、危険に陥った者は、共同体成員全員に対し存立基盤の回復そのものを要求できるのであり、その点において既に緊急避難が可能となるが、正当防衛の場合には、攻撃者側のいわば高められた答責性のために、人格の存立基盤の回復の負担が攻撃者側に負わされてこれに対する反撃が許容されることになるとのテーゼを提示した。このような超個人主義的な基礎づけに対し、飯島氏のコメントは、間主体的に基礎づけられるような法秩序の構想が前提とされなければならず、これは、暫定的に自由な人格同士の間主体的な相互承認的法関係の観点から可能であり、その際には、各人の自由な人格性は相互に他者の人格性の存在に負っていることから、緊急救助の正当化も基礎づけられ得るとされ、個々の自由な人格を出発点にして法秩序を捉える立場が前提とされなければならないと主張する。自然状態も完全に法のない状態ではなく、自由な人格が相互的に他者を自己と同等の存在として承認しあって正当な行動を行い得る潜在性を備えた仮想的な法状態であり、各人には自己の自由を他者の攻撃から守るために強制力を行使する権限が認められるのであるが、急迫不正の侵害により法秩序の規範の効力が侵害され、具体的な被攻撃者の自由が危険に晒された場合に、被攻撃者の視点からすれば、当該の状況は、自然状態への例外的な立ち返りに他ならず、その限りでは、本来的に自らに認められていた法的強制の権限を実行し得るとされるのである。確かにこのような捉え方は、社会契約論的な観点から法秩序が市民との契約を履行できないような状態においては市民は契約からの拘束を免れ実力行使できるという正当防衛の基礎づけの持っている問題点、つまり国家と市民との契約という想定に依存せずに市民間の相互関係から個人主義的に基礎づけようとしている点で尊重に値するものである。しかしながら、ここで正当防衛の正当化根拠の個人主義的説明として十分説得的かに関してはあえて疑問を提起させていただきたい。

社会契約的に正当防衛を説明しようとすると、正当防衛状況とは国家が保護義務を履行できないいわば自然状態であり、正当防衛権とはそのような自然状態から法状態へと移行するよう人を強制する権利ということになるが、自然状態にはそもそも法的な権利は存在しえないのであるから、正当防衛を自然状態での権利として構成することには無理があるのである。問題は、自由な人格間の相互承認という構成から正当防衛「権」を導きだしうるか、つまり正当防衛を基礎づける規範を構成しうるかであるが、やはりこれは疑問であろう。なぜなら、暫定的な相互的承認関係がいわば開始されるためには、そもそも自由な人格としての万人が他の万人に対し承認しなければならないことになるが、そのような関係は論理的にも成立は不可能であろう。もし自由な人格としての他者を包括的に承認することでよいとするならば、それは他者より構成される「社会」を想定しているのである。つまり、個々の人格を超えた存在をである。確かに規範は人格間の相互的コミュニケーションによって成立するのではあるが、そもそも規範自体は常に社会関係的であり、規範的コミュニケーションが可能となるのは社会においてである。従って緊急状態はまさに法を持たないのであるが、それでは緊急権としての正当防衛権はどのように基礎づけられるかに関しては、拙稿において述べたように「例外状態論」が参考となるのである。カール・シュミット流の例外状態論では、法というものは、そこで適用されるべき正常な状態を前提としているのであり、例外状態に法は適用されないことになるが、正常な状態が作りだされなければならないのであり、この正常な状態が実際に存在するかいなかを明確に決定する者こそが、主権者なのである[1]。つまり、例外状態としての緊急状態では法は存在しないが、法の例外状態と正常状態とは主権者によって関係が保たれているのであって、このような主権、つまり最も広い意味での社会の立法権力のみによって例外状態から正常状態への復帰、すなわち正当化が行われうるのであるから、緊急権としての正当防衛権はやはり社会における規範主体としての地位の回復という超個人主義的次元において初めて正当化が基礎づけられるといえる。

緊急救助の基礎づけという点に関しても個人主義的基礎づけは不十分なところを残していると言わざるを得ない。確かに自由な人格性は相互に他者の人格性の存在に負っていることから、緊急救助を説明することは可能である。しかし、ドイツにおいても我が国においても正当防衛の規定では自己防衛と緊急救助は何ら要件の差異がない形で規定されているのであるから、同じ原理で基礎づけられなければならないと考えるのが一貫していると思われるが、自由な人格が自己を防衛する権利とそのような自由な人格を救助する権利が同質的なものとして構成しうるかは疑問であろう。たとえば、自己防衛と緊急救助が衝突する場面として、被攻撃者の意思に反する緊急救助の事例が挙げられるが、この場合被攻撃者の自由な人格という観点からはそのような緊急救助は許されないことになろうが[2]、そうすると緊急救助権は自己防衛権に劣る権利ということになり、同等の権利とはいえなくなる。もしドイツの多数説のように緊急救助権を被攻撃者の自己防衛権から派生する権利ととらえるならば、緊急救助権はもはや規範主体の固有権ではなくなるのである。緊急救助権も規範主体に属する固有の権利として自己防衛権と同等なものととらえようとするならば、客観化しなければならない、すなわち個別人格の次元を離れて社会の中において位置づけられるいわば役割の次元で基礎づけられなければならないと思われる。

三　国家的危険防御に対する私人による正当防衛の補充性

ドイツにおける通説は、国家的な危険防御が私人による防衛に優位し、私人による正当防衛は補充的なものであると解し、国家的機関が攻撃をより深刻でない手段で防御しうる場合にのみならず、国家的防御措置と私的な防衛措置が同等の侵害強度を持つ場合にも排除されるとして私人による正当防衛権に対する国家的な危険防御の遮断効を肯定している。これに対し、拙稿では、緊急状態における行為が正当化されるのは、正常状態における規範主体としての地位の回復という超個人主義的次元において初めてその例外性を明らかにできるとする正当防衛の基礎づけから、国家的な危険防御の優位と正当防衛の補充性との関係は、法の正常状態と例外状態の関係であり、同時に成立するものではなく、前者が後者に当然に影響を与えるものではないのであって、そのような優位性から官憲が正当防衛状況の現場に居合わせることが直ちに正当防衛権に対する遮断効果を持つと考えるべきではないとして、私人による正当防衛の補充性を否定する見解を主張した。この点についての飯島氏のコメントでは、正当防衛の補充性は否定され、拙稿の結論に賛意を表されつつも、その基礎づけは自由な人格の相互的承認による正当防衛の正当化の観点からの異なった論理によるものである。すなわち正当防衛が可能となる自然状態としての国家的法秩序が希薄化した状態では、実際に被攻撃者の権利（法益）としての自由の領域が危機に晒される限り、本来的に各人格に認められた法的強制の権限が例外的に顕出して、国家による実力独占がいわばその限りで相対的に後退し得るのであり、それは国家権力が各人格に由来するとの法秩序観の下では想定された織り込み済みの事柄であるとし、従って、国家による危険防御が現に可能であったとしても、これにより、私人による正当防衛が排除されるという遮断効が生じることはないとされるのである。確かにこのような基礎づけも十分ありうる考え方であるが、ここでは若干の疑問を提起しておきたい。

自然状態では本来的に各人格に認められた法的強制の権限が例外的に顕出して、国家による実力独占がその限りで相対的に後退し得るとする立場から国家的危険防御に対する正当防衛の補充性を完全に否定することができるかが問題となる。このような観点からは、自然状態では国家的危険防御は正当防衛権に対し相対的に排除されるのであるから、事情によっては国家的危険防御が優位に立つ場合もありうるのではないかと思われる。ドイツにおける議論では、国家的機関が攻撃をより深刻でない手段で防御しうる場合や国家的防御措置と私的な防衛措置が同等の侵害強度を持つ場合には遮断効を認めるのに対し、国家的な危険防御の侵害強度がより強い場合や国家機関が現在しないが、その援助を呼び寄せることができる場合には多くにより遮断効は否定されている。つまり、国家的危険防御の優位性という原則を放棄せずに、侵害されようとしている被攻撃者側の実質的な利益保護との調整を図って、防衛行為の侵害強度や国家機関の現在性の視点を考慮に入れることにより、遮断効を制約しており、国家的危険防御と私人の権利保護のための正当防衛とを相対的に秤量しているのである。正当防衛を各人格の相互承認に基づく自然状態において基礎づける場合、正当防衛は個人主義的基礎づけによって人格の自己保護のために国家的危険防御を相対的に排除するのであるから、人格間相互の利益衡量の観点は捨象できないはずであり、国家機関による防御の方がより侵害的でない場合、国家的危険防御が優位して正当防衛は否定されることになるのではないかと考えられる。確かにこの場合防衛行為の必要性の要件の認定において否定する余地があるかもしれないが、人格間相互の関係から正当防衛権を導き出して国家機関の介入を排除しようとする限り、それは人格の自己保護のためにまさに相対的に導入されているのであるから、原理的に国家機関による保護のための実力行使を完全には排除できないことになろう。もちろんこれは結論的にはドイツにおける多数派の立場と符合し、ありうる見解ではあるが、原理的に正当防衛の補充性を否定する拙稿とは異なる観点からの立場であることはここで確認しておきたい。

四　緊急救助の主体としての国家

国家が攻撃されている私人を防衛するために攻撃者に対し侵害行為を行おうとする場合、刑法上の正当防衛規定を援用できるかに関し、拙稿においては、私人による正当防衛権を国家的な実力独占の例外であり、正当防衛権の正当化根拠もそのような例外性に由来するものと考えることから、本来的な危険防御の役割を担う国家機関がそのような例外性を当然には援用できないことになり、公法的な権限規範に違反した行為は刑法的に正当化しえず、公法的に禁止されていることは、刑法上も禁止されているとする立場（純粋な公法説）を支持した。これに対し飯島氏のコメントはこの見解が疑問だとされる。すなわち、公法上の権限規範が規定されているべきであるはずなのに、それが存在しない場合や公法上の権限規範を規定しておくことが忌避されざるを得ない場合もありうるのであり、正当防衛規定の適用を通じた、国家による緊急救助を正当な行為として認める可能性を最初から排除すべきではないとされるのである。その根拠となっているのが、人格間の相互承認に基礎づけられた正当防衛の正当化根拠であり、国家が実力を独占し、危険防御という任務を行う権限の源泉は、個々の諸人格が本来的に有していた法的強制の権限である限り、国家的緊急救助も私人による正当防衛（緊急救助）も目的は同一であって、被害者の権利及びそれを保障する法秩序における規範の効力を不法な攻撃による動揺から守る点にあるからなのである。そこでこのような重大な問題提起に対し、可能な限りお答えしておきたい。

まずここで指摘されているのは結論の不当性であるが、公法上の授権規範が存在しない限り緊急救助行為が許容されないという立場をとることにより、一部の批判で言われているように公務員が一般市民より保護されないことになる訳ではない。そもそも国家機関には比例性原則の制約の下で危険防御の権限が属しており、場合によっては刑法上の緊急救助や緊急避難より広い範囲で防衛行為は可能である。さらに国家には、私人よりも権限と資源を与えられており、危険に対して組織的かつ計画的に対処できるのであるから、私人よりも有効に危険に対処しうる。したがって、国家機関には権限の上でも実力の点においても私人によりはるかに強力に防衛行為を行いうるのであり、比例性原則による制約はそのような強固な実力に対する当然の制約なのであり、私人による防衛行為と同列に置くことはできないであろう。

確かに授権規範により権限が与えられない場合、例えば飯島氏のコメントにおいても指摘される「救助のための拷問事例」においては公法上も正当化されず[3]、刑法上の正当防衛規定が適用されないと正当化の余地はなくなることになる。しかし、むしろこの国家機関による拷問を正当化すべきかがそもそも問題である。私人による緊急救助としての拷問は、刑法解釈論上議論の余地はあるが、正当化しうるかもしれない。これに対し国家機関による拷問が刑法上の規定を介して正当化されることは、公法上許されない拷問を国家が組織的、制度的に救助手段として使用して良いことを意味することになろう。ここでもし公法上正当化されないが、刑法上は正当化されるとする状況を許容する見解（区別説）に立つならば、組織的・制度的に拷問を推進することはできないことになろうが、救助行為としての実効性はあやしくなる。むしろこの問題の処理に関し明らかとなるのは、緊急状態の持つ意味が国家機関と私人とでは明らかに異なるのであり、国家機関は私人とは異なり、私人の権利が脅かされるような緊急状態に対し法的にも実力的にも事前に対処することが可能であり、その義務もあるのであるから、もっぱら私人に対する適用が念頭に置かれた正当防衛規定を国家機関に適用する必要性は大きくないと言える。

なおこの点に関連して、飯島氏のコメントでは、比例原則の内容を正当防衛の必要性・相当性といった要件のなかに読み込むことにより、例外的に国家的な緊急救助を正当化する余地を認めるべきであると主張されている。このような視点は国家機関による緊急救助が私人によるそれとはやはり異なる法的性質を持つことを承認されていると思われるが、一方で正当防衛の要件そのものに比例性原則による制限を課することになるが、それが妥当か、解釈論的にどのように基礎づけるかが問題となり、また結論的にも比例性原則の制約があると防衛効果も減殺されるのではないか、たとえば拷問事例が比例性原則の下で正当化されるか疑問となろう。

「例外状態」そのものの刑法的意義についても付言しておく必要がある。拙稿においては、最後に、触れることができなかった国家的法益に対する私人による緊急救助の問題に対し、緊急救助の例外的性質からすると攻撃客体としての国家機関あるいは国家制度がどのような場合に例外状態といえるほどの危機的状況に陥っているかが問題となり、これは全くありえない状況ではないが、私人における緊急状況とは明らかに異なる基準があてはまることだけを付け加えておいた。これについて飯島氏のコメントでは、国家から見ても例外状態であり得るというのは、一体どんな場合かと疑問を提起され、正当化の要件についても不明確さが残ると指摘されている。これは、緊急状態が国家機関と私人とでは全く異なる意義を持つ典型的な場合に関わる問題である。国家にとっての緊急状態、つまり本来的意味での「例外状態」とは国家の存立そのものが脅かされている状態であり、典型的なのは戦争状態であり、大規模な災害状態なども含みうるであろう。しかし、例外状態はそもそも原理的に予測不可能なものであり、国家機関が予め法的にも実力的にも対処しておくことが不可能な場合を指すのであるから、これを事前的に類型化することもできず、解決のための明確な基準を設定することもできないのである。これはまさに法が存在しない自然状態と言えるものであるが、ドイツにおいても我が国においても多数の見解はそのような状態を承認していないのであり、そのような状態の例外的性質は認めつつも現行の法規範の枠内で処理しようとしている。しかし、国家の存立が危うくなるような事態が出現しうる可能性があり、それに対し国家が予め有効に対処し得ないことを承認するならば、そのような例外状態から正常状態へと復帰させる行為の刑法上の正当化は考慮されるべきであろう[4]。私人による刑法上の正当防衛や緊急避難の規定はそのような例外状態思想の現行法上の表現形態と言えるが、これは当然に国家機関による行為の次元でも考え得ることであり、その場合には刑法解釈論的に言うと超法規的に正当化されることになるのである。

五　おわりに

国家と緊急救助というテーマは、正当防衛・緊急救助の正当化根拠そのものに反省を迫るものであり、国家による実力独占の例外として私人に実力行使がそもそも認められる根拠を考慮せずには議論できない領域であって、そのためには国家と個別人格との関係についての解明や個別法領域を超える議論が必要となることは、飯島氏のコメントを巡る以上の対応においてさらに明らかとなったと思われる。拙稿がさらなる議論の深化のための契機となれば幸いである。

（1）　この点に関しては拙稿「例外状態と正当化」ノモス№30（二〇一二年）、二四頁以下参照。
（2）　この問題について詳しくは拙稿「押しつけられた緊急救助」関西大学法学研究所研究叢書第五四冊『続・例外状態と法に関する諸問題』（二〇一六年）一五頁以下参照。
（3）　たとえば、Schenke, Polizei- und Ordnungsrecht, 8. Aufl., 2013, S. 319f.
（4）　この点に関しても拙稿・前掲ノモス№30、二四頁以下参照。

② 緊急事態、非常事態および例外状態に関する法理論の探求に寄せて
――拙稿に頂いたコメントへのリプライ――

安達光治

一　はじめに

応答に際し、門外漢によるいささか無謀な試みに対し、懇切的確なコメントを頂戴したことにつき、心より御礼を申し上げたい。以下では、頂いたコメントについて、筆者の能力の及ぶ限りで応答を試みようと思うが、それに先立ち、刑法解釈学を主たる専門領域とする筆者が、領分を弁えず、例外状態の法理論的検討という法哲学、憲法学、国法学などに跨る基本問題に手を付けたか、その動機を簡単に述べることとしたい。

筆者が、この度コメントを頂いた論文（以下、当論文）で主たる検討対象とした二〇一二年自民党改憲草案（以

下、単に草案）において提起される制度について批判的に論じるのは、実はこれが初めてではない。以前に草案の是非を問う企画において、草案九条二項が「国防軍」の創設と併せて設置につき規定する「軍事審判所」について、特別裁判所の設置禁止規定（現行日本国憲法〔以下、憲法ないしは現行憲法〕七六条一項前段）との関係や（草案でもこの条項は、細かな字句の修正を別にして維持されている）、刑事手続上の問題という視角から、批判的検討をしたことがある。(1)そこでの結論として、国防軍の将兵やその他の関連する公務員による職務に伴う犯罪および軍の機密に関する犯罪について審判する「例外裁判所」は設けるべきでなく、——もとより筆者は肯定的に捉えてはいないが——仮にこの種の犯罪について裁く必要が生じるとしても、それは市民による犯罪に関する事件として「通常裁判所」にて審理されるべきというものであった。(2)つまり、軍事を理由とする例外は、基本的に設けるべきではないという立場である。

もちろん、当論文において検討の対象とした「緊急事態条項」は、軍事力の行使である戦争のみを考慮したものではなく、内乱、大規模自然災害や、人為的ミス等に起因する生活インフラの広範に及ぶ壊乱なども想定している。しかしながら、こうした事態の収拾にあたっては、警察力を超えた、——おそらく草案のフィロソフィからすると軍事力が念頭に置かれた——実力が用いられることは、容易に想像がつく（そうでなければ、緊急事態条項を設けること自体、あまり意味をなさないであろう）。そこでは、軍事を理由とする例外が顔を出すこととなろうし、何より、刑事法研究者としての最大の関心は、その際の強制が、最終的には刑罰を担保として行われることである。その前提問題として、国家刑罰権行使の前提をなす緊急状況につき、これを例外状態として、通常の法秩序の埒外に置くことが、法理論的に許容されるかが問われる契機が存する。つまり、事は国家刑罰権発動の前提に関わる。刑事法研究者として、緊急事態と例外状態の法理論的な関係について関心を持った理由は、このような点にある。

それでは、頂いたコメントに即して、現段階での筆者の考え方を示すこととしたい。

二　緊急事態・非常事態・例外状態

ここでは、緊急事態と、当論文が真正な例外状態として位置づけた非常事態との区別について、検討がなされている。前提として、緊急事態と例外状態（＝非常事態）を対比したことについては、「非常事態の用語の意味に関する問いにも増して、法理論的な内実にとって重要であると考えられる」と評価されている。そのうえで、両者の区別につき、平時の統治機構による対処可能性の有無に着目する私見につき[3]、「そこには、統治機構の構成原理との関係における例外状態の概念構成という視点がみられることに注目」されつつ、カール・シュミット（Carl Schmitt）の「例外状態（Ausnahmezustand）」の議論との関連付けにおいて、その在り方を問題とされる。すなわち、シュミットが『政治神学』において解明に取り組んだ、①法規範、憲法規範の限界問題と、筆者が例外状態の本質とみた、②統治機構の構成原理の限界問題は、両者の観点の同一性の有無や両者の関係について必ずしも自明ではなく、なお理論的な解明を要するとされる。というのも、憲法規範の限界問題は、必ずしも統治機構の構成原理の限界問題に尽きるわけではないからである。

この点、私見も、「絶対的例外」を「通常妥当する法命題が示すような一般的規範が、決して把握することのできない」ものとするシュミットの定義を引用した際に（当論文九六頁）、例外状態が一般法規範の妥当の限界にかかわることは意識していた。しかしながら、緊急事態条項の位置づけという問題設定によって、例外状態の一特殊問題である統治機構の対処可能性の問題に引き込まれていった嫌いがあることは否めない。もちろん、シュミットの問題意識を一般的に受け止めて論を展開することは、当論文の課題を超える。しかし、それにしても、例外状態をめぐる問題意識に関しては、とりわけワイマール共和国の保護などの目的から大統領令を発していた一九二〇年代から三〇年代にかけてのドイツの政治状況などに鑑みるなら、当論文が前提とする統治機構の構成原理の限界としての例外状態と、シュミットが論じた統治機構の構成も含めた法規範そのものの限界としての例外との関係を踏まえ、明確にしておくべきであったと考える。

三　緊急事態と法理論・憲法理論

(一)　通常状態と緊急事態との関係

当論文では、ここで問題となる緊急権の概念につき、小林直樹説に従い、以下の三つに分類した。[4] ①全体としては平時の体制を維持したまま、事態に対応して制度の臨時的な機能化を図るもの（例として、ドイツ系憲法で広くみられた緊急命令や緊急財政処分の制度、我が国の参議院の緊急集会）、②憲法みずからがより緊迫した非常事態を予定し、立憲主義を一時的に停止して、一定の条件下で独裁的権力行使を認める場合（フランスの合囲状態、ドイツ系憲法の戒厳、ワイマール憲法四八条二項の大統領独裁権、英米のマーシャル・ルールないしはマーシャル・ロー、〔解釈上の問題があることを留保して〕明治憲法三一条の非常大権）、③極度の非常事態において、憲法の一切の枠や授権をこえて、非法の独裁措置を行う場合（小林説からは、「超非常時のぎりぎりの切り札として、国法体制の合法性の枠組みは〈必要（ネセシティ）〉のまえに無視されることになる[5]」）である。

当論文は、例外状態との対比で語られる（そして、草案も前提とする）緊急事態においては、たしかに個別の事態に対し平時の立法・法運用とは異なった対応が必要かもしれないが、立法、行政、司法という国の統治機構は機能しており、対応はその枠内でのものとなることから、小林説の上記①の緊急権を引き合いに出したうえで、少なくとも理論上（すなわち、緊急事態――例外状態の定義上）、通常状態に位置付けられるとした。コメントでは、①における「制度の臨時的な機能化」につき、「憲法原理の一時停止とまではいかなくとも、限られた要件の下で、緊急事態に特有の法理（緊急事態の特例法理）によって憲法的に基礎づけられる」ことを前提に、かかる法理を限定することで、その通常状態への侵食と通常状態自体の変質を避けるためには、「通常事態と緊急事態との厳格な区別が必要であり、特段の事情がない限り、両者の違いを相対化すべきではない」とされる。

たしかに、当論文でも、戦争、内乱、恐慌、大規模災害といった緊急事態に対する現行法の特別な措置が取り上げられており（一〇一頁）、これらをコメントのいう「緊急事態の特例法理」による臨時的機能化とみることができるかもしれない。ここで、緊急事態を通常状態から厳格に区別することの意義は、緊急事態の法理が通常状態に流入し、「緊急の常態化」とでもいうべき事態になることを避けることにあると思われる（コメントのいう「通常状態への侵食」もそのような事態を含んでいるのではないだろうか）。その限りでは、緊急事態を例外とみることの意義も、一概に否定されるべきではないのかもしれない。しかし、上記の四つの緊急事態に典型的にみられるように、緊急事態の内容や要件が現行法規に定められ、これらへの平時の統治機構による対処が予定されている限りでは、ここでいう緊急事態は、事態の切迫性にもかかわらず、やはり通常状態の範疇で理解されるべきと考える。緊急事態においては、平常時とは異なった事態への対処が必要であり、その意味で特例を必要とすることは、もちろん否定しないが、それとて平時に想定された機構を通じて機能するものである。逆に、緊急事態を通常状態から厳格に区別し、そこでの措置の特例性を強調することは、かかる措置の歯止めを失わせることにもつながりかねないように思われる（緊急時の特例の名下に、特定人への不当な弾圧や優遇の合法性が取り繕われることが危惧される）。緊急事態を通常状態の側へと位置づけることは、緊急事態の例外状態からの区別という理論的要請に基づくだけでなく、緊急事態における公権力への歯止めという実際的な意味合いもある。

(二)　緊急事態の法理論

それゆえ、私見は、芦部説のいう立憲的憲法秩序は緊急事態においても、可能な限り維持されなければならないと解する。コメントでは、この前提から、「緊急事態においては、立憲的憲法秩序の構成原理と緊急事態の対処の目的、緊急性および必要性との関係における衡量の問題が緊急事態特有の『例外』――この場合、法規範や法規範の有効性が前提とされていることに注意――の問題として現れると同時に、衡量に服さない絶対的な法原理・法規範がありうるかという根本問題に直面するであろう」と指摘される。権力分立原理により支えられる統治機構という、私見が緊急事態下においても維持を主張する立憲的秩序の構成原理は、緊急事態が生じるや、それへの対処の目的および必要と衡量関係に立たされ、かかる衡量関係の中においてもなお、それに服さず妥当を有する絶対的な法原理・法規範はありうるかという「根本問題」に直面するというのである。これは、緊急事態の例外性を前提とした議論であり、三(一)で指摘された通常状態との関係における緊急事態の相対化の問題に通じるものと思われる。

(三)　緊急事態の「憲法化」

ここでは、草案が緊急事態条項を憲法の規定として創設することに対する、私見の否定的評価について検討されている。

(1)「憲法化」の必要性・有効性

私見は、緊急事態への対処は現行法においてかなりの程度整備されており、殊更に緊急事態条項を憲法の規定として創設する必要はないというものであるが、これに対しては、コメントでも大きな方向性として賛同を頂いている。その上で、緊急事態の憲法化の必要性につき、①緊急事態対処のための法制化が直面しうる憲法上の制約の検討、②緊急事態における国家権力の行使に対する憲法的制約の確保という二つの観点について、問題提起がなされている。

このうち、①に関しては、「戦争、激甚災害、重大テロなど、さまざまな領域の緊急事態について」、「現行憲法の解釈として、どこまででき、どこからはできないか」を「統治機構から人権論にわたる各論の機微にまで立ち入って詰めることが不可欠であろう」と指摘される。たしかに、想定される緊急事態への対処に必要な措置が、個別の憲法規範に違反するところがないかという問題は、ときに緊張関係を孕むものである。とりわけ戦争について、かかる緊張関係が顕著であることは、論を俟たないであろう。当論文でも、戦争放棄を基本原理とする現行憲法においては、基本的に想定し得ない事態であるとしつつ、外国による武力攻撃事態への対処としての二〇〇三年の武力攻撃事態三法や、二〇〇四年の有事関連七法の整備に言及している（一〇七頁）。そこでは、根本的問題として、戦争を前提とする対処法制の現行憲法への適合性に対し疑問を提起しているが、緊急事態条項を憲法に規定することを不要とするためには、本来は、既存の緊急事態法制の現行憲法規範への適合性を、人権保障及び統治機構との関係において、各論的に検討しなければならないことは、指摘のとおりであろう。当論文では、災対法の緊急措置と国会との関係（一〇二頁以下）、内乱等の社会的混乱における警察法上の治安的対応や自衛隊法による治安出動、恐慌における日銀法等による金融政策上の措置（以上、一〇六頁以下）に言及しているが、（そもそも自衛隊が合憲かという問題などは措くとして）基本的には現行憲法秩序の枠内ものであることを前提としており、それらの憲法上の限界――すなわち、どこまでが可能か――の問題には十分踏み込めてはいない。この点は、個別に検討する機会があれば、取り組んでみたい。ただ、そうした個別的議論から、緊急事態条項という一般条項の必要性へと一足飛びに繋がるわけではないことは、改めて指摘しておきたい。

②については、緊急事態の布告の実質要件・権限分配・手続規律や、緊急事態においても絶対的な保障が貫徹さ

れるべき人権（拷問や検閲の絶対的禁止など）について、改正手続が厳格な憲法典によって規律し、緊急事態の混乱と必要性の圧力下で容易に改正されないようにしておくことも、憲法という法規範の性質に馴染まないと言い切れるのかというものである。もとより、当論文で、「憲法規範の性質に馴染まない」と言っているのは、コメントでも言及されているように、「たとえば戦争、恐慌、大規模自然災害といった個別の緊急事態ごとに多様に要請される政府の対応」を指してのことである（一〇五頁）。政府の対応に対する規律として上記の事柄を憲法で定めることの是非についてては、次の「憲法化」の問題点・弊害に関するコメントを受けて述べることとしたい。

(2)「憲法化」の問題点・弊害

ここでは、緊急事態の法制化の規律方式に関する問題（憲法と個別の法律のいずれに定めるべきか）に伴う問題として、いずれによる方がより問題性を孕み有害かという議論について検討されている。

まず、緊急事態に関する政府の対処権限を具体的かつ詳細に規定することについては、私見は否定的に解しているが、それがそもそも不可能であることは多くの論者によって指摘されているとされ、不備に対しその都度憲法改正を必要とすることの弊害と硬性憲法における規律の不適切さに関する当論文の指摘には、十分な理由があるとされている。これにつき、コメントでは、草案がかなり包括的な規定方式を取っていることを理由に、上記の私見が草案の緊急事態条項への批判の論拠となるかは大いに疑問が残るとされる。しかしながら、当該議論に関する当論文の見出し（「緊急事態」への法的対応の在り方）が示すように、私見は、緊急事態条項の規定の在り方に関する選択肢の一つとして、具体的かつ詳細な「憲法化」の棄却を試みたものであり、草案への批判の文脈で述べられたものではない。

次に、緊急事態への対応措置を、行政府の長に一任する旨の包括的規定を置くことの是非について、これには包括的な立法委任および緊急命令の許容性の問題が含まれるが、現行憲法下ではいずれも違憲となるので、それを認める政策上の必要性があるのであれば、憲法改正によらざるを得ないとされる。これにつき、権力分立を基礎とする立憲主義の制約の下では、行政府の長に包括的な権限を委任することは、許されるものとは言い難いという私見に対し、緊急事態においても権力分立原則がなお効力を維持するという理論的前提があるとしても、そのことから直ちに緊急命令を導入することが憲法改正として許されないとまでいえるかは、疑問が残るとされる。この問題は、「緊急命令」がどのような枠組の中で制度化されているか（指摘されるように、それには様々なバリエーションがあることは承知しているが）によると思われるが、当論文で許され難いとしたのは、あくまで行政府の長への「包括的な権限委任」であり、それは権限の範囲や行使の態様について、立法や司法のチェックを制度上（ないしは実際上）受けないものを念頭に置いている。ここでは、先の①の最後に留保しておいた緊急事態に関わる規律の「憲法化」の必要性の問題が、関係してくるように思われる。緊急事態を通常状態に位置付け、そこでは現行憲法規範の無効化を基本的に認めない当論文の立場からは、緊急命令は理論的には法律マターである。

コメントでは、私見の問題点として、緊急事態の急場の必要性に現実に直面した場合、その時々の法律によって、法律による制約が変更される可能性があることから、緊急事態においても越えられない一線を画するものとしては、脆弱であることが指摘されている。この指摘も、緊急事態の例外性から来るものと推察するが、「一線」はまさに憲法規範そのものにあると考えている。憲法が前提とする統治機構や人権の保障を、緊急事態の名下に憲法規範によって制約することは、理論的に正当化し得るかという問題もあるように思われる。緊急事態法制については、平時の周到な準備と、その際の合憲性に鑑みた規制と調整こそが、その存在条件となるのではないか。

四　例外状態と法理論・憲法理論

㈠　例外状態と主権者の諸相

ここでは、当論文が、「例外状態」と主権者問題につき、シュミットの立論を引き合いに出したことを捉え、シュミットの主権者論について検討がなされている。「主権者とは、例外状態にかんして決定を下す者をいう。」というシュミットの著名な命題に関し、仲正昌樹説の読解に依拠しながら、シュミットのいう主権が「法典化された『憲法』によって規定される国家の意志のようなものではなく、憲法に秩序がいかなるものかを規定する、憲法制定権力的な次元の力を含んだもと、法を超えた権力」であり、また、主権者は、「ライヒ大統領と同じレベルの権限」を超えて、「既存の法秩序の下で『決断する』だけでなく、何が『例外状態』であるかを決めることができる」ということと解している。また、主権を「限界概念」として定位するシュミットの理論からすれば、極限的には、主権は、絶対的例外状態との関係で問題となるとされ、そこには、憲法制定権力の次元にまで及ぶ権力が含まれ、それがシュミットの考える主権の本質を純粋に示すものと解釈される。そのうえで、ワイマール憲法四八条のいわゆる「独裁条項（Diktaturartikel）」に基づくライヒ大統領の権限は、当時のドイツの国法学説においては、例外状態の有無に関する判断権及び非常措置権と解されていたにもかかわらず、憲法制定権力そのものではなく、その権威に基づいて受託を受けた機関として行動する権力であり、憲法による委任形式によって法的に構成される以上、憲法によって構成された権力の問題となるとされる。要するに、ワイマール共和国における大統領独裁は、あくまで憲法の委任の下での非常事態への対応を正当化するものであり、それ自身に憲法制定権力性が認められるわけではないという意味であろう。

こうした、シュミットのいう「主権」の解釈を前提に、以下では、例外状態における主権者の問題につき、当論文の主張が検討されることになる。

㈡　例外状態と「主権者」

上記の検討から、例外状態に関しても、①憲法制定権力の次元にまで及ぶ権力と、②その受託者として行使される権力が、理論的には区別されるとされ、私見は、②の次元の問題を論じようとするものと評価されている。その上で、②の次元における主権の問題に関し、私見に対して論評がなされている。

(1)例外権力の担当資格

まず、私見では平時の統治機構の一時停止を意味する「例外状態」が生じる可能性が、排除されないとするならば、例外状態における例外権力の担当資格が問題となるであろうとされる。これにつき、当論文では、国民主権の原理の下、徹頭徹尾国民にアイデンティティを持つことが許される人物（一貫して国民に寄り添うことのできる人物）と解している。これにつき、コメントでは、その多義性ないしは不分明さから、より厳密な規定が問題となるとされるが、これは指摘のとおりである。「国民に寄り添う」といった情緒的言辞は、しばしばその正反対の態度をとる者が、自己正当化のために名目的に用いることが予想されるからである。それゆえに、その実質の担保が重要となる。また、国民代表機関による授権・コントロール・事後承認など、指摘にある手続的な問題についても、明文化の是非も含め、なお検討が必要である。

(2)例外的権力の責務

次に、例外的権力が正当化条件について論評される。これにつき、私見は「例外状態」の「例外性」に鑑み、通常状態への回復を目的とする一時的・暫定的性格から説明するが、この点については、コメントでも賛同を頂いているようである。さらに、私見は、通説的な意味での「国家緊急権」においても、このような通常性への復帰の目的からの正当化が問題となると考えるが、これに関しては、「緊急事態および例外状態の両方にまたがり、その対処の目的にかかわる法理論的な根本問題であ」り、様々な論者によって繰り返し問われてきたとされる。その上で、「個人の権利を基軸に据え、それを徹底することを目的とする理念的・規範的な国家像がいかにして法・秩序として実現をみるかという段になると、まさにシュミットの例外状況論において根本的に問われた問題関心に再び逢着し、それにどのように向き合うかが課題となる」との認識を示される。非常事態から通常状態への回復自体が、法・秩序の再構築を意味することから、そこでは、シュミットのいう上記①の主権論が問題になるものとの意味であろうか。そうであれば、私見のいう例外状態と、『政治神学』においてシュミットが提起する主権論との交錯に関する大変興味深い指摘である。

㈢　例外状態の事前の成文規律？

例外状態と法規範との関係において重要な問題として残されるのは、例外状態の定義やその際の権限の所在を予め成文の法規において規定するかの問いである。私見は、主権者概念との適合性や、成文化したことによる（その意図とは裏腹の）濫用への危惧から、この問題に対しては、端的に「否」と答え、さらには、いささか強い表現ではあるが、かえって有害とさえ極めつけた。これに対し、コメントでは、例外状態の明文化に関するアガンベンの議論を取り上げ、明文規定を行う国としてフランス、ドイツを、明文化を好まない国としてイタリア、スイス、イギリス、アメリカを挙げる。私見は後者の立場に親和的な議論と見受けられるとされ、かかる立論は国家緊急権問題につき、主に欠陥説の立場に立つ論者が、「非常事態」における権限の所在と限界を事前の成文規律で明確にしておくべきことを主張してきた見解を相対化する視点を示すとしつつ、「そのような解決がより危険を遠ざけるかどうかは」、これも「相対的な問題」であると指摘される。この問題は、例外状態の具体的態様も斟酌しつつ、日本の法伝統・法体系との関係で検討を要するともされる。

この点に関しては、通常の状態の統治機構が機能停止するような非常事態において、当論文が前提とする実質的な意味での「主権者」とその権限を、果たして成文化し得るかという問題意識がある。あるいは、「非常事態において、一貫して国民とアイデンティティを持つことのできる者は、通常状態への回復に必要な措置に関し、一切の権限を有する」といった抽象的な規定を設けることは、（立法技術の面での稚拙さを度外視すれば）可能かもしれない。しかし、これこそまさに、コメントにおいて正当にも危惧されているように、「国民の美名の下に」、非常事態の有無の判断とそこでの措置に関する権限の濫用の契機を孕むように思われる。私見では、例外状態は、まさに言葉の意味どおり、法外の状態と規定しており、そこでは、「主権者」には、状況に応じ通常状態への回復に必要な措置をとる責任がある。権限濫用への危惧から、基本的には、事後の免責法の遡及適用については否定的にみているが、この点をどのように構成するか（あるいは、限定的な遡及を認めるか）は、今後、この問題について検討する機会がある場合の課題としたい。

五　結びにかえて

以上、当論文に対して頂戴したコメントに対し、筆者の能力の許す限りで応答を試みた。もとより、当論文で取り上げたテーマには、刑法解釈学という筆者の専攻からは性格を異にする問題が多く含まれ、それゆえ、本リプライをもってしても、課題に関する検討が十分になされたとは言い難い。コメントでの御指摘によって気づかされた問題もいくつかある。その意味で、頂戴したコメントに対する誠実な回答となっているかは、甚だ心許ない。回答の不十分な点については、御海容を請うばかりである。

最後に、例外状態の固定化に関して、刑法から一つの例を取り上げることをお許し頂きたい。現行ドイツ刑法三〇条二項は、重罪（法定刑の下限が一年の自由刑である犯罪）を実行し又はそれを教唆することについて、他人と合意した（verabreden）者を、その重罪の未遂に関する規定で処罰すること等を定める。これは、犯罪の事前謀議（Komplott）を未遂の刑で処罰するものであり、一八七一年のライヒ刑法典は、内乱罪（Hochverrat）などを除いて、基本的に認めない立場を取っていた。犯罪の事前合意の処罰を認めたのは、ワイマール共和国時代の一九二二年に制定された共和国保護法（Gesetz zum Schutze der Republik（RGBl. I, S. 585））であり、本法二五条の規定により、当時の刑法四九条bが創設され、謀殺ないしその教唆に関する合意が処罰されるようになった。共和国保護法は、一九二二年六月二四日に起こった当時のラーテナウ外相の暗殺事件を直接のきっかけとしており、この事件の直後の同年六月二六日に共和国保護に関する大統領令（RGBl. I, S. 521）が発布されている。共和国保護法は、この大統領令を受ける形でライヒ議会で審議され、一九二二年七月二一日に成立し、公布された。この法律は五年間の時限立法であり、その後の延長を経て、一九二九年七月二九日に失効したが、謀殺ないしはその教唆の合意罪については、一九三二年一二月一九日の大統領令（RGBl. I, S. 548）で「復活」し、さらに一九四三年五月二九日の刑法調整令（Strafrechtsangleichungsverordnung（RGBl. I, S. 339））によって、対象犯罪が重罪一般へと拡張され、現在に至っている。つまり、ワイマール前期という不安定な時代における一連の要人暗殺事件（ラーテナウ暗殺事件の前年には、元蔵相のエルツベルガーが右翼分子に暗殺されている）に端を発する共和国保護のための例外的措置によって設けられた犯罪類型が、ナチス時代に行われた拡張を経て、現在まで存続しているのである。(6) ここには、刑法の世界における「例外状態」の固定化の一端をみることができるように思われる。

（1）安達光治「『軍事審判所』の意義と理論的・実際的問題点」民主主義科学者協会法律部会（編）『法律時報増刊　改憲を問う——民主主義法学からの視座』（日本評論社、二〇一四年）八〇頁以下。

（2）安達・前掲（注1）八五頁。

（3）もとより、かかる私見はオリジナルなものではなく、芦部信喜『憲法学Ⅰ　憲法総論』（有斐閣、一九九二年）六五頁、同（高橋和之（補訂））『憲法〔第六版〕』（岩波書店、二〇一五年）三七六頁に依拠したものである。

（4）小林直樹『国家緊急権——非常事態における法と政治』（学陽書房、一九八〇年（再版））四二頁以下。

（5）当論文では、この③緊急権行使を、超立憲的独裁ないしはシュミットのいう「主権独裁」として、合憲的制度である①と②からは区別されるものとした（一〇〇頁）。

（6）上記の経緯に関しては、拙稿「ドイツ刑法における重罪等の合意罪（Verabredung）に関する覚書——実行前段階の犯罪に関する研究の序説として——」立命館法学三七五＝三七六号（二〇一八年）掲載予定を参照。

③ 例外状況と市民的法治国

——大野コメントへのリプライ——

西村清貴

一 はじめに

拙稿「例外状況と秩序——カール・シュミットの実証主義批判を中心として——」(本誌三五号。以下「原論文」という)について、大野達司先生(以下「評者」という)より丁寧なコメントをいただいた。まずは、コメントの労を執っていただいた評者に感謝を述べたい。

さて、リプライを行うにあたり、まずは、原論文の射程を確認することから始めたい。

評者は、原論文を要約し、カール・シュミットにおける重要な各テクストの中で規範主義批判に関わるもの、

（具体的）秩序という用語が示されている箇所を拾い上げ、それらを結び付けてシュミットの一貫した立場を浮かび上がらせようとするものと述べている。このような要約は精確なものであると思われる。原論文がこのような性格を有するゆえに、原論文は、シュミットの個々のテクストが有する性格について十分に検討することができなかった。しかし、評者がコメントの(1)でいうように、シュミットにとって法は状況の法であり、法学説は論争的なものである。この点を踏まえるならば、シュミットのテクストを並べて、共通の傾向が見られることを指摘するのみでは不十分であり、個々のテクストにおいてシュミットがいかなる状況を念頭において叙述を行っていたかを明らかとしつつ議論を進めるべきであろう。このような観点から、本リプライでは、評者コメントの(2)、(3)において現れている論点について言及しつつ、原論文では十分に取り扱えなかったシュミットの著作、とりわけ『憲法論』(1)と「憲法の番人」(2)および「ナチズムと法治国」(3)についていくらかの検討を加えることにより、コメントに対する応答を試みたい。

二　市民的法治国における一般条項

さて、評者は、コメントの(2)において、原論文に対しておおむね以下のような疑問を述べている。すなわち、ワイマール期のシュミットは、一般条項に依拠した増額評価判決や自由法論に対して批判的であった。このことを踏まえれば、一般条項論が出てきた段階で秩序が明確になったという具体的秩序思想（ナチス）期のシュミットの回顧は精確なものであるのか、と。

確かに、ワイマール期のシュミットが一般条項の頻用について批判的な立場を取っていたことはしばしば指摘される事実であり(4)、一般条項と具体的秩序の関係について論じるのであれば、この点について触れずに済ませることはできないだろう。したがって、ここではあらためてワイマール期におけるシュミットの法解釈に対する態度と、ナチス期の態度の関係如何という問題について取り扱いたい。

まず、結論から述べよう――この結論は、本論点のみに限らず、本リプライ全体の結論でもある――。筆者の理解では、ワイマール期のシュミットの著作のうち、少なからぬ部分は、基本的には、市民的法治国（ワイマール共和国もこのタイプに属する）における憲法教義学上の著作として執筆されたものである（本リプライで取り上げる『憲法論』や「憲法の番人」がまさしくそうである）。市民的法治国においては、権力分立原則に対応して、司法には法律に基づいた解釈が要請されるとシュミットは考えており、それゆえ、シュミットは司法による一般条項の利用や、違憲立法審査権の行使に対して批判的な態度を取った。これに対し、ナチス期においては、市民的法治国も権力分立原則も（実質的には）排除されている。そのため、シュミットは厳格な法解釈にこだわる必要がなかったのである。一見、存在するように見える、シュミットにおける根本的な態度の相違は、このような観点から理解されねばならない。

さて、評者のいう、シュミットは司法判断の法律への厳格な拘束を求めていたという認識も、このような観点から捉えられる必要がある。たとえば、「憲法の番人」においては、以下のような文章が見いだされる。

「市民的法治国においては、司法は、包摂可能な諸規範に拘束され続けているのであって、「自由法運動」や「創造的な」裁判官という問題もまた、第一には、憲法法上の問題であり、そして、裁判官が（広範な表現を与えられた、そして不確定な概念によって、あるいは信義誠実に対するあるいは取引慣行に対する参照によって）、どの程度までみずからの判断のために一定の活動の余地や自由を獲得し得るかは、第二の問題であるにすぎない。法律が裁判官の決定の基礎であり続けるのであり、法律に拘束されることが、あらゆる裁判官の独立性の前提である」（HV, S. 167–168［邦訳：一〇三頁〕）。

このように、確かにシュミットは、裁判官が法律に厳格に拘束されるべきことを述べている。しかし、傍線で示した箇所から理解できるように、あくまでも（ワイマール憲法の背景的理念である）市民的法治国を前提とするならばそうであるべきだ、とシュミットが述べているということに注意する必要がある。[5] すなわち、シュミットがワイマール期において司法判断の法律への厳格な拘束を求め、一般条項の頻用に対して、そして自由法論に対して批判的な態度を取っていたのは、あくまでもワイマール憲法下における憲法教義学という観点から行われていたものである。このように考えるならば、では、そもそも市民的法治国とはなにか、市民的法治国においてはなぜ裁判官は法律に拘束されるのか、そして、ナチス政権下においてシュミットは市民的法治国について、そして裁判官の法律に対する拘束についてどのように判断しているのかという問題が生じることとなるだろう。

ところで、裁判官の法律に対する拘束というこの問題は、前巻特集テーマである例外状況論とも密接に関わる問題である。したがって、以下では、シュミットの例外状況論について簡単に触れた上で、順次、上記問題について取り扱っていきたい。

三　決断と市民的法治国

コメントの(3)において評者は、例外状況における決断は例外状況であるかどうかの発端における決定であり、この点を決定するのは誰かという権限の問題が、本来、シュミットの考察対象であると述べたうえで、のちに不要となった例外状況論は、具体的秩序思考から見た場合、どのように解釈し直せるのかと問う。

具体的秩序思考から見た例外状況という論点について述べるためには、例外状況論なる観点が、あるいは換言すると「誰が決定するのか」という問題が、そもそもなぜ成立するのかという点について検討する必要があるように思われる。『政治神学』においてシュミットは、主権の問題を例外状況の決断の問題と関係付けつつ、以下のように述べる。

「［ただ神が主権者であるのか、それとも皇帝あるいは君主あるいはラント君主あるいは国民が主権者であるのか、］この問題は常に主権の主体が誰かという問いへと、すなわち、この［主権という］概念の具体的な構成事実への適用へと向けられる。［……］論争は常に、降伏のような、実定上の規定のいまだ定めていない権限が誰に認められるのか、換言すれば、すなわち、それについていかなる管轄も定められていない場合、誰に管轄が認められるのかという問題をめぐって行われた。世に行われている表現を用いれば、無限定的の力の推定を誰が受けるかという問題である。これがすなわち例外事例をめぐる議論である。いわゆる君主制原理で繰り返された議論も同様の法論理的構造を有している。すなわち、憲法上、未決定の権限の決定者、法秩序が未解決のままにしている管轄事項の管轄権者が誰かが繰り返し論じられた(6)」。

「憲法上、未決定の権限の決定者、法秩序が未解決のままにしている管轄事項の管轄権者が誰か」というこの問題は、一見すると、憲法ないし実定法が存在するならば、いつでもどこでも生じる問題のように思われる。しかし、筆者の考えでは、このような問題がとりわけ深刻な形で成立するのは、市民的法治国においてである。この点について論ずるためには、市民的法治国における司法の意義について確認する必要があるため、以下では、『憲法論』と「憲法の番人」の議論を簡単に確認しよう。

さて、『憲法論』において述べられているところによれば、ワイマール憲法は法治国的構成部分と政治的構成部分に区分される。前者は、その基本形式の面から見れば、市民的自由の意味における自由主義の憲法であり、このことから基本権（配分原理）と権力分立（組織的原理）が導き出される（*Ve*, S. 125-129［邦訳：一五三－一五七頁］）。後者は、民主制のような政治形態に関する部分である（*Ve*, S. 200 ff.［邦訳：二三四頁以下］）。さて、本リプライとの関係では、権力分立と裁判官が有する違憲立法審査権との関係が問題となる。

シュミットは、裁判所は法律に対する審査権を有するかという問題に関して、まず、ライヒ裁判所の判断を紹介している。すなわち、法律は憲法を無視することはできず、憲法に違反する法律は実質的に無効である。そして、憲法自身が法律の合憲性に関する決定を裁判官から奪い、ほかの特定のものに与えるような規定を有していないので、法律の合憲性を審査する裁判官の権利と義務は承認されているとライヒ裁判所は説明する（*Ve*, S. 195［邦訳：二二九－二三〇頁］）。しかし、シュミットの考えでは、このようなライヒ裁判所の理由付けは、本来の問題点を回避するものである。

「ここでもまた問題は、誰が決定するかということである。この問題は、ライヒ裁判所のような理由付けによっては答えられない。［……］すなわち、憲法律違反の法律の実質的違法性を強調するだけでは十分ではない。このような形式上誤りのない法律が問題となるのは、通常それが憲法律に違反するかどうかが疑わしい場合であり、ライヒ議会の単純多数でもって憲法法律の明確な文言に明らかな侵害がなされるということはほとんど考えられない。そこで［違憲かどうかが］疑わしい場合の決定が問題となるならば、問題の性質が全く変わってくるのであり、明白に「憲法違反の」法律の無効を主張するだけでは問題の解決にはならない。なぜなら、問題は、憲法違反の法律が無効であるか――これは自明のことである――ではなく、誰が法律の合憲または違憲に関する疑いについて決定するか［……］ということだからである。この問題は、憲法がほかの者を指摘しておらず、したがって裁判所に管轄が認められるというだけでは解決されない」（*Ve*, S. 195-196［邦訳：二三〇―二三一頁］）。

このように、シュミットは、法律が違憲であると「誰が決定するのか」という問題に対して注意を促す。しかし、『憲法論』においては、この問題はこれ以上立ち入って論じられておらず、シュミットは、違憲立法審査権を行使したとしても、司法は立法府に対して「働きかけ、侵害を行う」ことはないと述べ（*Ve*, S. 196［邦訳：二三一頁］）、違憲立法審査権は権力分立の原則に反しないという結論を引き出す。

さて、この違憲立法審査権の問題がより立ち入って論じられているのが「憲法の番人」である。この論文は、タイトルの通り、ワイマール憲法における憲法の番人、憲法の擁護者は誰かという問題をめぐるものであるが、まず、シュミットは、司法が議会多数派から憲法を守る番人となり得るかという問題について検討する（HV, S. 175-177［邦訳：一一六―一一八頁］）。

この点に関するシュミットの議論にはいくつかの興味深い論点が現れているが、筆者の見解では、シュミットによる議論のさしあたりの主眼は、市民的法治国においては、裁判官が行使する審査権は抑制的であらねばならず、憲法の番人とはなり得ないということにある。上記二でもすでに確認したように、シュミットにとって、市民的法治国においては法律への厳格な拘束こそが裁判官の独立性の前提である。いわゆる憲法裁判において、事態が疑わしく不分明であるにもかかわらず裁判所が決定を下そうとするならば、それは判決、すなわち司法とは別のものにならざるを得ない。この際、裁判所は、内政上あるいは外政上、政治的に活動することとなり、その場合には裁判官としての独立性は裁判官を政治的責任から守ることはできない（HV, S. 181-182.［邦訳：一二五―一二六頁］。S. 186-188［邦訳：一三二―一三三頁］も参照）。シュミットは、バンジャマン・コンスタンやギゾーといった、彼が自由主義や市民的法治国の理論に言及する際におなじみの名前を引き合いに出し、コンスタンらも司法の権限を拡張することに反対していたことを指摘することによってみずからの議論を補強する（HV, S. 185［邦訳：一三〇頁］）。

このようにシュミットは、市民的法治国の理論によっては、憲法の番人として裁判所を指名することは許されないと説いたのち、この問題はワイマール憲法の積極的部分（すでに触れた政治的構成部分と同義と見てよいだろう）によって解決がなされるべきであると説いた上で（HV, S. 212［邦訳：一六八－一六九頁］）、大統領こそが憲法の番人にふさわしいと論じるのだが（HV, S. 217 ff.［邦訳：一七七頁以下］）、この点について本リプライで詳しく論じる必要はないだろう(7)。

さて、かくして、権力分立、あるいはシュミットにとっては同義であるが、裁判官の独立こそが市民的法治国の要石であること、裁判官の独立を維持するため（すなわち市民的法治国であるため）には裁判官は違憲立法審査に対して抑制的であるべきこと、憲法を誰が擁護するのかという問題は権力分立をその中核とする市民的法治国の理論によっては解決できず、政治的構成部分によって解決される必要があること、これらのシュミットの主張が確認された。そして、これらの主張はすべて、市民的法治国であるワイマール体制を前提としていることも確認された。では、ナチス体制における裁判官の役割についてシュミットはどのように理解していたのか。次にこの点について確認したい。

四　ナチスと市民的法治国

次に検討されるべきは、ナチス期における（市民的）法治国の位置づけである。ナチス期においてシュミットの法治国に対する評価がいくらか動揺していることはしばしば指摘されるところであるが(8)、主題との関係から、ここではこの論点に必要以上にこだわらずに、一九三四年の「ナチズムと法治国」における一般条項論と関わる議論のみに焦点を合わせよう。

さて、本論文におけるシュミットの目的は、ナチス・ドイツが法治国であると弁護することにある。しかし、その弁護の過程は、（おそらくはライヒ議会議事堂放火事件に対する裁判過程に関連する他国からの批判を中心とした、多方面に対する政治的配慮のゆえに）やや複雑である。まず、シュミットは、法治国という概念は自由主義に由来する概念であることを宣言する（NR, S. 714〔邦訳：一六二頁〕）。この概念は、世界観的段階、国家学的な段階を経て、実証主義的な段階に達する（ebenda〔邦訳：一六四－一六五頁〕）。この段階における法治国とは、

「司法と行政の法律適合性という原理を保障するために一定の組織的な諸制度を認める国家である。すなわち、裁判官の独立を保障し、行政裁判権を持つ〔……〕国家である」（NR, S. 715〔邦訳：一六五頁〕）。

このような法治国観によれば、立法と行政との組織的分割を破棄しているナチス国家は法治国ではないこととなる（ebenda〔邦訳：一六六頁〕）。しかし、実際は異なる。「権力分立に関する古い自由主義の教義は、法治国という言葉を不当に独占し、あらゆる真の指導者主義を否定し、典型的に自由主義的な法律国的構成だけが唯一「法治国的なもの」だという考えを、時代の法的思考に押しつけようとしてきたにすぎないからである（ebenda〔邦訳：同頁〕）。すなわち、本論文においてシュミットは、『憲法論』等で自身が説いてきた市民的法治国（という言葉は本論文では積極的に用いられていないが）のみが法治国という言葉に値するのではなく、別の種類の法治国も存在することを示そうとしているのである。

このような自由主義的な法治国に対し、シュミットはナチス的なドイツ法治国という概念を対置し、今後は、こ

のような概念が用いられるべきであるとする（NR, S. 715-716［邦訳：一六八頁］）。

ところで、シュミットは、一方において、裁判官の独立や行政の法律適合性といった形式的意味における法治国の指標をナチスは備えており、ナチス国家はこのような意味で模範的な法治国家である、このことは、ライヒ議会議事堂放火事件においてナチスが裁判手続きに口を出さなかったことに現れている、という（NR, S. 716［邦訳：一六九頁］）。

しかし、他方、シュミットは、ナチスはこのような異質な法治国概念に対して精神的に屈服するつもりはないとも説く（ebenda［邦訳：一六九－一七〇頁］）。シュミットによれば、確かに、裁判官や行政官僚が直接にナチスの党綱領の原理をあたかも実定的な法規範のように施行、執行することはできない。裁判所が適用できる法は、総統によって制定された規範だけである。このような意味で、ナチス国家は、法律と秩序に厳格かつ確固として従う国家であるという意味での法治国である。しかし、このことを確認するに際して、シュミットは以下の三点が見逃されてはならないという（ebenda［邦訳：一七〇－一七一頁］）。

①法治国の形式的・組織的な制度が保持されるのは、それらの制度がただナチス国家という全体的構造の基礎や枠組みに従っている限りである。司法や行政の法律適合性や裁判の独立性は確かにナチス国家においても存在するが、これらの制度はすべて、全体的な運動によって担われているナチス国家の単なる構成要素にすぎない（ebenda［邦訳：一七一－一七二頁］）。

②確かに、裁判官や行政官僚がナチズムの綱領に示された原理を直接に適用することは許されないし、明確な形で廃止されていない法律は今後も妥当し続けるが、しかし、それらの法律は、それらが基づいていた自由主義的な性質を持つ古い国家の精神や原理を伴わずに、政府当局の単なる機能的規範としてのみ妥当する。今日におけるドイツのすべての法は、ナチズムの精神によってのみ支配されなければならない（NR, S. 716-717［邦訳：一七二－一

七三頁〕)。

③明確には廃止されていない法律がいまだ妥当している場合、不確定概念、つまり一般条項は、すべて絶対的かつ無条件的にナチス的意味に従って用いられなければならない。すなわち、ナチス党綱領の命題に示されたナチズムの精神に従って用いられなければならない（NR, S. 717〔邦訳：一七三－一七四頁〕)。

続けて、シュミットは、裁判官の独立や司法と行政の法律拘束性といった法治国的制度は秩序の維持にとって価値があるものであり、維持しなければならないと述べつつ、これらの制度はこれまで自由主義的国家構造が前提とする法概念にあてはめられて考えられてきており、これらの制度は自由主義的な法概念から引き離され、ナチス的思考に奉仕するように作り替えられ、無害化されなければならないとする（ebenda〔邦訳：一七四頁〕)。すなわち、一般条項とは、「法律に基づく司法」という外観を保持したまま、非ナチス的な法律の実質を骨抜きにするための手段なのである。

本論文の主旨を市民的法治国という言葉を用いつつまとめよう。確かに、ナチスは、裁判官の独立のような市民的法治国のメルクマールを一定程度受け入れている。しかし、それはあくまでもナチスの法原理に反しない限りで受け入れているにすぎない。ナチスは市民的法治国やその背景にある自由主義の精神に屈することはないのである。また、法治国という言葉は決して市民的法治国という意味しか有さないわけではなく、ナチス法治国というものもあり得るのであり、このような意味で、ナチス・ドイツは、その本質において非市民的法治国ではあるが、法治国である（とはいえ、ナチス法治国の実質が本論文において明らかにされているとはいえないが)。

さて、このように見た場合、確かに、ワイマール期シュミットの議論とナチス期シュミットの議論は、一見したところ、根本的に相違しているように見える。法治国という概念が市民的法治国以外にも存在しているという主張は、それ以前のシュミットには明確には見受けられないものであるし、また、ナチス期シュミットは、（シュミットが認めているように法律にはなんの規定も存在しないにもかかわらず（ebenda〔邦訳：一七三頁〕）裁判官が不確定概念をナチス的意味に従って用いるべきことを説いている。ワイマール期のシュミットであれば、法律に不確定概念が存在したとしても、当然に裁判官に判断する権限が認められることとはならず、その内容を「誰が決めるのか」と問いていたところであろう。

それにもかかわらず、本リプライが強調したいのは、市民的法治国が自由主義思想を背景としているという、市民的法治国が権力分立や裁判官の独立性、司法の法律に対する拘束といった諸原則によって成立しているというシュミットの認識に関しては（本リプライではもはや扱えない微妙なニュアンスの相違は別とすれば）変化は存在しないという点である。シュミットの見解が大きく変わったように見えるのは、シュミット自身の思想が大きく変化したからというよりも、なによりも、議論の前提となる国制像が根本的に変化したからにほかならない。市民的法治国たるワイマール共和国においては、裁判官は独立していなければならず、そのために裁判官は法律に従って判決を下さねばならなかった。これに対し、総統に指導される運動によって担われる国家たるナチス・ドイツ（NR, S. 716〔邦訳：一七一頁〕）においては、一応は裁判官の独立や法律に従った解釈は存続すべきとはされてはいるが、このことには決定的な意義が与えられておらず、裁判官はほかの諸機関と同様、ナチス的理念を実現するための一つの機関であるにすぎないと位置付けられており、市民的法治国において存在していたような、他機関との緊張関係は存在しないのである。一般条項論において見られるように、事実としてはすでにワイマール期において存在していたが、ナチス政権下において決定的に顕在化することとなったこのような状況の変化（そして、ワイマール期においては存在しなかった、変化した状況に対する無批判的追随）が、シュミットに原論文で述べたような具体的秩序思考の顕在化を促した（そして同時にシュミットの議論から、ワイマール期においては存在していた緊張感を奪っていった）ように思われる。

五　むすび

以上の考察をまとめよう。ワイマール期におけるシュミットは、ワイマール共和国が権力分立や司法の独立性、司法の法律に対する厳格な拘束といった原理をその中核的内容とする市民的法治国であることを前提として、司法による一般条項に基づいた解釈や司法による違憲立法審査に対して否定的な立場を取っていた。しかし、それゆえにこそ、このような市民的法治国は、例外状況における問い、すなわち「憲法上、未決定の権能の決定者、法秩序が未解決のままにしている管轄事項の管轄権者が誰か」という問題に対して解答を与えることはできない。このような問題は、ワイマール憲法中の法治国的部分ではなく、政治的構成部分を考慮して、解決されねばならないのである。

これに対し、具体的秩序思考期、あるいはナチス期のシュミットにおいては、確かに司法の独立性や司法の法律に対する拘束といった諸原理に対する承認は述べられているが、しかし、これらの諸原理の根底にある自由主義や市民的法治国といった思想は捨て去られるべきとされ、あくまでもナチスの法原理に合致する限りでこれらの諸原理は承認されているにすぎない。その結果として、「憲法上、未決定の権能の決定者、法秩序が未解決のままにしている管轄事項の管轄権者が誰か」という問題は、権力分立原理を採用するワイマール憲法下においてそうであったような意味で真剣な考察対象とはなり得ず、ナチスの法原理に基づいた一般条項の利用が推奨されることとなる。これらの議論の相違の根底に存在するのは、ワイマール共和国は市民的法治国であるが、ナチスはそうではない、という認識である。

このような観点からすると、ワイマール期において一般条項の頻用に対して批判的な態度を取っていたことと、ナチス期において（原論文で述べたように）具体的秩序思考の観点から一般条項の頻用に好意的な評価を下していることのあいだに、シュミット自身の思想に根本的な断絶が存在すると即断することはできないように思われる。(9)

以上のことから、以下の点が確認できるのではないか。繰り返しとなるが、評者がいうように、シュミットにとって法は状況の法である。状況が、筆者なりに換言すれば秩序が変化すれば、導き出される結論も変化する。裁判官の管轄問題のように、ワイマール憲法下では、すなわち市民的法治国という秩序のもとでは深刻な問題であった論点であっても、ナチスという秩序のもとでは無害化することもあり得る。シュミットを理解するにあたっては、シュミットがそれぞれの状況において、いかなる秩序が存在すると想定していたのかを踏まえることが肝要であるように思われる。(10)

※本稿執筆にあたっての技術的諸点をここで述べておく。引用した文献に邦訳が存在する場合、邦訳を参考させていただいたが、西村が一部改めた箇所も存在する。また、文献を引用する際、西村による省略は［……］で示した。引用文内における西村による補捉は［ ］で示した。引用を行う際、原文における強調は傍点で示した。西村による強調は傍線で示した。

(1) Carl Schmitt, *Verfassungslehre*, (1928).［邦訳：カール・シュミット、阿部照哉／村上義弘訳『憲法論』、みすず書房、一九七四年］。本リプライは第八版（1993）を用いる。以下 *Ve* と略す。

(2) Ders., Der Hüter der Verfassung, in: *Archiv des öffentlichen Rechts*, Bd. 55, (1929).［邦訳：C・シュミット、田中浩／原田武雄訳「憲法の番人（一九二九年版）」（同著、同訳『大統領の独裁』、未來社、一九七四年、所収）］。以下 HV と略す。なお、内容を拡充した同タイトルの単行本が一九三一年にシュミットにより公刊されており、「憲法の番人」について言及する際は、そちらを参照するのが一般的と思われるが、本リプライの主題との関係では、一九二九年版を用いた方が適切と判断したため、本リプライではこちらを用いる。一九三一年版に言及する際は、その旨を記す。

(3) Ders., Nationalsozialismus und Rechtsstaat, in: *Juristische Wochenschrift*, 63. Jg., Heft 12/13, (1934).［邦訳：カール・シュミット、竹島博之訳「ナチズムと法治国家」（古賀啓太／佐野誠編『カール・シュミット時事論文集』、風行社、二〇〇〇年、所収）］。以下 NR と略す。

(4) 塩見佳也「カール・シュミットの公法学における「サヴィニーの実証主義」」（『法政研究』第七六巻第三号、二〇〇九年、所収）、三五〇頁以下、広渡清吾『法律からの自由と逃避』（日本評論社、一九八六年）、三〇四頁以下。

（5）このことは、一九三一年版の対応する箇所（S. 19 f.）からは読み取りにくい。しかし、一九三一年版のS. 19, Anm. 2において、裁判官による自由な法創造のような主張にかかわらず、市民的法治国である限り、裁判官の法律に対する拘束に固執しなければならないというエーリッヒ・カウフマンの主張が好意的に言及されていることからして、シュミット自身の見解が変化したというわけではないだろう。

（6）Schmitt, *Politische Theologie*, (1922), S. 16-17.［邦訳：カール・シュミット、長尾龍一訳『政治神学』（長尾龍一編『カール・シュミット著作集Ⅰ』、慈学社、二〇〇七年、所収）、五－六頁］。本リプライは第二版（1934）を用いる。

（7）ただし、大統領がワイマール憲法第四八条第二項に基づいて有する命令公布権において、「あらゆる規範主義的擬制、隠蔽を貫いて、諸規範はただ正常状況に関してのみ妥当し、前提となる状況の正常性が、諸規範の妥当の実定法的構成要素であるという単純な法学的真理が顕らかとなる」（ders., *Legalität und Legitimität*, (1932), S. 73-74［邦訳：C・シュミット、田中浩／原田武雄訳『合法性と正当性』（未來社、一九八三年）、一〇九頁］）と説かれていることは、原論文との関係で確認しておいてもよいだろう。

（8）シュミットの法治国論については少なからぬ研究の蓄積があるが、ここでは岡田正則「ナチス法治国家と社会的法治国家（一～四・完）」（『早稲田大学大学院法研論集』第四一号－第四四号、一九八七－一九八八年、所収）、第四一号一二一頁以下のみを挙げておく。

（9）一般条項に対する評価の相違を本文のように観点の相違に還元する筆者の理解に対しては、以下のような異論があり得るかもしれない。すなわち、『憲法論』の時期のシュミットは市民的法治国にコミットしているのであり、この時期のシュミットと、一般条項を好意的に評価する、ナチスにコミットするようになった時期のシュミットのあいだには根本的な断絶が見いだされ得るのではないか、という異論である。たとえば評者が参照する塩見はそのように理解しているように読めるように思われる（塩見前掲（注4）、三五〇－三五一頁）。このようなシュミットに対する理解の背景には、ワイマール期シュミットはむしろ（少なくとも主観的には）ワイマール共和国の擁護者であったと見る解釈傾向が存在するのかと思う。問題状況についてはさしあたり権左武志「ワイマール期カール・シュミットの政治思想」（『北大法学論集』第五四巻第六号、二〇〇四年、所収）、二－三頁。シュミットとユダヤ人との関係や保守革命との関連といった論点とも絡む、膨大な研究の蓄積が存在するこの論点を包括的に扱うことは、現時点で筆者のなし得るところではないが、『憲法論』に先立つSchmitt, *Die geistesgeschichtliche Lage des heutigen Parlamentarismus*, 2. erw. Aufl., (1926), S. 30, 62-63［邦訳：カール・シュミット、稲葉素之訳『現代議会主義の精神史的地位』、（みすず書房、一九七二年）、三〇頁、六六－六七頁］において、議会主義およびその背景である（市民的法治国思想とほぼ同義と理解してよいであろう）自由主義の破綻宣告が行われていることを考えると、少なくともシュミットが『憲法論』の段階において市民的法治国にコミットしていたと理解するのは困難であるように思われる。このことを（将来における）ナチスに対するコミットメントと即座に結び付けてよいかどうかはともかくとして、シュミット自身は一貫して、市民的法治国の、すなわちワイマール共和国のアウトサイダーとして、ワイマール憲法の教義学に携わっていたというのが現時点での筆者の理解である。

(10)　ここでは、シュミットにとって市民的法治国が秩序にあたると述べた。しかし、実際には、シュミットが、市民的法治国という思想が一個の完結した秩序として存在し得ると捉えていたかどうかは疑わしい。市民的法治国のように法をもっぱら規範として捉える思想は、例外状況を把握し得ず、それぞれの国家機関の管轄問題を解決し得ないという欠陥を抱えているからである。シュミットが『憲法論』において、「市民的法治国の憲法論が横着するとりわけ困難な点は、憲法中の市民的法治国の構成部分が、実際それだけでは自足的なものではなく、政治的構成部分に付加されているにすぎないにもかかわらず、今日なお憲法全体と混同されていることである。［……］このような擬制と無視のために最大の犠牲となっているのは主権概念の取り扱いである」（*Ve*, S. XIII f.［邦訳：六頁］）と述べ、ワイマール憲法における政治的構成部分に注意を向けているのは、市民的法治国思想が十全な意味で一個の秩序とはなり得ないからであろう。従来の研究においては、シュミットにおける市民的法治国の部分、換言すれば自由主義と、政治的構成部分、換言すれば民主主義との緊張関係に着目するものが多かったように思われるが、近年では、両者の結合関係に着目する研究も現れている（長野晃「カール・シュミットの均衡理論」（『政治思想研究』第一五号、二〇一五年、所収））。おそらくは、シュミットのワイマール憲法理解の全体像を把握するためには、このようなアプローチは非常に有意義なものだろう。本リプライでは、主題と紙幅の関係から、（評者のコメントを受けて進展した）筆者のシュミット理解（たとえばワイマール期シュミットにおける「法律」の概念について等）を十分に展開することはできなかったし、原論文の叙述と本リプライの叙述の関係も十分に明らかとすることができなかった。以上で述べた点も踏まえて、さほど遠くないうちに、あらためて筆者のシュミット理解を展開することができればと考えている。

追記　原論文に誤記が存在していたため、ここで訂正をしておく。

・normale Zustand → normaler Zustand（一二四頁）
・gesetzliches Positivismus → gesetzlicher Positivismus（一四一頁）
・滋学社 → 慈学社（一四九頁注1）

反論と意見

1　書評：高橋広次『アリストテレスの法思想――その根柢に在るもの』（成文堂、二〇一六年）

山田　秀

はじめに

著者の「はじめに」は簡潔にして明快である。その後半部分（iv～viii）で本書全体の構成と各章の執筆目的と意義が概説されている。

何故アリストテレスか。――解決されるべき難問に対する効果的な助言を与えてきたという実績の故である。論述に際し急所を押えている。又、自由意思の働きを十分に評価している（第一部第4章）。

「人間の身の丈を知った冷徹な現実認識」と「人生を肯定する楽天性」を包蔵するその思想はトマス・アクィナスの自然法思想に継承される。自然法は上方に向かっては永久法への参与として把握され、下方に向かっては実定法の実現へと連なっている。実定法は自然法の継続的形成であり、トマスの自然法論は「アリストテレスの言うべくして言いえなかった法論の開展である」。自然法から実定法への形成へ移り行く枢軸点に知慮（prudence）の徳がある。

法（理）学jurisprudenceの語源はラテン語（jurisprudentia）だが、これは文字通りには「法の」（juris＝jusの属格）+「知慮」（prudentia）よりなる。ここから法学は「この知慮の働きが特殊な法作用に、とりわけ裁判上の法解釈や司法的実現を図る」ことにあったことが窺える。アリストテレスの場合、知慮が本来的に働く場は統治の場であった。「法秩序の究極目的に鑑みながら、それに適合するもろもろの具体的なてだてを、価値や合目的性の観点から判断」し、「規範的命令の形で」一般規範を創造するのは、立法の知慮（legisprudentia）である。実は晩年のプラトンも「黄金の知慮の働き」を説いており、それはアリストテレスの『ニコマコス倫理学』（以下『倫理学』と略記）における「知慮の棟梁としての働き」に相当する。

アリストテレスにおいて国制を彩色決定するノモス（nomos）に相当するレックス（lex）を強度に重視するホッブズやルソーの「強いリーガリズム」に対して、ウィントゲンスの説くリーガリズムは穏健なリーガリズムである。それは、権威的決定を至上とする唯名論の成れの果てである通俗的な法実証主義とは異なり、トマスに代表されダバンに見られるような、人間本性を重んじつつ社会目的たる共同善（bonum commune）の実現を配慮する「知慮」の働きを重視する健全な実定法主義に親和的な、即ち「常識的な法学者に一致する見解」である。

第一部　法および政治における知慮

第1章　「実践哲学復権における知慮の役割」

一　第1章は三節──第1節「古代的実践志向の現代法学界への逆輸入」、第2節「「実践」に関して学問は成立しうるか」、第3節「法哲学における理論知と実践知」──から成り立つ。

二十世紀後半に入ってから実践哲学の復興現象がみられる。早期の作品としてフィーヴェク『トピックと法律学』がある。法学の領域を超えて実践哲学の復興に直接かつ本格的に重要な貢献を成したのはペレルマンとガダマーであった。

ヴィコが批判の対象としたデカルトの批判的方法（critica）は、第一真理から区別される二次的真理とか真理らしいものを虚偽同様に知性から追放する結果、「真理と虚偽の中間物たる真理らしきもの」への洞察能力を、延いてはsensus communis育成を妨げる。学芸において必要な想像力や記憶術の衰弱、言葉の貧困化と判断の不適切さを齎す。政治学において不都合を生じる。クリティカに従う者は学識はあるが賢慮を欠いている。一方、永遠の真理を目指す知恵ある人々が発揮するのは直線的でない迂回的な弁証術的な推論である（六頁）。

ローマ法における擬制と衡平、ヴィコの提示したsensus communis、prudentia、topica、rhetorique等の概念がアリストテレス実践哲学に連なることの指摘、後者が列挙した四種類の推論形式――論証的推論、弁証法的推論、争論術的推論、誤謬推理――が紹介される。

二　フィーヴェクはトピクがヨーロッパ法史の宝庫であることを発見した。これを一法学の方法から実践哲学全体の方法へ格上げしようとしたのはヘニス『政治学と実践哲学』であった。「対象が許す程度での正確さの要求」を説くアリストテレスから離れて、デカルト・ホッブズ的な近代の思惟様式の下、実践哲学を純粋に理論的な学問概念の要求下に置くことは実践（哲）学の問題圏から倫理学を排除することに通じる。[1]何が招来されるか。――非倫理的心情、非政治的心情、非法的心情による非実践的な倫理学、政治学、法学である（二一頁）。

三　実践哲学とは一体どういう性格のものか？　アリストテレス倫理学は「善きひと」になるための処方を含むと同時に一種の「形而上学」を志向する面を有する（二五頁）。一方でphronesisはその都度の状況の中で何が「人間的善」であるかに応えるべく登場するのに対して、他方で「メタ倫理学的考察」はそもそも「善とは何であるか」に応えるべく登場する。しかし両立するのだろうか。

著書によれば、クーンとペーゲラーの見解の対立につき調停の端緒を与えることが期待されるのがヘッフェの「構図学」である（二八頁以下）。

四　第1章の結びに到達して初めて著者の革新的で核心的な見解が提示される。ペレルマンにせよガダマーにせよ、それぞれレトリックに「普遍的聴衆」の観念なりヘルメノイティクに「自然法」の観念なりがあったお陰で実践哲学本来の使命を忘却してはいない。(2) ヘッフェの構想も結局レトリックやヘルメノイティクによる媒介なしにはその哲学的本来の使命を実質的に遂行出来ない。それに対して「伝統的自然法論は、……ペレルマンやガダマーの「実践哲学」を優に凌駕する「実践哲学」としての本来的品位を備えているように思われる」（四五－四六頁）。

ここには著者が伝統的自然法論者であることが明言されている。実践哲学の復権に伴って、法哲学は法の哲学（Rechts-philosophie）というよりは寧ろ法の知慮（Rechts-prudenz）として活況を呈しているように見えるが、哲学と知慮は自ずとその使命と機能、課題と方法を異にするであろう。状況に即応しようと努める知慮も状況の複雑さに搦め取られてしまうならば「知慮に似た悪徳」に変質するというトマスの注意を引いて、「それゆえに「正法」に達するためには、まず人間の本性法則がどのようなものであるかを踏まえておく必要がある」（四六頁）。

第2章　「法・国家研究における「中」と「知慮」」

一　本章は本書の中でも取り分けて充実した章となっている。「中」（mesotes）と「プロネーシス」を中心に論述は綿密に展開される。が、それに先立って、二十世紀前後半のそれぞれの時期において、ハイデッガーによる自覚的アリストテレス研究再生とか戦後の一時期を風靡したロールズとこれを筆頭とするリベラリズム一色かに見える中での共同体主義の興隆におけるアリストテレス回帰であるとか世紀末から現代・現在に至って問題化してきている自然環境への関心の高まりの中での近代哲学以前の自然観の見直し乃至再評価であるとか、(3) 幾重にも「アリストテレスの思想的豊饒性」が著者により強調される（四九－五二頁）。

法的判断は、「知情意一体の「行為的直観」をもって遂行される」（五七頁）。ともあれ、善き法曹は、知情意揃っていなければ「邪知」を悪用する悪しき隣人となりかねない。では、知慮は「法」や「政治」といった場面における人間的善の実現にどう関わっているか。

このアリストテレスが言うべくして語り残したプロネーシスの本質的働きのみならず、その似て非なる働き、その逸脱した形態、そして超越への志向をも交えて、論じ尽くしたのがトマス・アクィナスであった。（五七頁）

二　アリストテレスの現代性を論じた第2章の「はじめに」に続いて第1節は「人間的善」を論ずる。

いかなる技術、いかなる研究も、同じくまた、いかなる実践や選択も、ことごとく何らかの善を希求していると考えられる。「善」をもって「万物の希求するところ」となした解明の見事だといえる所以である。（五九頁）

引用文中の「実践」（praxis）は poiesis を除いた狭義の実践であること、「善」に込められた深い意味があることに注目すべきである。目的追求は「存在者が本来そうであるところのものになる原本的運動」を指す。努力は「その存在者があるべきものに到達しようとするその存在者に属する存在の仕方」である。「あるべきもの」とは「目的」（telos）であり、「そのためのそれ」であり、その「倫理学の存在論的にして価値論的な地平」を示す理論を提供する。目的は運動の静止・終焉ではなく、その完成である。このことは肯ずることが出来る。しかし、アリストテレスのいう「善」はプラトン的な「離在」（choriston）でなく「内在」（oikeion）であると語られるとき（五九頁）、プラトンに対して余りにも冷淡すぎるように思われる。(4)

人間的善とはアリストテレスによれば結局「人間のアレテーに即した魂の活動」である。次に arete（徳、卓越性）とこれと密接に関わる hexis（習性、習慣）を見ておかねばなるまい。

三　魂の活動がアレテーに即して見られるとは真に善くなされるということであり、それ故に、人間的善は「最善の状態にある人間存在の実現」である（六三頁）。それ自体興味深いハイデッガー援用の周到な考察は割愛するとして[5]、アレテーに即した活動は反復強化されたヘクシスに発する活動であり、その能力はやがては遂に本性へと転化すること、有徳な行為を生み出すヘクシスは常に善へと向かう確定的な方向性を持ち、有徳な行為には忘却は起こりえないと岩田靖夫を援用する（六七頁）。

四　第2節では「中」と「知慮」が考察される。「中」の再発見と再評価の研究史を紹介し、東西思想に共通してみられる「中」ないし「中庸」の頂極ないし「至」を指摘して、著者は「存在的な向上も、ある一点を過ぎてしまうと価値論的には下降となる」と述べる（六八―六九頁）。中庸は頂極である[6]。以上のメソテースを総合価値として捉え、最高善たるeudaimoniaにおいてそれが完成されるというハルトマンやシリング流の捉え方とは逆に、「メソテースの本質を時間におけるカイロスという局面で問題にし、そこでのアレテーの特質を浮かび上がらせている」ハイデッガーが示した解釈を著者は紹介する。

五　知慮は手段に関わる働きか、それとも目的にも関わる働きか。――「知慮」の倫理的・政治的含意を探る前段階として有効であるところの、質料的基礎から知慮を論じたタイヒミュラーの研究成果を踏まえて、著者はプロネーシス概念がアリストテレスにおいては広い意味を有することを力説する（七五―七七頁）。「人間はその死すべき制約のもとで、それにも拘らず、完成しうるものを完成するように招かれている。」（八〇頁）尤も以上の所説の吟味は知慮を本格的に論じる上での不可欠ではあるが、前座でしかない。本題の「知慮」を問う場面でハイデッガーが再登場する。Pronesisは「善を追求し、発見する自己自身のプラクシス自身」を主題とする（八一頁）。更に「時間」（kronos）も重要である。

六　第3節は正義論および法論における「中」と「知慮」を論ずる。数学的正確さではなく「大体において」の性格を有する「中」について、mesotes論とpronesis論が深く関連する。ここでヴァルダーキスの研究を踏まえつつ、究極的な「正しさ」を決めるのが感覚なのか判断力なのか即断できない難問ながら、プロニモスが一種の「判断力」あるいは善悪の「分別力」であることは否めず、他方では「感覚」というアリストテレス自身の言葉をも尊重して、著者は次のように纏める。

> プロニモスには個別的状況における善の「直知」、それも命令あるいは当為を伴った直知があり、判断分別もこれに従っていると捉えた方が整合的ではなかろうか。「判断」という言葉には、そこからだけでは意志に対する命令（dei）という意義は出てこないからである。
> プロニモスの判断の確かさは「行為者人格の経験」に基づいている。……その習熟には長い歳月が必要である。学問によってだけでなく行為の中で培われる「経験」empeiriaの豊富さこそが彼の卓越性を涵養する顕著な条件であることを付言しておこう。（八八頁）

従来法哲学でそれほど重視されてこなかった「法を運用する者の主体的倫理性」への再認識の必要性が力説される。

現行の法律が事態にもはや対応できない場合にどう対応すべきであろうか。——著者は、「経験家」としてのアリストテレスが「自然的正しさ」とか「不文法」或いは「共通の法」と記している概念に注目する。更に「奥底からプロネーシスを起動させる働き」たるsynderesisを「原良心」と名付けたピーパーを引証する（九五頁）。

七　知慮の働きとプラグマティズム精神とを統合して自然法論の復興に寄与したヘルシャーは知慮獲得の背景に「経験」（伝統と記憶）と「実践」（公共レベルでの慣習と私的レベルでの習慣）があることを、その上「合理」を超える能力を知慮内部に持ち込む「直観」ないし「道徳的感覚」を指摘する。[7] これ水波朗の「本性適合的認識」ないし「洞見知」[8] に比肩されようか。

ヘルシャーが「知慮」を世俗的次元に押し込まずに「愛」へと向かう超越的部分を含むとしている点が特筆される（九九頁）。

八　第4節ではハイデッガー自身の解釈の不十分な箇所が取り上げられる。彼は「ポリス的動物」とか「ロゴスを有する動物」とかを手掛かりに「ロゴス」を「言葉」と理解した。だがその結果「ポリス－内－存在」としての人間の独自性の重要な側面――ロゴスが正・不正に関わっており、ロゴスを通じて表明される「人間にとって有利なもの」が共同善であること――の認識が抜け落ちた。アリストテレスの政治学の核心に迫ろうとする方法は、彼の政治理解を「価値論的および存在論的に根拠づける法哲学的方法であろう」（一〇五－一〇六頁）。

ヴァルダーキスは、「真と思われていること」に二類型（位相）があると見て、量的卓越性（真であると思う人々の多さ）と質的卓越性（真であると思う学識者の優秀さ）が一緒になってエンドクサを出発点とするアリストテレスの議論の「確かさ」を保証すると見る。こうした見方がアリストテレスの「現実的に望ましい国制」の姿を探求しようとする下敷きになっていると著者は説く（一〇七頁）。

九　人間は、形相と質料の「合成体」である。質料に対する形相の優位を説きはするが、人間の「精神は必ず身体に相即して作用する」。現実の人間には然るべき人（々）による然るべき強課が必要となる。しかもその強課は根気強い習慣化を要する。人間の自然本性は「先人や他者そして外界より配慮され庇護されつつ、自己の可能な本質を自分で配慮しつつ完成させる傾向」であり、mesotes 原理は「個人倫理とポリス生活の両領域に共属している。」（一一一頁）

(1)　ポリスの目的因

ソクラテス＝プラトン流の「国全体ができる限り一つである」という最高善に関する考え方を斥けて、アリストテレスは「国は本性上、一種の多数であって、より以上に一つになれば、国は国たることを止めて家になるだろう」と言う。国家は個体もしくは有機体というよりも、「合成体」[9]であるという理解に立脚するアリストテレスによれば、「国はただ多数の人間からというばかりでなく、また種類の違った人間から出来ている。何故なら国は同じような人間から出来るのではないのだから」。多元的国家観の提示である（一二一―一一三頁）。

ポリスの存在理由は「善く生きる」ためのアウタルケイアを可能とすることにある。そこに財産の私有共用論提示の根拠がある。「アレテーに従った魂の活動」、「人間のアレテーに即した魂の活動」が実現されるように（その実現が容易になるように）運営されることのうちにポリスの存在理由がある。[10]

(2)　ポリスの質料因

ストア派の哲人やカントとは対照的に、アリストテレスは道徳的・精神的目的に資する範囲で外的善や幸福を軽視しない。物質的基礎に過不足がないとき、ポリスの目的因が達せられるからである。どのような制度を採ろうとも財産、国家における所有権を巡る争いは絶えないが、その原因は根本的に人間の悪性にある。倫理の問題である。多数支配と少数支配との中間にあって共同善を実現しようとするのが「国民制」（politeia）であり、それは貪欲と強制との間の「中」をもとに政治的諸権力の均衡をとるメソテース原理の要請に近いところに位置している。

外的善に関わる「家政術」と「取得術」について、「家は、生活に必要な財を自ら生産できる立場にないので足らざるところを取得と交換に依存するが、正しい取得術は生活に必要な財を家のために配慮する能力である限りで家政術に属する」[11]。アリストテレスの経済学は、現代式の合理的経済学ではなく、実践哲学あるいは政治学の一部としての経済倫理学である。

(3) ポリスの作動因

ポリスの根幹を成す「国制」の在り方を決めるのは立法者である。法律は、『倫理学』においては私人間の対立する要求の解決を目指すが、『政治学』においては諸党派の対立する主張や利害の解決を目指すもの、或いはそれを目指して作られたものである。生きた「正」たるべき裁判官が正義のために「中」を求めるように、立法者は単なる対立する党派利害の折衷・妥協の産物ではなく、「理性的な「中」への止揚」としての法律を目指さなければならない。

(4) ポリスの形相因

『政治学』第7巻・第8巻における考察は、最善の国の人口数、国土の広さ、国民の気性、土地財産の所有、教育の一般原理とその方針に向けられているが、それに先行する三巻の考察同様、mesotes 原理に拠っている（一一九頁）。

アリストテレスは決して「混合国制」を肯じてはいない。混合は「単なる駆け引きの妥協の産物」でしかないからである。社会を考察するに際して一般的に採用される富裕層と貧困層との二元的対立図式の把握に対して、彼は「中間層」を組み込んでポリス論を展開する。何故か。――貧富の対立は「対立」ではあっても「矛盾」ではなく、克服不能な対立ではないということ、更に、革命を防ぐために「中」の存在意義が大きいということからである。そこから中間層の育成強化が果たすべき社会安定化機能が語られる。「中間者の精神的・道徳的・社会的実体」がそれを可能にする鍵を与えるから。「中間者のみが権力の不当な配分を交替によって補うか、少なくとも両者の間の媒介者として現れうる。なぜなら富裕者は貧困者と権力を交替制にしようとは思わないであろうから。」しかもポリスの存在と維持とにとっての大前提である「親愛」は非常な富裕者と非常な貧困者との間では成立し難い。かくして「中」の原理が、倫理の次元でも政治の次元でも中心的な位置を占めていることが確認される。

一〇　「はじめに」における第2章の解題では（v）、人間の自然的生存にはホメオスタシス（均衡）が内在しており、健康は「通常の」状態であると同時に、「規範に適った」状態である。そのアナロジーによって、人間の本性が自然状態から習性の獲得により、倫理的・知的卓越性を確立するに至るのが「自然的」発展であり、この「自然（的）」は両義的である。変化の激しい多様な社会にあって「中」に居ること、その発見、ともに困難であるが、そうした「中」の洞察に卓越し、立法・司法の任に当たれる者がプロニモスである。「国家は、個人のアメニティーを最大化する道具ではなく、「善き生」を求めて祖先から子孫へと受け継いでいく全ての国民の種的基体なのである。」[12]（一二三頁）

第3章　「アリストテレスは自然法論者か」

一　或る人物が自然法論者であるか否かは、自然法の存在を認め尚且つその認識可能性を肯定するか否かに懸かっている。[13] 本章の内容は極めて興味深い。

二　アリストテレスの「自然的正」には如何なる含意があるか。その現実主義的なものの見方からすれば、その法理論は現行法の保守的正当化機能を果たす（だけ）と位置づけられるだろうか。何故、アリストテレス程の哲学者が後世の、とりわけトマスに見られるような「自然法」の観念を構築し得なかったのか。——それは、「自然的正」が本来の超越的機能を有さず、「ポリス的正」の一部とされていたこと、彼の求める「人間的善」が pronimos の到達し得る倫理的判断基準であり、pronimos 自身がポリスを超越しないという基本的な理解に制約されてのことではなかったか。

トマスの自然法思想に関しては、lex を中心に見るか、prudentia を中心に見るかについて極めて困難な問題がある。ネルソンによれば[14]、トマスの倫理理解は過度に法（律）lex 中心に演繹的に構想された静態的自然法論ではなく、寧ろ「知慮」を中心に具体的に構想された動態的理解である。[15] しかし、トマスは「シンデレーシスによる直知」や「実践の第一次的諸原理」の自然本性的認識に重要な役割を明確に認めている。[16]

三　著者は、「行為の端緒と終局に位置する普遍的な原理を直観する「知性」（ヌース）があって、これが「知慮」（賢慮）の働きを支えている「原基」といった役割を果たしていないだろうか」と問い、アリストテレスの遺り残した仕事の展開をトマスの学説に見出す。そして「感覚に由来する経験をよそにしてヌースは何事をも捉えない。しかし、もし知覚が知覚固有のものしか捉えないとしたら、われわれは特殊のうちに普遍を把捉することができないであろう。ここにおいてヌースの超越論的性格が想起されねばならない」と言う（一三四頁）。いよいよ二つの重要問題――「知慮は行為の目的の定立に関わるのか、それとも専ら手段の選択に関わるのか」と「知慮と倫理徳の基礎づけに見る循環構造」――についての読解作業が開始される。

四　「手段」が通常担っている意味は「それ自体価値のある何らかの目的への有効な到達手段」という「有用性」であるが、手段の探究に二つの意味――「事実を作り出す作動因」と「価値を実現する形相因」――がある。この価値実現の形相因の探究は「普遍的価値を代表する特殊的価値の探究」である（一三六頁）。倫理的行為、その目的は、単に行為の結果に置かれるのではない。「行為そのものの美しさ」に置かれる。[17] 著者は「**完全な実践的認識は一つの作為的仮言的判断と一つの行為的定言的判断の合成となる**」と強調する（一三七頁）。

五　厳密学と一般に思われている自然科学とて普遍的必然的な事柄だけでなく個別特殊的偶然的な事柄をも研究するのであるから、倫理学とて個別特殊的偶然的な事柄のみを取り扱わねばならないとするのは先入観ではないのか。能動的知性も受動的知性もその**本性上すべてのものに手を伸ばしている**（一三八頁）。

このように捉えると、「理性の行程が何らかの知性（intellectus）から進行しなければならない」以上、「実践的事柄（行為の事柄）に関わる正しい理性」である知慮も当然のこととして、その全行程が知性（intellectus）に起源を有すると結論付けなければならない。トマスが言うには、思弁的（理論的）理性には、「自然本性的に知られる事柄」と「それらを通して知られる事柄」＝即ち「諸々の結論命題」（conclusiones）があるのと同様に、実践的理性のうちにも倫理的諸徳の目的である「自然本性的に知られる事柄」が先在する。それと、思弁的理性における結論命題に相当するものが実践理性の領域にも見られるのであって、これは「目的への手立て（たるもの）」と呼ばれる。これに関わるのが知慮である。

要約すると、①行為の領域において実践的個別的結論へ至るためには、「小前提に関わる知慮の部分としての知性」と「普遍的基本命題に知性が把捉する知慮の前提としての諸原理」という二つの知性が認められる。②知慮は「目的への手立て」に関わり、諸原理の個別への適用を行う。③倫理的諸徳に目的を「予め示す」のは良知である（一三九―一四〇頁）。

六　重要問題のうちの二つ目の「知慮と倫理徳の基礎づけに見る循環構造」の問題について、著者は「『われわれにとって後なるものが本性的には先立つ』および『全体は部分に先立つ』とするアリストテレスの基本思想に鑑みるならば、本性上の徳を完成した者あるいは全体が、その途上にある者あるいは部分を導くことになる」と纏める（一四一頁）。

著者は問う。岩田説は、時間のカテゴリーを導入することによって上記循環構造の問題の難点を回避しているのではないか。稲垣良典によるトマス『ニコマコス倫理学註解』の解説もアリストテレスが明瞭に立てなかった「実践の第一諸原理の直知」を持ち込むことによって、アリストテレスから逸脱しているのではないか。

「自然的徳」は端から色眼鏡で「倫理的徳以前の非理性的なパトス」と従来考えられてきたが、ローンハイマーは、それを「知的徳の可能態」として把握することを提唱し、**原―倫理的徳**と並んで**原―知的徳**をアリストテレスのテキストに読み込んで新しい道を拓いた（一四三頁）。自然的徳で以て、アリストテレスは人間という「種」のレベルで考えている（一四三―一四四頁）。

七　著者は、「知性と知慮とを「同一の」実践理性の展開のそれぞれ異なった段階における相と見る」ローンハイマーを手掛かりに、実践理性の統一性の説明に乗り出す。「普遍の目的に向かうのか、それとも個別の具体的手段に向かうのかの論争は、さして意義のある試みではない」（一四四頁）。同様に、「秩序づけは、実践理性が自然法に照らして善悪決定を導く過程の各段階で現れるから、それが『目的』と呼ばれるか、『目的へのてだて』と呼ばれるかは相対的な呼び名でしかないことになる。」（一四五頁）

八　本章の纏めにおいてエルムが参照される。「神的なもの」は質料を欠いており、何か「純粋思惟的なもの」である。アリストテレスが人間におけるヌースを尊敬するのは、その所有によって神（的なもの）の完全性に一部与るからである。彼は、手を、道具を使う道具として、即ち「道具の道具」として位置付けて、これによって魂ないし知性（ヌース）が「形相の形相」として位置付けられることを説こうとする。

トマスの法の定義は「共同体の配慮を司る者によって制定され、公布されたところの、理性による共同善への何らかの秩序づけ」であった。共同体の配慮を司る者＝立法者の実践理性＝知慮の働きが前提されているが、「自分にとっての最善を知る知性の下に、知慮は、『知性の道具』としての倫理徳を通じて、『それ以外の仕方でありうる』この偶然性に満ちた世界で、行為に際し正しい判断を下すことが同時に自己の本性の実現となるよう知性を助けて、人間固有の倫理的世界を築いていく。」（一四七頁）。かくて確かに「アリストテレスがポリス的正の一要素に収めた「自然的正」（ユス［jus naturale］）の観念は、アリストテレス自身の言葉「実践理性」（ヌース・プラクティコス）等を参照しつつ、トマスの手によって、全的な共同善へと超越する客観法たる「自然法」（レックス［lex naturalis］）の理論へと拡張されたのである」（一四八頁）と言えるであろう。

第4章「自由意思と帰責について」

紙幅の関係から、示唆に富む本章からは一箇所だけ引用してコメントを付す。

帰責とは何かを答えるにあたり、志向される「目的内容」が手掛かりを与える。アリストテレスは、人間存在そのものが「合成体」であるとの理解を基軸として、行為者の多様性に鑑み、その性格や環境によって決定されていない行為については、非決定論の立場に立ち、そうした要因によって決定されている行為については、人格形成責任論によって、行為者の責任を分けて基礎づけているように思われる。人間的行為が層的多様性を示すため、また当の人間が年齢的・社会的限定を受けているため、帰責の基準に厳・寛の差異が現れる。しかし、いずれにせよ実践的推論の大前提をなす規範認識が行為者にあって体得されているか、それとも腐敗しているかは、帰責の大きな分岐点である。（一八八―一八九頁）

アリストテレスは「犯罪論の基礎となる帰責可能な行為についての綱要を提示して見せた」。しかし、裁判実務では基礎論だけで処理できない全人間的な深刻な問題が取り扱われる訳だから、その方面が大問題である。これは著者とて同じお考えと思う。また大綱と言うのであるならば、第5章の註(54)で詳細に説いておられる唯識論が相当踏み込んだ解明をしているように思われるし、私自身は著者が援用されているトマス＝稲垣習慣論をこれに併せて考えれば十分ではないかと従来から考えていたのだが、ご教示くだされば有り難い。

第5章「アリストテレス＝トマスの政治的知慮論」

一　章題から、著者がアリストテレスとトマスとを順接的・一体的な思想家として理解していることが窺える。

『倫理学』の第5巻では「正義」こそが（正義のうちに徳はそっくり全部ある。）、そして第6巻では「知慮」こそが（政治術は棟梁的立場にあり、知慮と同じ状態である。）最高の徳であると説かれている。これをどう理解すべきか。――著者は、「知慮と正義の両徳は、相互に交差しており、したがって、交換可能な意味を有しているとも解することができ」と一応述べるが、決着をつけるためにアリストテレスにおける「魂の構造論」とそれに基づく知性的徳と倫理徳の相違と関係を踏まえる必要があるとして、更に考察を深める（一九四頁）。「交換可能な意味」に関連する原文に「存在（エイナイ）を異にする」という語法が見られることもあり[18]、これに着目する。

ここには単に呼称上の相違に止まらぬ優位性が込められているものと見ることができる。この一般的正義は、算術的であれ幾何学的であれ単に対他的でしかない「均等」（ison）に立脚する特殊的正義に対し、国全体のノモスに従う性格的徳であるがゆえに、遵法的正義（nominon dikaion）と呼ばれる。これらいずれの徳も、人間的共同体の善へ導く力を有するという点で合致していることに注目せねばならない。（一九五頁）

二　アリストテレスは知慮に属する部分について、自己一身に関わるもの、家政（オイコノミア）に関わる部分、立法（ノモテシア）とか政治（ポリティケー）に関わる部分――評議（ブーレウティケー）と司法（ディカスティケー）――に分けた。だが、彼は自己一身に関わる善も家政や国政と無関係にはあり得ないと書き残していることもあり、「基本的な考えは、人間が追求する善もしくは正は、究極的には、自己自身に関してよりも、より広い範囲において共有する普遍的な善あるいは正の方に顕れると見ることができる。」（一九五頁）。これは著者ご自身の基本思想でもあるだろう。

三　アリストテレスの正義分類を紹介しつつ注意点を述べた後、著者は稲垣説を特筆する。

交換的正義は各人の分が既に確定されていることを前提したうえで、それを過不足なく与える正義であるのに対し、配分的正義はこれからまさしく各人の分を、**共通善**を配慮しつつ正しく確定せんとする正義である。これらが全体における部分に帰するユス（＝権利）の適正な配分を問題とするのに対し、法的正義は私的な人びとに属するものを**共通善**へと秩序づけることにおいて、**共通善**を確立することを課題とする正義である。（一九七頁）

このように著者は稲垣の「共通善」概念が多様な善の相克の中で果たしている重要な調和的役割を指摘して、「法的正義もまた、政治的知慮と同様、自己一身に関わる諸々の倫理的徳や対他的な特殊的正義を超えて、共同の善を探求することにその力が発揮される」と強調する（一九七頁）。

四　政治的知慮と法的正義との優越関係を考察するのが次の課題である。著者は『倫理学』第一巻第一三章を引用した後、「合成的実体」としての人間理解、それ故に人間的徳を考える際にも「合成者の徳」を思うべきことを指摘する。「欲求部分は知性によって浸透され、知性的部分も欲求によって浸透されている」とみるべきで、要点は、知慮のみは倫理徳なしには完成しないし、他方、倫理徳も知性的徳なしには完成しないということである（一九八—一九九頁）。それにしても知慮と倫理的徳との循環関係は一筋縄ではいかぬ。

［藤井の提説］によれば、このオルトス・ロゴスこそが目的の原理であり、ただこのロゴスは人間の生き方の進むべき方向を大綱において指し示すにすぎないのに対し、個別的な状況の中で「中」を決定するのは目的に至るてだてを思量するプロネーシスである。そして、行為へ向かうプロアイレシスにおいて**目的のロゴス**と**手段のロゴス**は「実践理性」によって統一される限りで、「実践理性」こそが**行為のロゴス**と呼んでよかろうと結論する。（二〇三頁）

五　次に合成体たる人間における自己形成として実践的推論を考察する。ここで原典から四事例が抽出され比較検討がなされる。彼の実践的推論は「普遍と特殊の独特の包摂関係」という視点から理解するのがより適切ではないかと言い、その目的論を三種——自然の目的論、制作の目的論、行為の目的論——に分類したミュラーの著作を活用する。自然の目的論と行為の目的論との一種の並行関係が示唆を与える。

植物であれ動物であれ、生物は親が子を産む。植物であれば成木が種を産み、それが発芽し成長し成木となる。動物の場合でも像からは像が、犬からは犬が産まれる。種（又は幼犬）の中には既に先代の形相が（特定植物の、特定犬種の遺伝子が）備わっている。だからこそ成長した暁には親と同じような大樹（成木）や犬（成犬）に成ることができる。人間とて同じである。行為の目的論についてはそれ相応の相違が見られる。願望に基づいて構想された目的規定という意味での「形相は、現実界に向けて投企されるのであるから、目的=手段関係によって織り成される社会関係を無視しては実効的な行為の原理として機能しなくなるだろう。プラクシスは現実においてはポイエーシスと不可分である限り、目的規定と行為とは分離されないが、本質において異なることも理解されねばならない」（二〇七-二〇八頁）。

説明事例として暴君射撃が持ち出される。射撃の首尾不首尾はテクネーの問題であり、プラクシスの文脈で意味をもつ正義愛とはあくまでも区別される。しかし、射撃という行為自体は一つの同じ行為である。ここに「観点の相違」が認められる。

六　「ヘクシスの持つ働き」も重要である。視覚の場合は、眼という器官を所有しているが故に我々はそれを使用して実際に物を見る訳だが、倫理的な徳に関しては逆であるという。

われわれは正しい行為を為すことによって正しいひとになる。すなわち、活動を繰り返すことによって徳を所有するに至る。……「オルトス・ロゴスに従う」（kata ton orton logon）のではなく、「オルトス・ロゴスを具えた」（meta tou ortou logou）人間へと成長することが肝要となる。（二〇九―二一〇頁）

そもそも、徳の形成は純粋に自己形成であろうか。――他者による（それもプロニモスによる）教育の意義が重視されるべきであるとしても、教育が可能であるためには教育を受ける側に教育する者の理性（完成した理性）を聞き分け同調する力＝可能性がありこれが強化・習慣化されなければならない。だがここには循環が見られるのではないか。――そこで、著者は「もっと根本的なところで、本性親和的なある種の知性的認識が受動的知性として人間に可能的に具わっており、ここに向かって能動的知性が教育による習慣づけを介し働きかけることではじめて、倫理的徳の所有に至るものと考えざるをえない。」と言う（二一一頁）。

七　そのプロニモスは、「動く知」をもって「動く中」を絶妙に把握する。

彼は「オルトス・ロゴスが命ずるがごとく」振舞うことで、その善さは、存在的には「中間」に位置するが、価値的には「頂極」を表すと言われる所以である。このオルトス・ロゴスは善の実現を命令する「自己自身の中にある当為」であり、規範である。この能力が教育を通して、学習者に移植される。……オルトス・ロゴスとプロネーシスを統合するプロアイレシスにおいて**個人の心的体制 constitution** が確立するように、国民のための立法とその執行によって**国家の体制 constitution** が確立する。（二一一―二一二頁）

八　知慮が自分にとって有益なことを立派に思量できる点に存するとしても、そこでは「全体的に思量する」という限定が付されていた。自己完成は、家族環境や国家状態の善さ如何に懸かっている。前述を承けて（第5章二)、『政治学』をも組み入れて、著者は、「立法において命令的地位に立つ政治的知慮と、その適用に携わる法的正義との優越関係」についてそれが明瞭なることを言い、「トマスにあって、統治術は、執行的たる正義の種としてよりも、指導的たる知慮の種として措定されていることは明らかである。」と更に述べる（二一三頁）。

アリストテレスの用語法とトマスのそれには微妙な相違もあろうが（二一三―二一四頁）、稲垣に依拠して著者は、正義と知慮、そして共通善の相互関係について述べる。

正義は本来、善の欲求にかかわるものとして執行的（executiva）であるから、何らかの徳による指導（directio）を必要とするが、これは賢慮によって与えられる。より普遍的な善の欲求としての正義の徳が形成されるためには、実践理性がより普遍的な善を認識しうるように完成されることを要する。……トマスにおいて人間の完全性、つまり彼の理性的本性の高度な実現は、彼が共通善を認識し、追求しうる能力に相応すると解されていることがわかる。法的正義とはまさしくこのような能力に対して与えられた名称である。いいかえると、トマスにおいて人間の理性的本性の完成は彼の社会的本性ないし共同体性の完成と同一視されている。（二一四―二一五頁）

九　法的正義に関連して稲垣が指摘する重要な問題として「適法性」とも言い換えられる「法の下なる正義」と「法律を超越する正義」とも言うべき「法を超える正義」との区別がある。アリストテレスにもこうした方向性が認められなくはないことは、著者が「条理」を援用して説明している（二一六頁）。そにしてもアリストテレスにおいて未だ明示的でなかった「端的な正」への「法を超える正義」への方向性を「自然法」の導入でトマスが推し進めたことが、「アリストテレスの場合、どのような原理に基づいて衡平が法的正（ノミモン・ディカイオン）を補正するかは明らかにされていないが、トマスはその原理が自然的正であることを明言している」と提示される（二一七頁）。

著者は「人定法はすべて自然法から導出されるか否か」を検討して、「制定法は実定的正を含むと共に実定的正を成立せしめるが、**自然的正については、それを含むとはいえ、それを成立させるのではない。自然的正を成立させるのは制定法ではなく、自然法である。**」と強調する（二一八頁）。

トマスにおける「自然的正」は人間が人格的存在として尊重されることを意味する。その成立根拠である自然法は共同善への秩序づけである。正義の源泉としての自然法あるいは共通善の認識は、かえって、人間的正義の不完全さについての深刻な意識を生み出した。

一〇　神の意志は常に正しいが、人間の場合は、正義実現の道は「人間の意志のすべての働きが法によって浸透されるに至ること」である。しかし、この法的正義の次元は更に人間の社会的本性の完成態としての神を共同善とする「愛徳」(caritas) にまで上向していかなければならない（二一九頁）。

尤も、著者は、稲垣説を基本的に受け容れつつも法哲学的地平に踏みとどまろうとして、次のように発言している。

稲垣は、自然法の前での人間的実践理性の限界と、それゆえに自然法の実定法に対する批判的機能に重点をおき、愛徳の前にその独立的意義を相対化する。しかし、知慮は命令の働きにおいて卓越するということも確認しておかねばならない。それは、アリストテレスにおいて知慮がソピアとの関係に置かれたとき、知慮は、観想を目的とするソピアに**対して命令するのではなく**、ソピアという最高のエネルゲイアたる幸福（エウダイモニア）**のために命令する**ということと通じるところがある。……こうした人間的実践理性の有限性を自覚しながらも、どこまでも共同善を追求する（あるいは共同善の妨げを排除する）人間本性の傾向において、一定の形跡を残して（すなわち法律という形を残して）社会的安定性を築きながら、新たな局面に際してまた将来に道を切り開こう（法律という形を補訂したり、改正したりする）と努めるところに政治的・法的知慮の役割があると見ることができる。（二一九頁）

第3節においては、アリストテレスが一部論及はしているものの語り残しているものも含めてトマスが十分に論じているところから、「政治的知慮の必要条件とその頽落態」についてのトマスによる敷衍が丁寧に解説されている。

以上、本書の「第一部　法および政治における知慮」について論じてきたが、本書には続いて「第二部　共同体における正」がある。

第1章　「正」概念の豊意性
第2章　配分的正とその連関
第3章　交換的正とその連関

何れの章も綿密で深い議論を展開している（数例を挙げると、第2章でトマスの職分論に関してその協同体思想であるとか職業観とかを論じた箇所。東洋思想の一類型として朱子学的な職分論を論じるとともに、現代版としての西洋の職分論をダバンの職分権論を導入している箇所など。）。ここでは内容に立ち入ることが出来なかった。著者自身の解説（「はじめに」ⅵ－ⅷ）をご参照いただきたい。

おわりに

本書の書評を依頼されたときは、長年に亙って親しくして頂いており、同じ自然法論者でもあり、いとも気安く受諾してしまったが、いざ着手してみるとその責任の重さと自分の迂闊さに直ぐに気付かされた。何よりも本書の内容につきこのような不完全な形での紹介という域を超えるものでないことを高橋教授及び読者、編集委員にお詫びせねばならない。

著者は重要な議論と行論においてしばしばハイデッガーを援用する。伝統的自然法論に（ほぼ）完全に立脚されるのであれば、ハイデッガー援用はもっと少なくて済んだのではないかという印象を拭えない。私がハイデッガーに通じていないことが最大の理由だとしても、例えばメスナーは実存哲学の代表者としてハイデッガー、ヤスパース、サルトルの三人を取り上げて一括してこれを極めて厳しく論じている[19]。実践哲学、倫理学を自然法論の観点から論じる場合には別様の論じ方もあったのではなかろうか。尤も、著者のこれまでのハイデッガーとの真摯で継続的な取組みに基づく全巻での引証となっているので[20]、私の読後感など取るに足りぬ繰り言であろう[21]。

二つ目は論述方法に関連する。著者が全篇に亙って抱いておられる鳥瞰図を、私を含めて読者は持ち合せていない。本書のような著者畢生の大作ともなれば読者に要求される教養、思索力、忍耐力は並大抵のものではない。実際、及ばずながら私も本書の読解に努めた。その間その都度、どの構成部分も著者自身による相当な配慮と圧縮があったのではないか、それ故、おいそれと簡単な要約など許さない趣が感じられた。そこで一工夫あってもよかったのではないかと思ったりもした。

三つ目のコメント。もっと短く要旨を纏めることも考えなかった訳ではないが、およそ書評をするには内容の（可能な限りでの）正確な理解が前提条件になる。先ずそれに努めた[22]。次に私なりに大胆に言い直してみて、高橋教授からのご教示を仰ぎたい。

学問は一つの基準を乱暴にすべての分野に適用すべきものではない。実践哲学についても然り。その復興の歴史的知的な運動が第1章で描かれる。アリストテレスの実践哲学、倫理学は「プロネーシス」の理解に懸かっている。第2章が詳細に論じるプロネーシスは「中」に関わるが、その「中」は平均という意味での「中」ではなく、価値形態からみられた限りでの「頂極」である。プロネーシスの十全な理解のためには、これとヌースとの関連が解明されねばならない。その際にアリストテレスが論じ残したか或いは明瞭には自覚できなかった問題が解明される。では一体それはアリストテレスの学説それ自体と考えるべきか、それとも、その萌芽的思想の可能な発展と見るべきか。若し後者であるならば、別の可能な解釈をする立場との競合ないし相反関係を何によって判別すべきだろうか。質問を再定式化しよう。事実のアリストテレス説と志向のアリストテレス説とを区別して論述されたならば、実質的に同じ内容がより分かり易くなるのではないかという質問である。アリストテレスの法思想「の根柢に在るもの」を探るとなると、明言されていないこと（萌芽的であれ、或いは全くの言及なき場合であれ）に分け入っていくことになるだろうから、そのときにハイデッガーが必要ならこれに、トマスが優れているならこれに依拠する。第3章での論述は、アリストテレス思想の根柢に潜む展開可能性をトマス研究者の成果を消化しつつトマス学説のうちに見出していくという手法を採り、それによってアリストテレスは自然法論者であったと解明されたと思う（著者自身、「アリストテレスの実践理性は『端的な正』（ハプロース・ディカイオン）を求め、人類的・神的共同善へと超越していく可能性を秘めている。」と明言している。尤も、それに続く文で、多少留保するようなニュアンスが読み取れるところから、慎重な態度を堅持し、流石に断定は避けられてはいるが。）。しかしその場合でも、結局は自らの人間本性に還帰する外ないのではなかろうか。第5章に関連して正義と知慮の関係を法哲学的に生産的に論じるためには、迷わずトマスから開始したほうがよかったのではないかとも思われる。とりわけ、章末に配された8頁を超える記述が単なる附録でないのであれば、猶更その感を深くする。

最後に、アリストテレス思想で最も重要な「幸福」について、メスナーは概ね了としつつも、「受苦・苦難・苦悩」（Leiden）の問題が避けられていることを問題視した。哲学は苦悩が除去可能か否かを問うのではなくその意味を問うことを使命とする。今はその紹介は省くが、聖フランチェスコを例に、「愛する自由が最も完全に表され得るのは苦悩においてである」とまで言っている。[23]「希望」、「苦悩」、「愛」までアリストテレス思想に組み入れることが可能であろうか。或いはその必要性はないであろうか。ご教示下されば有り難い。

何れにしても、長年に亙る著者の強靱な思索力と真摯な学者魂から産み出された本書は、その内容の緻密性と濃厚性からみても内容の妥当性からみても学界に裨益するところは極めて大きい。「研究とはかくあるべし」とのお手本を提示していただいたとの感が深い。完全脱帽である。この拙文を機縁として一人でも多くの方に本書自体に興味をお持ちいただけるようであれば、幸いである。

（1）水波朗『ホッブズにおける法と国家』成文堂、一九八七年。

（2）著者は、ガダマーの「自然法」は lex naturalis ではなく「正法一般」であり、「正法」を求めるに際して地平の融合を保証すべきもの――おそらく「超越」――が恣意的な逸脱に陥らない方途に就き次のように語る。「われわれは、解釈学的超越が逸脱とならぬよう方向づけるため、ガダマーの「自然法」（ユス）には、人間の存在論的構造に備わる「自然法」（レックス）への周到な反省によってバランスをとるように安定した「おもり」をつけることを提案したい」（四五頁）と。

（3）読み応えがある高橋広次『環境倫理学入門――生命と環境のあいだ』（勁草書房、二〇一一年）を挙げておきたい。

（4）藤沢令夫『イデアと世界――哲学の基本問題』（岩波書店、一九八〇年）。同書は特に第二章、第四章において「離在（コーリスタ）」（chorista）を含み、これを巡る問題の検討（echein, metechein, paradeigma）に関する重要な考察を展開している。しかし、感覚個物から「離在するもの」（choriston）としての形相は、今道博士（今道友信『西洋哲学史』講談社学術文庫、六七頁）によれば、「ものそれ自体と呼ばれているように、まのあたりに見えるものの本質としての範型（paradeigma）であり、その離在性を喪うことなく個別に分有されています。この分有のことをパルーシア（parousia）とかメテクシス（metexis）と申します。」

（5）「選択」と訳出される proairesis をハイデッガーが „Gefaßtsein für etwas“ と解釈していること、この場合は通常のハイデッガー用語の邦訳「決意性」とか「覚悟性」などよりは、寧ろ「習性によって或ることに対する心構えが出来上がっていること」を指すという、著者の親切な註釈がある。三六七頁註(28)参照。

(6) シリングは「アレテーは価値論的には hyperbole であって、善悪次元の中間 metaxu ではない」と明言する（七〇頁）。この文脈で H. Schilling の功績が紹介される（七一―七二頁）。

(7) 著者は、稲垣良典『習慣の哲学』（創文社）を記録することを忘れはしないが、それと並んで、西田哲学を明記しており、これがプラグマティズムとの真剣な取り組みの末に成立したことをいう。

(8) 水波朗『自然法と洞見知――トマス主義法哲学・国法学遺稿集――』（創文社、二〇〇五年）随処。

(9) 著者は、アリストテレスが人間を質料と形相の「合成体」ないし「結合的全体」と呼んでいることに着目し、これを「合成体」(synolon) との呼称で著書の要所要所で（例えば、帰責論においては一八八頁、魂を「有ロゴス的部分」と「無ロゴス的部分」から成るとみる一九七頁、人間を「理性」と「肉体」から成るとみる二八七頁など）用いている。

(10) 「立法者の課題は、平和を保持しこのことによって全国民に「善き生活」を可能にすることである」（一一四頁）。ジャン・ダバンの『法の一般理論　新版』（創文社、一九七六年）と『国家とは何か――「政治的なもの」の探求――』（創文社、一九七五年）、水波朗『法の観念――ジャン・ダバンとその周辺――』（成文堂、昭和四六年）第三章第四節、及び第六章を参照されたい。

(11) 高橋教授の連作論文「アリストテレスの取得術について」（南山法学第三八巻第一号～第四〇巻第二号）の（五・完結）の二〇五頁以下に財を巡る諸概念の詳細緻密な検討が見られる。

(12) "My fellow Americans: ask not what your country can do for you, ask what you can do for your country. My fellow citizens of the world: ask not what America will do for you, but what together we can do for the freedom of man." ケネディーの大統領就任演説の一部。

(13) 三島淑臣「第二章　自然法論」（井上茂、矢崎光圀、田中成明編『講義法哲学』、青林書院新社、一九八二年）、稲垣良典『トマス・アクィナス哲学の研究』（創文社、一九七〇年）三〇〇頁以下。

(14) Daniel Mark Nelson, *The Priority of Prudence*. Virtue and Natural Law in Thomas Aquinas and the Implications for Modern Ethics, Pennsylvania 1992. pp. 2, 8ff., 17. 本書には、葛生栄二郎教授による邦訳『賢慮と自然法』（成文堂、一九九六年）がある。

(15) 「わたしの命題は、トマスにとって道徳的な生活も道徳生活に関する省察も、ともに賢慮に依拠したものであり、自然法の知識に依拠したものではないということである。少なくとも、一般にトマスのものと考えられているような類いの自然法に依拠したものではない。」（葛生訳、五頁）（ibid, p. xii）、と明快である。

(16) 著者は、稲垣良典『トマス・アクィナス倫理学の研究』（九州大学出版会、一九九七年）二〇四頁を挙げている。

(17) ヨハネス・メスナーも夙に主著その他の諸著において、伝統的自然法論が幸福論的でもあり義務論的でもあり、目的論的でもあることを随処で説いている。Johannes Messner, *Das Naturrecht*, 1966, S. 70-87 u.a.m. メスナー（水波朗・栗城壽夫・野尻武敏訳）『自然法』（創文社、一九九五年）六一–七六頁他。

(18) アリストテレス（高田三郎訳）『ニコマコス倫理学』上巻、訳注（第五巻）（一六）、及び、訳注（第六巻）（四八）を参照されたい。

(19) Johannes Messner, *Kulturethik*, 1954, S. 120-125. 別の書物では、自由論との関連で実存主義への批判的記述が見られる。Johannes Messner, *Widersprüche in der menschlichen Existenz.* Nachdruck der Ausgabe von 1952, 2002, S. 173ff.

(20) 「おわりに」（三五五–三五六頁）において、„Sorge“（勿論ハイデッガーの重要語句）が「ケアの倫理」との接点を有していることが触れられている。

(21) 二〇世紀における存在論復活においてハイデッガーが特別の意義を有することは勿論承知してはいる。水波朗『自然法と洞見知』第一〇章。

(22) 初稿は三〇〇〇〇字を超過していたが、編集者の慫慂に従い、約二〇〇〇〇字に圧縮した。

(23) J. Messner, *Widersprüche in der menschlichen Existenz. Tatsachen*, S. 160. 拙稿「「幸福の経済社会学」を考えるために——ヨハネス・メスナーに依拠して——」（経済社会学会編『経済社会学会年報』XXXVIII、現代書館、二〇一六年）四九、五二–五四頁。

2　アリストテレス自然法論を考える
――山田秀教授による書評へのリプライ――

高橋広次

拙著『アリストテレスの法思想－その根柢に在るもの』(成文堂、二〇一六年) に対する書評を、畏友山田秀教授より頂戴した。書評の人選に当たった編集者の意図には、ヨハネス・メスナーと水波朗博士の系譜をひく伝統的トマス自然法論に精通した山田氏こそが、法哲学界では同じく伝統的自然法論者と呼ばれるアリストテレスの法思想に他の誰よりも深く関心を寄せ、その核心に肉迫できるからとの期待があったように推測するが、実際、一読して拙著の錯雑な悪文にも拘らず、その意を丹念に読み解し追究して頂いていることを知り (要約の正確さや引用箇所の適切さ)、この間に払われた多大の尽力を想うと感謝に堪えない。思うに著者の論述は、哲学偏好に由来する議論上の勝手な土俵設定があり、社会科学に属する法哲学（思想史）に馴染んでいる研究者は、対応に戸惑いと負担感を覚えるであろうことを認めざるを得ない。それでは紙幅の都合から、早速、書評で述べられた拙著に対する疑問点の数々をまず列挙し、そのうちのいくつかに絞ってリプライを試みよう。

一　拙著に対する疑問点の列挙

拙著に対する主たる疑問点は、「おわりに」で四点にまとめて述べられている。

まず、著者が伝統的自然法論に立脚することを公言するならば、重要な議論と行論を展開するにあたって、拙著での必要以上に多い哲学者ハイデッガーの援用はもっと少なくてもよかったのではないか。専門哲学に精通しない法哲学者には、面倒な行論を辿ろうとする意欲が落ちることになる。ましてやオーストリアの代表的自然法論者メスナーは、実存哲学の代表者ハイデッガーが展開する議論の倫理的含意を厳しく批判しているのである。

次の批評は、拙著の論述方法に関連する。拙著を構成するどの部分も、「著者自身による相当の配慮と圧縮があったのではないか」。それゆえに議論のフォローと要約がしにくい。読者に分かり易くするために論じ方の工夫があってもよかったのではないか。

第三に、著者は「アリストテレスは自然法論者であるか」という問題を巡って議論しているが、山田氏は、その結論は理解できるものの、アリストテレス法思想の「根柢に在るもの」の突き止めに関する議論の仕方に（ハイデッガーに依るのか、それともトマスに依るのか）不透明な感じを抱いているようである。言い換えると、「事実のアリストテレス説と志向のアリストテレス説とを区別して論述」したならば、「実質的に同じ内容がより分かりやすくなるのではないか」という批評である。著者は、この問題（「自然法の第一原理」の把捉）を考えるにあたって、ローマ教皇庁大学の政治哲学者ローンハイマーを援用しているので、トマスに結びついているのは明らかであるから、志向上のアリストテレス自然法論は、最初からトマス自然法論と直結して論じた方が自然である。ところが著者はその結論の正当性を認めはするものの、なお一部留保しているところもあるように見える。評者山田氏は、その理由は何かを明確にすることを求めている。第四は、アリストテレスの幸福論についてである。拙著では正面から取り扱ってはいないが、ここには「受苦・苦難・苦悩」の問題が避けられている。「哲学は苦悩が除去可能か否かを問うのではなく、その意味を問うことを使命とする」筈である。苦悩を通して人格は成長を遂げるのであれば、受苦は実存にとってプラスの要因である。氏の質問の趣意を補って言えば、真の実存である幸福を、存在論の枠内で論じることの限界を指摘することにあるように思われる。

その他、疑問点は、「おわりに」以外の行論（拙著の要約紹介）の過程で付加されたコメントにもいくつか散見される。一つは、「アリストテレスのいう『善』はプラトン的な『離在』choriston でなく、『内在』oikeion であると語られるとき」、拙著の議論がプラトン哲学に冷淡であることである。論拠として藤沢令夫博士や今道友信博士による「イデア」解説が挙げられる。二番目に、アリストテレスのヘクシス（習性）形成論に当たって、ヌースの可能態から現実態への展開を「種子」発育の性質になぞらえた議論を、大乗仏教の唯識論に結び付ける拙論について、山田氏自身肯定するトマス＝稲垣習慣論をこれに併せて考えうるかどうかとの質問がある。この問いにリプライを試みれば本誌の趣旨からやや逸れるおそれがあり、また紙幅にも鑑みて割愛せざるをえない。

したがってリプライは、①ハイデッガー哲学援用の理由、②著者が抱くアリストテレス自然法論観の明確化、③アリストテレス幸福論における苦悩の哲学的意義に限定し、その他の疑問・質問は、できるだけこれら三点に関連づけるように努める。

二　ハイデッガー哲学援用の理由

従来、わが法哲学界では、アリストテレスの法思想は、『ニコマコス倫理学』で展開された正義の観念、それも特殊的正義の観念に関心が集中して、ロールズが再興した現代的正義論から注目を浴びたにすぎない。しかし、アリストテレスの「正」概念の核心には、ノモス（＝法）に遵うという意味と、メソン（＝中）に存するという意味が併存しているのである。それは、立法に際してノモスを重んじる精神と、司法・行政に際して中庸を重んじる精神とに具現する。前者は共同善の維持を図る「知慮」（＝プロネーシス）であり、後者は当事者の利益間に位置する「中庸」（＝メソテース）である。著者は、この両概念こそがアリストテレス法思想の「根柢に在るもの」と見定め、その意義の解明に努めた。しかしながら、この両概念は、『倫理学』や『政治学』で言及される法領域に限定されず、アリストテレス哲学体系の全体に深く関わっているため、彼の形而上学・自然学・霊魂論・論理学等と後世の研究成果に触れないわけにはいかない。そこで著者が解明の手がかりとして選んだのが、特にプロネーシスについてはM・ハイデッガーの研究成果であり、メソテースについてはN・ハルトマンの研究成果であった。

法といえども、「人間存在」の在り方に規定される。この規定は多種多様であるが、なかでも、中世の神学者トマスがこの方面の解明で後世に多大の貢献をしたことは否めない。しかし彼といえども、現代まで人間存在の在り方に大きな影響を及ぼしている「近代合理主義の科学精神」を知っているわけではない。この点に鑑みれば、近代合理主義の基本的精神をGestell（人間中心的に事物を対象化して配列する基本姿勢）と名づけ、この精神を克服すべく古代に遡りその精神を復活せんとしたハイデッガーの方が、近代科学のもたらしたマイナス効果の超克という現代人の問題意識を共有しやすい長所がある。

ハイデッガーによれば、人間存在の核心を突けば「世界－内－存在」である。この規定の射程は大きい。これは、何ら難解な哲学的造語ではなく、「世間に住まう」というほどの意味である。人間の「存在」は、「ある」のではなく「いる」（居る）と訳すのが正しい。「いる」とは何か。それは「住まう」ことを意味する。人間は身体－精神の「合成的実体」であり、かつ集合して住まう「国家的動物」（アリストテレス）であるから、不安と偶然にさらされつつ暫しの間地上に滞在する境涯にある。こうした「住まい」を保つため、ひとは「家」を「建てる」のであって、最終的には「国家」をである。こうした「（国）家」を建てて住まうために、事物への「配慮」と人間たる相手への「顧慮」が必要であり、それらの「慮り」は霊留《ひと》として「知性」に浸透される。知性は「正しいロゴス」の働きであり、倫理と法理に枝分かれしながらも、これらの条理を根柢において収集統一する摂理に遡る思考でもある。これが、プロネーシスと称される。プロネーシスはどのような状況にあろうと中正道（メソテース）を歩む方向に定位する。プロネーシスは法的正義に則りながら不安な偶然的人間世界へ手を伸ばし、法への遵守を人々に馴染ませつつ徐々に中庸的な法的安定世界（ロゴスの支配）を確立させていくのである。しかしこのことは、人間存在の究極目的ではない。建てて住まうことが保障されてはじめて、ひとは本来の「思惟」、すなわち「存在」観想に伴う絶対の快を享受できるのである。

法学、すなわちjurisprudenceに含まれる「知慮」prudenceの古義には、人間存在の核心を指す意味が込められている。近代の主客対立図式や個人権利本位の科学的思考では、なぜ人間がそもそも法を必要とするかの解明手がかりを与える人間存在の大道に通じる本来的意義が見通せなくなってくる。この意義を再び現代法哲学に取り戻すうえで、ハイデッガーの存在思想は著者にとって大きな教示を与えるものであった。この限りで、著者は、第一部第二章の特に「プロネーシス」に関する箇所で集中的にハイデッガーに言及したのである。法哲学書としてはバランスを欠く印象を与えたかと思うが、拙著においてその他の個所では、さほどハイデッガーに言及しているわけではない。

ところで評者山田氏は、「知慮」prudentia の意義を重視するなら、代表的な伝統的自然法論者トマスを援用する方が、法哲学の読者にとってより生産的なアプローチではなかったかとの疑問を提起する。実は、第2章ではまだ著者は自ら自然法論者であるとの旗幟を明確にしていない。もっぱら、アリストテレスに即して「知慮」概念の有する法存在論的意義の闡明に努めようとしたに止まる。ただし、第5章第3節「政治的知慮の必要条件とその頽落態」に至って、トマスの『神学大全』II－2、第49問題をフルに援用した。それは行論の順序として、トマスがアリストテレス哲学の正統を受け継ぐラインを確認し終えた後だからである。トマスは、「知慮」概念が有する倫理＝政治学的含意をアリストテレス以上にきわめて緻密に描き出した。この長い記述は、「神学」といえば敬遠気味の現代の読者に、事柄の本質に忠実に肉迫するトマス思考に親近感を覚えてほしかったからである。「知慮」の徳を築くにはどのような徳が必要か。「知慮」に反する、もしくは類似した悪徳とはどのようなものか。リーガルマインドの涵養を求められる法律家にはぜひとも注目して頂きたく、トマスによる敷衍を以て、「法および政治における知慮」と題するアリストテレス第一部の終わりとした次第である。

三　事実上と志向上とのアリストテレスの区別

拙著の中で評者山田氏が最も関心を寄せているテーマは、第1部第3章「アリストテレスは自然法論者か」である。アリストテレスの自然法に関する記述は、凝縮されて短く曖昧であり、テキスト内でも不整合が指摘される。そして「自然法」に言及する場合、それを自分の立場として積極的に説いているのか、それとも別人の立場として紹介しているかも、慎重に分けて考えねばならない。本章は著者にとっても重要な課題であるのに、他の章に比べて論述は最も少ない。その行論は、アリストテレスの原文中（『ニコマコス倫理学』第6巻）に、後にトマスが定式化した「自然法の第一原理」と同旨の記述が見いだせるかどうかを、アリストテレス学者とトマス学者の議論を援用しながら追求していくことに専らであり、自然法論につき法哲学的究明の期待を抱く読者には肩透かしの思いを与えたかのように見受ける。

著者は刊行後に、法思想史上の系譜を辿ることからもアプローチした方が、この期待によりよく応ええたのではなかろうかと考えた。そして実際、著者はこれにつき、既に一九八五年にＡＲＳＰ誌にDas “Natürliche Recht” bei Aristoteles という独文の小論を寄稿していたのである。この小論を和訳して敷衍し付加しておけば、本章で述べた著者の結論がもっと関心を持って受け止められたのではなかろうかと悔やまれた。そこで、この機会を借りて、「アリストテレスが自然法論者であるかどうか」につき拙著の立場に残る評者の疑問点を解消すべく、彼の法思想史的位置を確認することでリプライに代えさせて頂く。

『ニコマコス倫理学』第五巻では、「自然的正」は、「人為的正」と並んで「国家的正」を構成する一要因として位置づけられる。国法即ちノモスは、純粋に「自然的正」でもなければ、純粋にコンヴェンショナルな「人為的正」でもなく、両者のいわば合成態である。ここには不正な実定法の批判的基準となる上位の規範というイメージがない。しかし、実定法を評価する尺度としての機能を自然的正に拒めば、その積極的存在意義はないではないか。法実証主義者ケルゼンによれば、自然法固有の意義は、個々人が不正であると認める実定法を批判的に評価するために呼び出す超越的な正義の理想基準の役目をはたすことに存する。自然法の具体的意味内容の決定を実定法権威に委ねるのであれば、それは実定法の無条件の栄光化に仕えるにすぎなくなる。いやしくも自然法を説くならば、国家の範囲を超えて普遍的であり、国家秩序を超越して最高でなければならない筈である。この定義を忠実に充たしている自然法論は、青年ソフィスト左派・ストア派自然法論・ロックの自然権思想くらいとなる。

ところでトマス自然法論研究の権威、稲垣良典博士の『法的正義の理論』（成文堂、昭和四七年）で評されたアリストテレスの「自然的正」の見解「自然的正は至る所において同一の妥当性を持ち、それが正しいと考えられていると否とにかかわらない」（一一三四b一九－二〇）という言葉を読む限り、アリストテレスは、どのような政治社会でも何が正か不正かを事柄の本性（ピュシス）に従って確定できる、その限り実定法を評価する上位の法理念を考えていたと推定できるとされる。とりわけ衡平の徳は、彼がその哲学的考察を深めれば、共通善を目指す国家的正を超える「法超越的正義」に導いていたであろう。しかし「かれはこの試みを完全に断念しているわけでもないが、それを自らの正義論の主要課題としていなかったことも事実である」（同書、一二二－一二三頁）として、「アリストテレスには『法の支配』という考え方があり、その意味でかれを自然法論者とすることには根拠があると思われるが、実践的原理ないし正義の基準としての自然法を説いてはいない、という意味ではかれは自然法論者ではないと見るべきであろう」（同書、一二七頁）と述べている。アリストテレスは、法的正義を「法の下なる正義」という「適法性」legality の意味で理解していた。

私は、アリストテレスが法超越的正義についての志向を持ち合わせていなかったとは思わない。それは、稲垣博士の指摘するように、彼の論述の基本スタイルが、まず「我々にとって自明の正」から考察を始める経験主義的なアプローチにあったことによるだけではない。アリストテレスは、重々「端的な正」の意義は認めながらも、あえてそれを「国家的正」に直接導入する場合に伴う危険を警戒していたからだと思われる。とりわけ、いきなり「自然的正」の観念に訴えて当時のノモス秩序に破壊的影響を及ぼそうとしたソフィストの自然法思想が彼の念頭にあったであろう。アルキダマスは、奴隷制に反対すべく自然法に訴え、「哲学は法律と慣習に対する攻撃武器である」と述べていたのである。

アリストテレスが「自然法」の持つ反ノモス的革命機能を懸念することは、『弁論術』での記述より窺われる。

弁論術は、理性にではなく聴き手の感情に訴えることを目的とする「説得の術」である。効果的な弁論は、万人に受け入れられた諸観念に向けアピールすることであった。当時のアテネでは、自然法という観念が政治的議論の中で普及して用いられていた。例えば法廷弁護人は、自分が持ち出すケースが実定法上不利になる場合、上位の自然法論を利用するように勧める。この点で、アリストテレスが真正の自然法論者であるかどうかは疑わしいように見える。しかしながら実は、アリストテレスが『弁論術』でソポクレス・エンペドクレス・アルキダマスの著作を引用しているのは、読者に、このタイプの悪い議論の古典的な例をいくつか提供して、自然法に訴える議論がレトリカルな工夫以上のものでしかないことを批判したのである。二〇一一年にTony Burnsが、その著*Aristotle and Natural Law*でいみじくも指摘したように、ソポクレスの『アンティゴネー』にアリストテレスが注目したのは、自然法という観念に訴えることの長所の故ではなく、同時代の人々の間で政治的に利用された不純な議論を代弁していると見たからである。

アリストテレスは『弁論術』ではっきり「自然法」（*νόμος κατὰ φύσιν*）という名称をはじめて記したが、その思想内容は彼自身のものではなく、前五世紀アテネの少数思想家の著作で生まれ、前四世紀の教養アテナイ人の間でごく普通の言葉となっていた。『弁論術』で記された「自然の不文法」、「共通の法」とは、ソフィスト最盛期で既に知られていたものを繰り返していたにすぎない。しかし、アリストテレスは議論そのものの本質的な長所短所によりも、こうした議論の及ぼす大衆や陪審員団への実践的効果の方に主たる関心を寄せた。彼は、当時のアテネで自然法という観念が、潜在的にラディカルな政治的含意を持ち、彼を懸念させるほど広範に受け入れられている事実に鑑み、ソフィストたちがこの観念を政治的議論で用いた仕方に反論する気持ちを本書で表したのである。彼らは実際、強者あるいは弱者の利益擁護の意図を以て、ある一点で不平等でしかないことをすべてに広げて不平等だとし、ある一点で平等でしかないことをすべてにわたって平等だと主張したが、その折に活用されたのが、上位

「自然法」の有する普遍・不変の妥当性格だったのである。

哲学は攻撃用のイデオロギーではない。アリストテレスは、相手側ソフィストの「自然的正」観念からノモス解体的意義を奪い、それを、ノモスを根拠づける哲学的原理として改めて自分側の方へ取り込もうとした。そのためには、人間存在のピュシスの一般的な哲学的考察を起点にして、そこから特殊な社会的・歴史的状況における具体的な規範や制度の政治学的思量に及ぶ必要があったのである。その際、彼のエンテレケイア論は、「自然的正」を考えるにあたって下敷きとなる形而上学的原理である。国家的正が、自然的と人為的との複合的構造を反映することも、人間本性（ピュシス）が、純粋理念の貫徹を不可能とする合成的実体であることに由来している。

アリストテレスにとって、自然的正の妥当は、殺・傷・盗・姦淫等の無条件の禁止において普遍的に認められる。それは決してコンヴェンショナル（規約的）な性格ではない。しかし複雑な社会生活へ適用するには、規準としてあまりにも抽象的すぎる。この意味では、自然的正は類的（質料的）普遍としてまだ可能態にあり、現実化に当たって立法者（知性的卓越者）の知慮による形相的限定を受けねばならない。現実化は、具体的教育による馴化の道もあるが、功を奏さない場合、強制や賠償といった上乗せの道を講じて、分裂した道を再び通達せしめる。これが限定された国家的正であり、可能態たる自然的正を現実態として包越する具体的普遍である。このことは、およそ人間たるものの種的形相が皆平等であることを否定するものではない。ただ時宜（カイロス）を重視する社会−国家生活においては、自然的正もその核心を失わない程度で妥当を制約されることもあるのである。

例えば、悪名高いアリストテレスの「自然的奴隷」の容認であるが、この理由も彼の人性論に基づいている。彼によれば、人間のピュシスは理性的活動において完成する。理性は目的を立て、それに向けて己を律し、己の生活を秩序づける。しかし、理性の力が薄弱で、肉体の力でしか生きていけない者もいるのであり、そうした者たちは、悪意の他者に騙されて人生を損なう危険がある。それよりも善意の理性的主人に保護され、己の力を発揮する方が、己のためにも主人のためにもなる。これが「自然的奴隷」容認の理由である。理性が支配することが善いことであり、理性を行使しえない者が主人に仕えることは善いことである。この結論は、「理性を有する奴隷の存在」は認められないという主張を背面に含む。「理性の薄弱」以外の事情で奴隷とされた者、例えば戦争捕虜・債務奴隷・人種差別に基づく奴隷は許されないことになる。

さらに、アリストテレスはそもそも人間本性のピュシス（＝理性）をデュナミスからエネルゲイア実現の過程で捉えていた筈である。幸福とは、理性的選択に基づく有徳な活動であるとされる。誰でも後天的な教育によって自律した理性所有者へと改善できる。そして公共的世界へ参入し国政を論じる役職に就ける機会を失わない。「人間である限りの奴隷」への愛を知っているアリストテレスの哲学からこの帰結を引き出せないわけではないが、ただ当時のギリシア社会における教育環境の不完全さや奴隷労働の不可避さから、ソフィスト的奴隷解放の孕む社会解体のラディカルさを懸念したのである。リンカーンによる奴隷解放宣言はついこの間の一九世紀のことである。アリストテレスが、自然法の革命的な宗教原理主義・個人主義的理解に反対し、世俗固有の国家的理由から「共同善」や「知慮」の重要性を説いて「内在的自然法」を対峙せしめたことには、保守的との批難もあろうが、著者も一理を認める。超越的自然法の全面的実現への賛同に対する著者の留保の理由はここにある。

こうした人間的倫理の有限性は、アリストテレスによれば、倫理的徳は「自然によって生まれてくるわけでもなく、さりとてまたそれに背いて生じるのでもない。かえってわれわれは自然によってこれらの徳を受け入れるべくできているのであり、ただ習慣づけによってはじめて、このようなわれわれが完成されるに至る」（一一〇三a二三―二八）ことに由来する。質料的制約を免れない人間的魂は、受動的にして能動的な能力を持つ。「受動」もまた「能動」と対等に実体を構成する範疇である。不定的偶然的な外部的感覚から始まって、後発的・派生的にしか自己認識に至らないので、自己が自己を見るというヌースの完成した状態は、後天的に倫理的徳を備えることが前提となる。すなわち、漸進的な習慣づけを通じて情念が理性の命令に馴染むことが「法の支配」の条件となる。

この短い考察に基づいて、評者の述べた「プラトン哲学に冷淡すぎる」という拙著への所評に答えよう。まず、アリストテレスにおける合成的実体としての人間の「本性」natura の定義によれば、人間の魂には、動植物と共有する「質料的形相」があり、これは質料と不可分の関係にある。ところが人間固有の「可離的形相」forma separabilis もある。しかし、これは、天使的な理性である「離存形相」forma separata とは区別されねばならない。ここで援用した区別は、松本正夫『存在論の諸問題』（岩波書店、昭和四二年、五一－五三頁）で展開されたスコラ的議論によるが、「可離的形相」とは、天使的な離存的実体領域と不可離的動物的な実体領域との中間にある。「その形相は本性的に質料と結合するものであるが、それ自身自覚的自主的な精神的実体である以上、実体規定を形相自身に直接帰属せしめる可能性は失われて居ないので、仮りに質料的基体を失ってもかかる形相自身の実存性は何ら侵害せられない」。評者も適切に指摘したが、合成的実体を構成する精神的部分を「離在的」と表現することとは、作られて作る人間の受動的創造の主体性を示す意味で、アリストテレスに残るプラトン思想と言えるのではなかろうか。「自己が自己において自己を見る」という自己認識構造の究明はアウグスティヌス（西田哲学の根柢にある）を待たねばならない。

四　アリストテレス幸福論――苦悩の意義

アリストテレスは、イデアは超越的に存在するのでなく、万有は皆イデアを宿すものとし、個々の物に内在しつつ永遠に連なる価値を見出す哲学を説いた。プラトン的理想主義がはるか遠くに望むものが実はわが脚下にあり、万有は一木一草まで神の姿を宿さないものはない。「一」なる神に向かうプロス・ヘンの統一秩序がある。そこには、理性と現実との一致を直観する汎神論の世界観に通じるところがある。しかし、万有は神であると主張するなら、万有以外に神はないということになり、万有を超越する唯一神を信ずる立場から見れば、汎神論は無神論にすぎなくなる。アリストテレスの幸福論は、人間の性を善と見る性善説の徹底した立場といえよう。汎神論は幸福を存在の充実、不幸を存在の欠如とみなす限り、偶然性や苦悩の抱える哲学的意義の評価は低くなる。

しかし自己一身の死、罪、不安等、突如訪れる苦悩の諸問題を、汎神論のように客観的に見、一般化するならば重みがなくなる。それは自己一身の死の問題に深入りせず、永遠の相の下に存在の必然性のみを観想して、この必然性に背く深い自由意志に気づかない。言い換えれば神の無限の光明のみを見て、闇を忘れている。これに対し、死と死の不安を直視し、神の必然性にも背く自由、「根源悪」への自由をわが心の底に感得しようとする立場がキリスト教実存哲学である。神が世界を創造し、神が神として顕現するには、神の中にあって神に背く闇の原理を要する。われわれの苦悩は自由意志に出るのであり、苦悩の根底には何かしら超越的な性格がある。「悪人正機説」のいう煩悩即菩提といったパラドックスが潜んでいる。苦悩することは病める身体が医師の治療を受け始めること、つまり救済への希望を意味し、かえって病覚を欠く「健常者」の無信仰が絶望に通じるとされる。

悪や死に直面した者がどのようにしてその問題を克服するかについては、評者が指摘するように、アリストテレス存在神学の思索とは異なる風光があると言わなくてはならない。それは、パスカルの分類でいえば、万有の驚嘆すべき秩序の中で観想される「哲学者の神」ではなく、人間の苦悩に人格的に応答する「アブラハム、イサク、ヤコブの神」に相当するように思う。しかし、存在神学では、「無」の否定をくぐった「有」の「有難さ」の自覚に伴う神秘的蘇生観もあるであろう。存在の虚無性が当然であるなら、かえってこの世が「有る」ことは稀有な、したがって驚くべき出来事としか言いようがない。確かにここにはインマヌエルの信仰下で苦よりの救済を得るわけではないが、巨大な無の中に放つ「有」の光芒が生の覚りへと導く回心の機は伏在していよう。

執筆者および編者一覧

［執筆者］

岡本裕一朗（おかもと ゆういちろう）玉川大学教授

大河内泰樹（おおこうち たいじゅ） 一橋大学教授

高橋　洋城（たかはし ひろき） 駒澤大学教授

毛利　康俊（もうり やすとし） 西南学院大学教授

菅原　寧格（すがわら やすのり） 北海学園大学教授

河見　　誠（かわみ まこと） 青山学院女子短期大学教授

小林憲太郎（こばやし けんたろう） 立教大学教授

飯島　　暢（いいじま みつる） 関西大学教授

山中倫太郎（やまなか りんたろう） 防衛大学校准教授

大野　達司（おおの たつじ） 法政大学教授

松生　光正（まつお みつまさ） 九州大学教授

安達　光治（あだち こうじ） 立命館大学教授

西村　清貴（にしむら きよたか） 法政大学兼任講師

山田　　秀（やまだ ひでし） 熊本大学教授

高橋　広次（たかはし ひろし） 南山大学名誉教授

［編　者］

長谷川　晃（はせがわ　こう）北海道大学教授
〒060-0809　札幌市北区北 9 条西 7 丁目　北海道大学法学研究科
E-mail: khase@ec.hokudai.ac.jp

酒匂　一郎（さこう　いちろう）九州大学教授
〒812-8581　福岡市東区箱崎6-19-1　九州大学法学研究院
E-mail: sako@law.kyushu-u.ac.jp

河見　　誠（かわみ　まこと）青山学院女子短期大学教授
〒150-8366　渋谷区渋谷4-4-25　青山学院女子短期大学
E-mail: mkawami@aol.com

法の理論 36
特集《ネオ・プラグマティズムと法》

2018 年 3 月 20 日　初版第 1 刷発行

編　集　長 谷 川　晃
　　　　酒　匂　一　郎
　　　　河　見　　誠

発行者　阿　部　成　一

〒162-0041　東京都新宿区早稲田鶴巻町514番地
発行所　株式会社　成 文 堂
電話03(3203)9201(代)　Fax03(3203)9206
http://www.seibundoh.co.jp

製版・印刷・製本　藤原印刷　検印省略

ISBN 978－4－7923－0629－8　C 3032
定価(本体 3800 円＋税)